舵手证券图书
www.zqbooks.com

知瀚领航财富人生
舵手俱乐部 www.duoshou108.com

外汇交易利器

先拆骗局再赢利

(美)詹姆斯·迪克斯 著
深蓝 魏强斌 译

图书在版编目（CIP）数据

外汇交易利器／（美）狄克斯著；深蓝，魏强斌译．－－太原：山西人民出版社，2013.12
ISBN 978-7-203-08437-2

Ⅰ．①外… Ⅱ．①狄… ②深… ③魏… Ⅲ．①外汇交易－基本知识 Ⅳ．①F830.92

中国版本图书馆CIP数据核字(2013)第301044号

著作权合同登记号　图字：04-2013-054

James Dicks
The Forex Edge：Uncover the Secret Scams and Tricks to Profit in the World's Largest Financial Market
ISBN：978-0071781183
Copyright © 2011 by McGraw-Hill Education.

All Rights reserved. No part of this publication may be reproduced or transmitted in any form or by any means, electronic or mechanical, including without limitation photocopying, recording, taping, or any database, information or retrieval system, without the prior written permission of the publisher.

This authorized Chinese translation edition is jointly published by McGraw-Hill Education (Asia) and Shanxi People's Publishing House & Beijing Wenyuan Culture Development Co., Ltd. This edition is authorized for sale in the People's Republic of China only, excluding Hong Kong, Macao SAR and Taiwan.

Copyright © 2014 by McGraw-Hill Education (Asia), a division of McGraw-Hill Education (Singapore) Pte. Ltd. and Shanxi People's Publishing House & Beijing Wenyuan Culture Development Co., Ltd.

版权所有。未经出版人事先书面许可，对本出版物的任何部分不得以任何方式或途径复制或传播，包括但不限于复印、录制、录音，或通过任何数据库、信息或可检索的系统。

本授权中文简体字翻译版由麦格劳－希尔（亚洲）教育出版公司和山西人民出版社合作出版，此版本经授权仅限在中华人民共和国境内（不包括香港特别行政区、澳门特别行政区和台湾）销售。

版权©2014年由麦格劳－希尔（亚洲）教育出版公司与山西人民出版社所有。

本书封面贴有 McGraw-Hill Education 公司防伪标签，无标签者不得销售。

外汇交易利器

著　　者：（美）狄克斯
译　　者：魏强斌
责任编辑：徐晓宇
装帧设计：兆天书装

出 版 者：山西出版传媒集团　山西人民出版社
地　　址：太原市建设南路21号
邮　　编：030012
发行营销：0351-4922220　　4955996　　4956039
　　　　　0351-4922127　（传真）　4956038（邮购）
E-mail　：sxskcb@163.com　发行部
　　　　　sxskcb@126.com　总编室
网　　址：www.sxskcb.com

经 销 者：山西出版传媒集团　山西人民出版社
承 印 者：北京毅峰迅捷印刷有限公司

开　　本：710mm×1000mm　1/16
印　　张：20.5
字　　数：355千字
印　　数：1－7000册
版　　次：2014年4月第1版
印　　次：2014年4月第1次印刷
书　　号：ISBN 978-7-203-08437-2
定　　价：55.00元

如有印装质量问题请与本社联系调换

前　言

对我来说，能够真正坐下来写这本书真是太不可思议了。我开始踏上外汇交易之路似乎还是昨天的事情。在我对投资组合多样化的探索过程中，外汇交易已经成为一次有趣和快节奏的冒险。我写的第一本书主要是向人们介绍这个场外交易的外汇现货市场。这本书只是一个介绍，与你分享我认为将成为下一个重要交易领域的相关知识。现在，那本名叫《Forex Made Easy》的书仍然在加印，也继续畅销。它已经完成了它的使命，我已经看到外汇市场从一个在美国几乎完全不为人所知的投资领域，逐渐变成一个常见和为大众熟知的金融市场。

我从反复试验和不断探索开始，踏上了这条艰难的路。在刚进入外汇市场时，我通过模拟账户练习交易，之后才开通了我众多实盘账户中的第一个账户。我花了数年时间才在外汇市场找到自信。我犯过很多错误，但是我从每一个错误中都吸取了经验和教训。我不敢说我没有犯过两次相同的错误——因为很不幸，我确实犯过，但是我没有如果不成功就反反复复做相同事情的习惯。

这让我想到了本书的观点。在我过去 11 年的外汇交易生涯中，我看到了一些外汇界典型情况的发展变化，这些典型情况引起了我极大的关注并迫使我花了大量时间来调查我自己的外汇经纪商。我注意到一些订单被执行或拒绝时存在可疑之处，从而加深了我对这些经纪商的怀疑。我认为他们在通过各种欺诈手段来阻碍我成为一个成功的交易者，我也从其他人口中听到了类似的说法。但是直到最近，我才真正掌握了这些经纪商欺诈客户的具体证据。

通过调查，我发现我的经纪商实际上派有工作人员在盯着客户的账户，以了解交易者在如何进行交易。事实上，一旦经纪商知道了客户的交易风格或者交易策略，经纪商就会开始和客户对赌。如果这不奏效，经纪商就会利用各种阴险的招数来窃取客户的资金。我将在这本书中与你分享我的这些发现。

但是别担心，你仍然可以参与外汇交易。你只需要用各种正确的工具、知识和交易训练来武装自己。我将与你分享一些可以在经纪商自己设定的游戏中打败他们的交易策略。不要因为部分经纪商的欺诈行为而泄气。别忘了，即使股票市场也存在利欲熏心的经纪商和一些昧良心的做法，你也仍然可以通过炒股赚钱。所以，你只是需要知道并了解你所处的"环境"。

我在交易策略和交易平台方面做了很大的改变，在正文部分我将一一与你分享。我也已经开始着手下一本外汇系列书的写作，将有其他精彩内容为你呈现。在本书中我们将要探索的其中一个主题就是外汇期权。我认为这会是外汇市场的下一个重大机会，并且已经被大型企业、对冲基金和银行广泛利用。外汇期权允许交易者采用与股票交易者在股票期权中采用的相同的策略。

无论你采取什么样的交易风格，你都不应该错过这本书。在你开始下一笔交易之前，请确保你已通读本书。

致　谢

　　如果我不赶紧谢谢那些帮助我完成本书，并帮助我调查外汇零售市场的人，就太不公平了。一如既往地，我要感谢最优秀的出版商也是我唯一的出版商麦格劳-希尔集团（McGraw-Hill），感谢 Jennifer、Peter 和他们的麦克劳-希尔团队。Caroline，我必须要谢谢你多年来一直对我们外汇书籍计划的帮助——还谢谢你成为我们团队的一分子。我的得力助手 Jack，感谢你一直帮我检查语法和拼写方面的错误，我们都很感激你。Michael T. 感谢你帮助本书及时面世。这是一项大工程，没有你的帮助，我不可能独立完成。最后也最重要的是要感谢我的家人，感谢你们在此期间给予的耐心。我不得不把很多个夜晚和周末时间用在完成本书上，因此冷落了你们，谢谢你们对我的理解和支持。另外，我还要特别感谢我的好朋友 Adam，他与我一起在交易界并肩作战了多年，但就在本书即将出版的时候，他遭遇车祸不幸离世。谢谢你，Adam，谢谢你给予我的所有帮助。

免责声明

本书的所有信息和资料仅作教学使用。我不是给出具体的操作建议。在实践这些信息之前,你必须从你的私人顾问那里寻求指导。交易会导致亏损。我对你可能遭遇的亏损不负任何责任。请不要进行超过你承受能力的投资。

美国期货协会和商品期货交易委员会要求的免责声明

外汇交易是一个具有挑战性的投资机会。对于那些经验丰富的投资者来说,愿意承受高于平均水平的风险,通常可以获得高于平均水平的回报。但是,在决定参与外汇交易之前,你应该仔细考虑你的投资目标、经验水平和风险偏好。不要拿你输不起的钱来投资。

外汇交易、期货交易和期权交易都具有巨大的盈利潜力,同时也伴随着很高的潜在风险。要想投资外汇、期货和期权市场,你必须意识到这些风险的存在并愿意承受它们。不要拿你输不起的钱来交易。

这本书没有鼓动或建议你买卖外汇期货和期权。没有任何陈述表示,任何账户都将会或可能实现与本书所述相似的利润或损失。任何交易系统或方法在过去有的表现,不一定表示未来也会获得同样的结果。

任何外汇交易都面临非常大的风险。涉及货币的任何交易都伴有风险,但不仅限于此,政策或经济状况的潜在变化将显著影响货币的汇率或流动性。

此外，外汇交易放大的杠杆意味着，任何市场波动对你资金的影响都会被同等比例放大。这一特点既是好事也是坏事。当你最初的保证金也面临亏损时，你就可能被要求存入额外资金以继续持有头寸。如果你在规定时间内没有满足追加保证金的要求，就会被强行平仓，而你将为遭遇的任何亏损负责。投资者可以通过设置止损或限价单等风险减少策略来降低自己面临的风险。

商品期货交易委员会规则4.41

推测或模拟的绩效结果具有一定的局限性。不同于实际的绩效结果，模拟的结果不代表实际的交易结果。此外，由于交易并未被实际执行，所以结果对特定市场因素（如流动性缺乏）的影响（如果有的话）的考虑可能不足或过度。模拟的交易程序由于在设计之初利用了事后认识（参数和模型优化）的好处，因而受到一定限制。没有任何陈述表示，任何账户将会或可能实现与本书所述相似的利润或损失。

导 读

我写第一本外汇书到现在差不多已经10年了。就像你们很多人一样，我在交易路上也经历了很多磨难和考验。这本书呈现的是我在最近几年学到的东西，或者也可以说是我这几年的经验。

我相信这本书将成为你外汇交易书架上最重要的书籍之一。在我们开始阅读本书之前，我想再讲讲这个市场是多么令人兴奋。外汇市场仍然是世界最大的金融市场。虽然仍然没有一个集中场所进行交易，但是个人交易者越来越容易参与外汇交易。我相信再过3~5年，你会看到一些令人欣喜的提升，这最终将使个人交易者受惠。

当我在2000年首次开始谈论外汇市场时，外汇市场还真的是投资领域的"西部荒原"，只有很少的市场规则和极为有限的监管。但是在过去11年里，这个市场发生了翻天覆地的变化，仅在过去2年市场监管方面就发生了很大的变化，增加了很多新法规。

随着我与你分享我的看法，以及我在过去几年的发现和调查结果，你会看到一种令人不安的现象——我只希望我在这本书以前就已发现并与你分享。但是不幸的是，我与你一样也是通过自己做交易来学习。遇到那些看起来不那么随机的异常现象，我会特别留意，这样才逐渐累积并总结出来的。我不会指责那些我感觉不道德并且在过去曾向别人提起过的经纪商，也不会直接说出他们的名字。在这一刻，我还找不到理由这样做。我要确保的是你在读过本书之后，能够明智地选择你的经纪商。

为了让我忠实的追随者了解到最新情况，也为了让外汇市场新手熟悉内情，我会不断更新我网站 www.jdfn.com 上的相关信息，这些信息可以帮助你做出明智的交易决定。请注意，这个网站是免费的，是交易者为交易者设计的。交易者们会在网上发布对外汇市场独一无二的洞见，以及对各个经纪商和交易机会的看法，这为你提供了一个巨大的支持网络。我希望你能登录这个网站并给予一些反馈，同时分享你的经验和交易见解。你参与得越多，这些信息就会变得越有价值。

当我开始外汇交易时，与你们很多人一样，我也是从练习账户或者说模拟账户开始的。不幸的是，就像你们很多人想的那样，我也认为模拟账户与实盘账户在价格和执行方面是一样的。我认为没有什么方法比利用虚拟资金来提高交易技能并了解市场更好了。为什么不故意做些糟糕的交易来从错误中学习呢？当你确信自己可以持续稳定盈利后，才能开始实盘交易。我就是这样想的。

但是现实是实盘账户的交易与模拟账户不一样。经纪商不会关心你用模拟账户交易了多少次，但是一旦你开始用真实资金做实盘交易，并且稳定盈利，你就会点燃经纪商的怒火。他们会把你揪出来并消灭你。这样说或许有点可怕，但据我所知这就是事实。

我现在知道，在某些情况下，如果哪个客户持续获得成功，他就会被列入黑名单。我说的是真的！你会被列入黑名单。在我调查期间，我就曾看过一家经纪公司的客户账户黑名单。如果你上了这张黑名单，那么不管你交易得多好，你都不可能再持续盈利了。这时候你最好还是认输，因为你在他们的"屋檐"下。

讲一个个人经历。我在交易我第一个外汇市场的外汇现货账户时，我连续9个月每个月都获得了成功，中间没有发生资金回撤，也就是说我每个月的交易结果净值都为正值。当然，我期间也有遭遇一些亏损，更准确说是发生月中资金回撤，但是连续9个月中没有一个月是以亏损结尾的。

然后有一天，我就收到了一封来自经纪商的 E-mail，大意是为了更好地执行我的交易，将把我的账户移到另一个服务器上。这封 E-mail 说，"请进行适当改变，这样你的交易平台才能正常运行。"当然，到星期一的

导 读

时候，我的账户就被移到了新服务器上。你可以想象在这之后出现了什么情况。这是真的。我从此以后再也没有一个月是盈利的了，最终，我不得不关闭了这个账户。

你无法想象我当时的沮丧。我在差不多一年的时间里每天都斩获很多点利润，眼看着账户每月都飙升到一个新高，但不管我做什么，最终却以亏损收场。这太令人沮丧了。在这四个月里，我亲历了经纪商玩的所有花招，但是当时我还没有完全意识到这一点。我展开了严密调查，终于掌握了他们当时对付我的所有招数——我将在本书的正文部分与你分享。

不幸的是，我已经开始登上业界的黑名单，不过坦率地说，我并不太在意这件事。我准备揭露外汇行业的一些内幕，以及诈骗像你我这样毫无戒心的交易者的经纪商的恶行。

请记住，这不是一本只揭露交易黑暗面的书。这本书除了揭露经纪商的各种恶行外，我还会告诉你如何利用这些信息来对付他们。你仍然可以从这个市场中赚钱，而且可以赚更多。但是随着越来越多人意识到这一点，你也可能亏很多钱。就任何投资来说，我认为最需要注意的一点在于，在做任何投资之前，要深入仔细地考量你的投资品种和风险承受能力。外汇市场也不例外。外汇市场是让你的投资组合多样化的好方法，但是你仍然需要用你输得起的风险资本来投资。请记住，你可以通过使用较少的保证金来降低一部分风险。

在阅读本书过程中，你会注意到我采用了很多个步骤来帮助我更好地掌控我的交易。你会看到并学习我是如何战胜经纪商。我事先要声明我不能公开讨论所有的策略，或者提供那些经纪商如何打败今天交易者的太多信息。这不是一本让经纪商用来对付我们交易者的书，而是让交易者用来对付经纪商的书。最后，我会通过亲自讲授或网站 www.jdfn.com 发布等形式，尽我最大的努力为你提供一些我自己的交易策略。我们携起手来，一定可以打败那些经纪商，创造一个公平规范的市场和一个公平竞争的环境。

像你们很多人一样，在经济低迷时期，我也蒙受损失。随着外汇市场的监管和其他方面发生改变，我的公司业务也不下 4 次进行调整和改变。

这一次我要进行反击。我创建了必要的业务机构来参与这个高度监管行业的竞争，我也被迫把注意力转移到个人客户的成功上。我认为公司的成功取决于客户的"寿命"。在过去，我依靠其他经纪商来保证我、我的公司和我的客户的成功，但现在再也不会了。我要把那些无良经纪商清除出去，我将在我的读者和客户交易的地方发挥一些积极的作用。我想看到我的客户顺畅自如地进行交易，避免陷入目前经纪商设定的圈套里。如果你的经纪公司说自己是做市商或者它创造了一个自有市场…赶快跑！这个经纪商肯定会操控你的交易。

我正在创建我期望的那种交易环境，我认为如果这种环境对我的账户和我有利，那它也会对你有利。我创建这种环境的方法，正好就是我将在本书中与你分享的东西。首先，我们必须学习如何判断当前的市场情况，如何识别经纪商设定的"游戏"以及如何避免它们。然后，我们必须学习在什么地方运用之前所学到的东西，才能获得成功并达到我们的个人财富目标。

我希望你能花些时间来理解我将解释的那些概念。我也希望你能忘掉你在各种论坛留言板（message boards）上看到的"垃圾"信息。我曾亲眼看过一些经纪商的内部文件，讨论他们如何在各种论坛和聊天室注册假账户，并向你我这样的交易者散播虚假、误导性的信息。不要感到意外，这是事实。我得到的可是一手信息。我知道有些经纪商会要求自己的员工利用假名字和假账户，去各个聊天室发布其他经纪商的客户的信息，让初涉交易的新手们误以为这些经纪商非常恶劣，或者对客户锱铢必较。我也曾看到这些经纪商的一些内部备忘录，记录他们是如何诋毁其他经纪商或发布吹嘘他们自己的虚假信息的。这种做法有越演越烈之势。现在你可能非常吃惊，就像我第一次听说这类行为时那样。

在我们开始指责怪罪之前，我想要说一句，我的外汇交易知识和外汇交易事业也像你们很多人一样，一直在发展和进步。我总是与他人分享我认为正确的东西。所以如果你读到什么内容与我过去的说法有矛盾之处，还敬请谅解。我在对这个行业进行深入全面的调查之后，又学到了很多，而这些就是我现在想要与你分享的内容。

导 读

我知道此刻你会问既然这个市场如此糟糕,我又是如何交易的呢。嗯,这就是你将要学习的内容,是我将要与你分享的心得。在你阅读本书的同时,我希望你出去做些调查,看看这些经纪商都在玩些什么把戏。到聊天室和论坛去看看哪些经纪商在赞助他们并做广告。留意一下那些明显是内部人员或员工发的评论或反驳意见。当你已经意识到这种行为的时候,你会觉得很好笑。我知道现在一个经纪商在网上一般只赞助一个大型外汇论坛,并且这个经纪商会控制论坛上所有内容。如果你看到经纪商在论坛或留言板上打广告,就离开吧,或者至少保持怀疑的态度。

说到这里,我就要提一下我的书。如果你曾经看到可能不那么积极的评论,那么我告诉你,我知道其他竞争对手在试图诋毁我的书。为什么呢?答案很简单。我一直都在与他人分享一些可以帮助他们在这个市场获得成功的策略。我有很多读者和潜在交易客户都想知道应该选择什么平台交易,但我没有具体推荐一个经纪商,所以你就能想象经纪商会怎么看我以及我说的这些意味着什么。这本书也面临同样的情况。事实上,如果我做出推荐的话,对经纪商和竞争对手来说会更糟糕。就在本书撰写之时,联邦法院里针对某些经纪商的指控正在满天飞。我知道这类事件来了又去去了又来,但是我敢肯定你和我都将受益,因为经纪商将不得不收敛自己的行为。

我也知道有很多经纪商因为新出台的监管法规,开始做出一些改变,但不是全部。一些所谓的投机商号可能永远都不会改变了。我认为不管这些经纪商是否改变,都不应该轻易放过他们。如果你过去经常偷车但以后再也不偷了,这也并不表示你就无罪了。不幸的是,我不得不说我将不再推荐任何我过去曾推荐过的经纪商。但是我并没有停止交易,我只是利用我与你分享的这些信息来武装自己。我要争取更为公平的交易环境。

我希望你能认可我在本书中介绍的做法并修改你现有的交易计划。如果你是初次接触这个市场,那么这些信息将有助你制定一个成功的交易计划。

我期望在未来岁月里能听到你交易成功的故事,不管什么时候,你都可以把你的成功经历发到网站 www.jdfn.com 上。

正如我总是说的那样,祝你投资愉快!

目 录

第一部分　外汇市场与其他市场 …………………………………… 1
第1章　外汇市场与经纪商的诡计 ……………………………… 3
第2章　你和经纪商的对决 ……………………………………… 17
第3章　外汇期权 ………………………………………………… 37
第4章　差价合约入门知识 ……………………………………… 57
第5章　价差赌注 ………………………………………………… 69
第6章　远期和掉期 ……………………………………………… 81
第7章　把交易当作职业 ………………………………………… 91

第二部分　外汇市场的监管 ………………………………………… 99
第8章　商品期货现代化法案 …………………………………… 101
第9章　农业法案 ………………………………………………… 105
第10章　多德—弗兰克法案 …………………………………… 109
第11章　外汇的监管措施 ……………………………………… 115

第三部分　外汇经纪商的诡计 ……………………………………… 127
第12章　后台软件诡计 ………………………………………… 129

第13章　缓慢的服务器和错误 …………………………… 133
第14章　成交滑移价差与猎杀止损 …………………………… 139
第15章　外汇经纪商保证金骗局 …………………………… 147
第16章　模拟账户的诱饵调包法 …………………………… 151
第17章　经纪商的B账簿 …………………………… 157
第18章　对赌平台 …………………………… 161
第19章　打败经纪商的交易策略 …………………………… 165
第20章　经纪商的选择 …………………………… 171

第四部分　外汇交易策略 …………………………… 177

第21章　简单的支撑/阻力价格行为策略 …………………………… 179
第22章　布林带逆向交易策略 …………………………… 193
第23章　对冲交易策略 …………………………… 219
第24章　外汇期权交易策略 …………………………… 239

第五部分　外汇自动交易 …………………………… 285

第25章　外汇交易自动化 …………………………… 287
第26章　外汇交易机器人简介 …………………………… 291
第27章　回溯测试 …………………………… 297
第28章　智能交易系统的模拟测试与实盘测试 …………………………… 307
结　语 …………………………… 311

第一部分

外汇市场与其他市场

第 1 章　外汇市场与经纪商的诡计

外汇市场的起源

从理论上讲，外汇交易可以追溯到远古时代，那时候交易者首次开始交换来自不同国家和组织的硬币。到 1944 年，在新罕布什尔州的布雷顿森林召开的多国会议，建立了战后的外汇体系，并且一直维持到了 20 世纪 70 年代初。

在这次会议上，来自 45 个的代表聚集一起商讨建立外汇体系。这次会议诞生了国际货币基金组织（IMF）。同时达成协议实行固定汇率制，允许各国货币对黄金价值或美元的汇率在上下各 1% 的区间内波动，这就是早先确立的金本位制。这种把货币价值与黄金或美元联系起来的体系被称为钉住汇率制。

在 1971 年，失控的汇率波动让布雷顿森林协定经受了首次考验。这引发了一系列连锁反应，到 1973 年时，美国时任总统理查德·尼克松宣布废除金本位制。在沉重的市场压力下，固定汇率体系崩溃，各国货币最终被允许自由浮动。从那以后，外汇市场快速形成，并且成为目前世界最大规模的金融市场。

外汇市场在哪里

外汇交易没有局限于任何一个交易大厅之中，它也不是传统的金融市场，因为并不存在一个中心交易所。整个市场在各国银行组成的电子网络里 24 小时不间断运行。这个市场被认为是一个场外交易市场，提供外汇现货的场外交易。

银行都有一定的外汇业务量,他们的客户会根据个人需求买入或卖出货币。银行必须根据这些货币兑换来结算和管理客户的各类货币存款。

投资经理要在全球范围内交易,并且必须持有外汇以及更为传统的交易品种,比如债券和股票的头寸。例如,如果一只基金投资了美国债券,那么基金经理就必须决定这只基金是否要投资美元或者其他货币来对冲美元汇率波动对美国债券的影响。这是一个对冲的问题,是另一层面的风险管理。

外汇市场的发展前景

根据国际清算银行发布的数据,截至2010年4月,全球外汇市场平均每日成交量估计达3.98万亿美元,比起2007年4月3.21万亿美元的日均成交量,增长逾20%。一些专注于外汇市场的公司已经使全球日均成交量上升超过4万亿美元。

这3.98万亿美元分别由以下几项组成

· 1.490万亿美元的外汇现货交易

· 4750亿美元的外汇远期

· 1.765万亿美元的外汇掉期

· 430亿美元的货币掉期

· 2070亿美元的期权和其他品种

除了上述几项在不停增长外,外汇市场的零售交易也将继续增长。美国在外汇交易方面只保持较小幅度的整体增长,而中国及周边地区才是大规模增长背后的驱动力。

随着外汇行业不断出台新的监管条例,我注意到外汇经纪商开始寻找新的商业模式。他们会继续提供外汇零售交易,但是美国的外汇经纪商已经开始提供外汇掉期、远期和其他投资工具。

我曾听过一句话,说如果美国的外汇经纪商将受到如此严厉的监管,他们将会寻找其他出路。我的意思是这些外汇经纪商将在不久的将来提供大宗商品和股票的交易。

第1章 外汇市场与经纪商的诡计

除了大众商品和股票，你还将看到外汇期权越来越为个人外汇交易者接受。我已经知道有两个经纪商并不只是口头上说要推出外汇期权，而是在本书出版前就将正式推出。

大型股票经纪商在努力争取新客户，而外汇经纪商就没有面临这样的问题，因为他们通过增加包括股票和大宗商品等新交易品种，抓住了所有品种的参与者。由于外汇经纪商进行这样的转变，大型股票经纪商将开始把大型外汇经纪商作为收购的目标，从而增加大型股票经纪商的客户数量。所以，看起来整个行业整合的时代即将来临。

谁是受害者

如今，全世界都充斥着一种以投资为主导的文化，尤其是美国。个人投资者越来越容易获得免费的金融投资工具清单。我们可以从外汇、期权、期货、股票、债券、房地产、特许权和其他商业创投等投资品种中随意选择，这些都有助于促进经济发展，同时获得丰厚的利润并驱动市场运转。

这种多样性和自由允许一些不讲道德的个人和公司推出一些非法投资项目，通过不切实际的回报和精心制作的虚假项目来欺骗投资者，目的只是想从投资者身上捞钱。

任何人都可能成为这些骗子的猎物，尤其是那些认为自己绝不会上这种当的人。金融骗子非常聪明，他们非常懂得如何抓住并操控各种类型的潜在投资者——从最富有的人到那些可能遭遇严重财务危机或者只有很少甚至没有资本的人。

越没钱的人越在意那些可以短时间提供高额回报的承诺。使用最普遍的销售技巧就是由"专家"告诉你如何成为有钱人，并且教给你明确的、经过证实的投资策略，最重要的是，告诉你这些策略都是所有有钱人或者熟知内幕的大玩家通常采用的。

请别误会我。我自己也会听取很多所谓的专家的意见，虽然我总是对他们的说法持保留态度。但是你不能戴着眼罩到处瞎撞，如此消极的做法只会让你只见树木不见森林。我从很多人那些获得了含金量极高的宝贵信息，这些人不见得是最优秀的交易者或有着最高远的目标，但他们给我的建议可以帮助我研究并发展出一些极好的交易策略。

投资骗局的受害者有着各种不同的背景。在这些受害者中，我们可以找到成功的专业人士、政坛精英，还有成千上万辛勤工作的普通老百姓。但是，所有这些人都具备两大特质：无限制的贪欲以及轻信一切声称能够满足贪欲的人和组织。

投资骗子：他们是谁

这些骗子中很多都很成功，他们一年骗取的资金总额估计达数十亿美元。他们会让你相信他们是合法的，并且用上他们能想到的各种精妙技巧使你相信他们是正规公司，以骗取你的信任和合作。为了快速骗取很多钱，他们会向你提供一个绝无仅有并且过时不候的机会，如果你没有提前提防或不知道他们的惯用伎俩，他们就可以把你要得团团转并且巧妙地触发你性格中"贪婪和轻信"的开关，这时候，他们说什么你都会相信。

如果你发现自己面对营销鼓吹，压力很大时，最好的建议就是后退一步，从这些骗子的公司走出来做些额外准备工作。你可以放心，在大多数情况下，或者至少在合法情况下，你仍然可以利用任何特殊交易工具获利。这些交易中有些是可以参与的，有些则要离远点。

金融骗子之所以难以识别，原因在于他们没有一个典型而明确的形象。所以，你保护自己的第一步就是，消除你对骗子在外表或态度方面的刻板印象。骗子可以是你周围任何一个人，包括你认识的和还不认识的。他们唯一的共同特点就是他们拥有强大的魔力让其他人对他们产生信任。

有些骗子也不总是这样。有些时候，一些受到高度信任和尊敬的人，比如会计、律师、财务顾问，甚至是医生等，也会经不住诱惑转而昧着良心从投资骗局中赚快钱，当然这也是受益于他们以前广受认可和光明磊落的社会职业。

在有些情况下，一些合法的投资项目因为糟糕的管理或意外事件而失败，主管最终胡乱操作或亏掉投资者的资金。不管是否预谋，投资骗局的结果都是一样的。作为客户，你将失去你辛苦赚来的血汗钱。

第1章 外汇市场与经纪商的诡计

骗子的伎俩

骗子会试图效仿合法投资公司的营销技巧。因此，他们接触他们潜在受害者的方式可能不会总是发出骗局的指示。很多合法公司通常会采用电话和邮件直接联系的方式，或者直接通过广告和网络，来识别和选择潜在投资者以及对他们的金融产品服务感兴趣的人。独立仔细地调查他们的方法，并推测这些骗子会如何从上述营销方式中获利。

通过电话和邮件进行个人直接接触

骗子从其他渠道（比如投资类出版物和投资论坛的客户资料）获得潜在目标客户的邮箱地址列表后，通常会通过打电话或发邮件的方式与数百个潜在投资者直接联系。这些骗子通过足够的话术以抓住你的兴趣，这样你才会通过电子邮件或者电话索取更多的信息，但是在这一过程中他们会避免言多必失，避免因为说得太多而触犯监管法律。

通过广告和网络进行直接接触

监管部门通常会监管主流报刊上的所有广告。但是，这并不能阻止骗子利用这类媒体来展开他们的诱饵销售式骗局，他们会提供极具吸引力的收益来诱骗贪婪的投资者。其他一些骗子则会选择小报刊来刊登诱骗广告，这样被监管部门抓住的风险较小。

还有一些外汇经纪商会通过模拟账户来实施"诱饵调包法"，关于这部分内容，我将在第16章中进行详细讨论。

由于影响不断深入和扩大，互联网也吸引了那些骗子的注意，他们会在网络上故技重施。以前是通过电话和传统的信件进行联系，现在则通过E-mail，注册用户名单以及在社会媒体、论坛和投资类网站的显著位置刊登广告的华丽网站。

利用你自己的职业、社会关系甚至是亲友圈子

最简单、最有效的一个方法就是通过熟人推荐发展下线，因为第一批

投资者按时获得丰厚的利润之后，他会急切想要把这个外汇项目推荐给自己的家人、朋友和同事。很多时候，这些利润是拿投资者自己投入的资金（因为没有真正的外汇交易支持这项投资）或者其他受害人投入的资金来支付。

一个投资者向另一个投资者推荐的影响力太强了，以至于骗子都不需要寻找新的猎物。投资者自己都会来，而且更妙的是，这些投资者已经对这个假外汇投资项目的真实性、营利性和可信度毫不怀疑。实际上，这种方法就属于非法传销。我们大部分美国人都知道美国史上最大的那个诈骗案，这起诈骗是在20世纪90年代（有可能更早）在纽约发起来的。最终，这个诈骗案的制造者伯尼·麦道夫（Bernie Madoff）被送进了监狱，他的余生都将在那里度过。伯尼·麦道夫曾经为自己的社会关系自豪，并且把自己的业务建立在这种亲友推荐的基础上。最终，"金字塔"的崩塌，参与其中的每一个人都亏了钱。

我不是叫你不要投资。你其实也没有多大的选择余地。嗯，我猜你有两个选择：要么站在一边当个旁观者，让通货膨胀逐渐侵蚀你的财富；要么不再当一个旁观者，运用良好的资金管理和多样化投资，承担适当的风险来获取回报。你有可能亏损，也有可能赚钱，但是你的盈利目标要显著高于你承受的风险。所以，你必须事先计算好你所能承受的风险。在大多数情况下，熟人推荐是一个发现投资机会的好方法，前提是你要进行审慎的调查。

"外观"：看起来好得足以建立声誉

一些骗子会在城市繁华的金融街区租用豪华办公室，让自己看起来非常专业非常有信誉。还有一些骗子会雇用很多人员来造成公司业务很繁忙的景象。他们甚至还会要求你预约并让你空等一会儿，这样在引起你兴趣的同时让你觉得他们根本不在乎你是否在他们那开户。

这些骗子还可能参与一些公益类社团，以塑造完美的公民形象。他们做所有这一切的唯一目的只是牢固抓住你的账户。

第1章 外汇市场与经纪商的诡计

他们利用潜在客户的弱点

正如之前说的那样,贪婪是导致大量潜在受害者中骗子圈套的主要因素。骗子可以向你做出非常美好的承诺,这些承诺要多好有多好,但是到最后他们都不会履行这些承诺。他们想要的只是你辛苦赚来的钱,而且越快越好。

下面列出了一些潜在投资骗局的关键信号。

・造成巨额利润预期　这真的并不难。请记住,过去的绩效表现并不代表未来也会获得同样的绩效表现。仔细考虑你在任何潜在投资上愿意亏损多少钱以及能够亏损多少钱。你永远不会提前知道市场上将发生什么,尤其是外汇市场。外汇市场可以受到全球各地任何重大新闻的显著影响。

一些资金管理公司会提供足够高的收益来勾起你的兴趣,但是也不会高得太离谱,以免引起你的怀疑。这些骗子会暗示这项投资具有更大的潜力,并评估你的反应,然后根据事先做好的应对方案来对你加以引导。请记住,如果一项投资的回报高得令人难以置信,你就有可能遇到了骗子。

・省略相关风险介绍　骗子最不想让你意识到的就是你最终可能亏钱。他们的重点永远都放在"低风险"和"有保证"的回报上,这样你就有可能相信完全没有风险。如果你坚持询问潜在风险,骗子最终会承认有一定风险,但是这个风险很小很小,并且还会向你保证收益将更高。通常情况下,骗子会试着快速转换话题,或者甚至表现出不耐烦并拒绝你的请求,这样你就不会在这个问题上揪着不放了。

・造成紧迫感和稀缺性　有限的供给和有限的时间——骗子总是会营造一种紧迫的气氛,催促你"立即"投资,否则就会错过大好机会。你可能会被告知这是特供项目,只有少数人才能享有。其实这背后真正的原因是这些骗子不想让你有时间深入思考他们提供的项目,因为你想得越多越久,你越有可能怀疑并决定进一步仔细研究或者干脆直接放弃这个项目。另外,他们表现得很急迫,也有可能是他们很快就会离开此地。

・建立信任　骗子所有的努力都是为了博取你的信任,让你相信投资的回报高、可靠性高以及风险少得几乎为零，这样你才会轻易快速地把钱投给他们。他们想要向你传递一个信息，即他们为你提供的这个项目实际上是一次恩惠。他们甚至会表示如果你不感兴趣，他们就会把机会提供给其他人，这样说只是不想表现得他们想要的只是你手中的钱。当然，他们的目的只是想快速激发潜在投资者的兴趣，并且到这个时候，这套骗人的把戏几乎就要完了！骗子在操控交易方面是真正的高手，所以投资者几乎没有机会向他们提出敏感的问题。

还有一种建立信任的方式是通过交易者口口相传。最初一批交易者获得了很高的收益，于是向亲朋好友推荐。这些交易者无意中成了骗子的"帮凶"。这在高收益投资骗局中最常见。在按时收到固定的收益一段时间后（来自最近受害者的账户资金），先前加入的投资者开始变得大胆并开始投入更多资金。由于骗子通过新账户资金"养"老投资者，建立了极好的"声誉"，所以吸引了新投资者加入。最后，在骗取了足够多的资金后，骗子就会卷款逃跑。

另一个可以让投资者相信他们所谓的外汇交易能力的欺骗方式就是"徐图缓进"（slow approach），他们会提供免费的预测，而且一开始绝不要求潜在投资者投钱。一半投资者会得到一种预测结果，而另一半则得到刚好相反的预测结果。几轮预测下来之后，每次都得到正确预测结果的少部分投资者留了下来。这部分投资者会急切想要把资金投给骗子，因为他们对骗子在预测市场价格方面的准确度深信不疑。为了增加潜在投资者的急切程度，这些骗子甚至还会故意拒绝或设置开户难度，其实这不过是欲擒故纵的戏法罢了。

请记住，投资骗子并没有一个典型的形象。他可以是任何一个人，从电话拜访的陌生人，到豪华办公室里穿着考究的经理，到所谓的教育性外汇网站，到朋友的朋友等，这些人或许还有一系列引人注目的头衔和荣誉称号。

网络诈骗的信号

你必须仔细查看整个网站的内容。看有没有陌生的或不专业的名字，

第1章 外汇市场与经纪商的诡计

不可信的承诺和过度的保证，一系列复制粘贴的"常见问题与解答"以及各种不同外汇投资网站都可以看到的一模一样的内容模板，并且缺乏商标、图片之类的企业标识等。从很多地方都可以发现骗局的信号。

最明显的诈骗迹象来源于投资项目本身，通常它们都没有关于该项目如何获得如此高回报的详细介绍。如果一个公司或公司的业务代表不能提供关于他们金融活动和整个业务管理方面的完整信息，就千万不要投资。

预防措施

1. 如何发现

你永远都不要参与任何你不完全了解的投资活动，你也永远不要相信任何所谓的预期收益，因为即使你采用相同的方法也无法达到那样的收益水平，这是一条基本规则。试图向你推荐所谓的外汇投资项目的骗子，通常会声称他们拥有特别的秘密技术，这种技术将使他们稳步获得非常高的收益，但是他们很少会进一步谈论细节，因为大多数时候他们都在说假话——这些骗子参与的唯一秘密活动就是掏光你账户里的资金。

如果你获得了"收益"，那一定是从你自己账户里的资金中循环而来。不要把你的储蓄拿到那些正在四处广告，尤其是承诺的回报高得令人难以置信的投资项目上冒险，除非你明确知道自己在做什么，并且清清楚楚地知道他们采用什么方法。

下面列出了一些问题，如果你拿来问那些骗子，一定会搞得他们坐立不安，或许还会令他们放弃你转而寻找更容易上当受骗的新猎物。

· 个人资料　　如果你曾接到过陌生人的电话或 E-mail，就问他是从什么地方获得你的个人资料。

· 风险　　向推销员询问该项投资的风险状况。任何投资都含有一定风险——尤其是那些理论上可以提供极高回报的投资。

· 书面文件　　骗子会非常不愿意向你提供书面的文件及相关风险报告，因为将来东窗事发后，这种书面形式的文件将对他们极为不利。你应该要求他们提供该项投资的其他信息和详细介绍，以及完整的风险报告。你的这种要求可能会把骗子吓跑。

·管理和绩效　　询问公司管理人员的名字。一些制造外汇投资骗局的人可能会告诉你一些假名字，但是你探究细节的行为可以吓唬到他们。

调查公司历史：询问他们从事这个行业多少年，要求查看他们过去的记录和交易绩效——这些记录应该在时间上是符合逻辑的。一些突然冒出的公司可以表现得非常光鲜、信誉优良，但是一定要稍微探究一下他们的过去。当然，骗子是不会想要谈论这个话题的。

一定要求他们提供书面的绩效报告，并且最好是经过会计师或其他权威人士的专业验证。过去的绩效并不能保证未来也能获得相同的绩效。但是，一个经营了数年的正规公司，应该很容易提供可验证核实的绩效报告。

要求与业务员会面并参观该公司的办公室。如果这是一个骗局，骗子一定不想让你知道他们在什么地方从事诈骗活动，否则就会露出马脚。

·第三方　　这家公司能够向我提供可核实和值得信任的参考资料吗？这家公司的代表会同意进一步详细介绍外汇投资项目，并把它交给准备充分的第三方验证，比如你的会计师、银行家、律师或投资顾问吗？如果你在提这些问题时，对方有任何犹豫和借口，这就是一个明显的信号——你绝对不能把钱投给这样的人或公司。

·监管和法定条件　　询问该投资项目是由哪个监管机构负责监管，并且是否是在受监管的交易所进行交易。监管意味着有一个保护并严格执法的组织，这个组织将制裁那些不遵守相关法规的个人和公司。投资骗局永远不会处于监管之下。告诉向你推荐这个投资项目的人，说你要核实他们公司的身份。

如果这是一个骗局，请准备好听到一些推托之词。最后，询问该公司用于解决可能出现的纠纷和争端的法律框架。如果对方这时表现出任何不安或不耐烦，那么就此打住，不要继续下去了。

有一些可以让网友讲述他们受骗经历的网站。这类网站中大部分都有着不可告人的目的。如果你仔细浏览那些似乎只有负面信息的网站，你很可能会发现那些负面评论全是竞争对手的杰作。看看这类帖子也可以——只是要带着怀疑的态度去看。

第1章 外汇市场与经纪商的诡计

·会计　　问问他们会如何管理你投入的资金，你投入的资金将开一个什么样的账户，以及你能收到什么样的会计报表并且多久收到一次。另外再问问该公司是否会定期接受审计。

你还需要知道资金管理的具体费用——比如，什么是绩效奖励、佣金和整体管理费用等，而且你要以书面的形式获得所有这些费用信息。

最后并且最重要的是问清楚如果你决定终止投资协议，如何了结清算合约并拿回你的钱，包括是否需要支付任何类型的费用以及是否有延期。

所有这些问题，你都应该得到直接、详细和简单明了的回答。

2. 如何保护自己

在投资之前一定要做调查。前面列出的那些问题并不能保证你从向你推荐投资项目的人那里获得诚实直接的回答，但是这些问题将帮助你查探可疑之处。骗子最不愿意做的事情就是接受真伪验证。他们在如何回避那些可以暴露真相的问题方面经验丰富。请记住，他们会着重强调"高额的利润"并弱化甚至直接忽略你提出的那些可以暴露他们幕后动机的问题。

大部分骗子会通过以下几种方法来瞒天过海：

·选择只有很少或者甚至没有监管要求的投资品种或地方

·采用不同的名字

·改进促销技巧

·坚持投资项目的稀缺性和紧迫性，让你没有时间进行调查

·一般来说，他们选择的对象都是那些消息闭塞、孤陋寡闻的人，这样的人不知道如何核实他们所说的话或者调查他们公司的情况。

这就是有如此多外汇诈骗的原因。直到如今，外汇市场也仍然不受监管。有很多并不太专业，或者接受过行业相关法规处罚的大宗商品专业人士，现在都转战外汇市场。外汇市场允许这些人继续交易，并且不会遭遇美国商品期货交易委员会（CFTC）下发的违反法规的处罚决议。但是好消息是，随着新的监管条例颁布，外汇市场正在逐渐变成一个极好的金融市场。

有一件事是可以确定的——任何投资都无法保证赚钱，即使是合法的投资项目也不例外，但是你完全可以确保自己不上当受骗。

你可以通过调查研究来进一步保护自己：

·联系当地机构和媒体　　到当地警察部门、商业改进局（Better Business Bureau）、消费者权益保护组织和当地报纸等查看是否有针对他们个人或公司的投诉。也可以到互联网上去找找看。你可以从国家欺诈信息中心（NFIC）开始，他们的网址是 www.fraud.org，热线电话是 1-800-876-7060。这是美国消费者联盟（National Consumers League）的一项公共服务，并且他们的工作人员可以把你引向其他机构获得更多信息。

·联系监管机构　　提供投资项目和其他金融工具的个人和公司，在美国至少要受到一种或多种类型的监管。或许在其他国家要进行这类调查研究比较困难，但是下面列出了几个国家的相关机构名字和网址，这将有助你核实某个特殊投资工具的相关法律要求，并且调查向你募集资金的或者你打算投资的公司的背景。

美国：商品期货交易委员会（CFTC），www.cftc.gov

　　　美国期货协会（NFA），www.nfa.futures.org/basicnet

英国：金融服务管理局（FSA），www.fsa.gov.uk

塞浦路斯：塞浦路斯证券交易委员会（CySEC），www.cysec.gov.cy/license_members_1_en.aspx

爱尔兰：金融工具市场法规（MiFID），www.mifid.ie/index.html

德国：德国联邦金融监管局（BaFin），www.bafin.de

期货合约和期货期权都受到商品期货交易委员会和美国期货协会的监管。商品期货交易委员会是一个联邦机构，而美国期货协会是由国会批准的自我监管组织。美国期货协会有一个期货相关法律信息的数据库，投资者可以拨打法律信息咨询热线 800-621-3570 或 800-676-4 进行相关法律咨询。

在把你辛苦挣来的钱投入一个可疑的投资项目之前，一定要展开详尽彻底的调查。虽然这种调查会耗费大量时间和精力，但是这个过程是必需的，也是值得的。当你联系这些监管机构时，你可以查明向你推荐投资项目的个人或公司有没有进行正式注册，以及有没有资格开展外汇投资业务。另外，你还可以查明这种业务在过去有没有遭到公众投诉和索赔，或

第1章 外汇市场与经纪商的诡计

者有没有受到相关法规惩处。

在美国，你还可以向下面这些机构和人员进行咨询：

地方检察官办公室

州总检察长

州证券管理人

联邦邮件审查员（如果投资项目信息是通过邮件送达的）

联邦调查局

3. 密切追踪你的资金去向

在完成以上所有步骤之后，即使该项外汇投资看起来是完全合法的并且你决定投资，但你仍然需要继续监视，并且对任何预示着事情可能出错的信号保持警觉，比如与向你推荐该投资项目的个人或公司突然失去联系，没有收到会计报表或承诺的重要文件，缺乏进一步的信息或者实际数据与当初承诺的不符，特别是没有按时获得利润。

如果到某个时候，你开始怀疑并且不能得到适当的解释，或者对方不能解决上面提到的那些问题，你就应该立即结束这项投资并要求结算你的账户——如果需要的话，还可以威胁说去找监管部门。如果这是一场还将继续下去的骗局，这些公司宁愿还你的钱也不愿意冒骗局被曝光的风险。

准备好听到一系列你为什么要继续投资该公司的新借口、新解释和新理由。不管对方对你说什么，都要坚持要求退还你的资金，不要接受说服你继续投资的任何理由和解决方案。

如果你要回了你的资金，那么你是幸运的。大多数时候，你都不可能把资金要回来，如果真的要不回来，你应该立即向有关部门举报。事实上，即使你要回了你的资金，如果你仍然认为这是一场骗局，你还是可以向有关部门反映的。

第2章 你和经纪商的对决

要想在外汇现货市场交易成功，你需要用你能找到的所有知识和工具来武装你自己。经纪商会故意整你——至少大部分会这样。随着监管不断完善，外汇市场正在逐步发展为目前世界上最大、最好的金融市场。它将会采取严厉措施，打击那些经纪商仍然用于窃取你资金的不法行为。

为了在经纪商设定的游戏里打败他们，你需要知道一些事，而其中大部分都将在这本书中进行介绍。在大多数情况下，你会感觉到是你在和他们对决。在这个激动人心的市场上交易时，只要你知道你应该留意什么以及如何保护自己，就可以了。

外汇经纪商如何赚钱

外汇经纪公司就像其他任何一家公司一样，为了确保公司能够持续经营下去，它必须赚取利润。经纪商作为银行与客户间的中介，向个人和机构交易员提供服务。这些经纪商，在道德和诚信方面参差不齐，有很少甚至完全不在乎客户需求并持有一种赌场老板心态的"投机商号"，也有以达到所有道德标准和完全透明高效的客户服务为宗旨的大型公司。

经纪商是市场这个阶梯式结构中不可或缺的一环，这个结构从处于第一级的金融机构开始，逐级分下去。经纪商可以处于结构的第二级或第三级，具体处于哪一级要取决于经纪商的规模、资本、结构和业务量。

市场结构概览

第一层级：中央银行、最大的投资银行

在这一层级上，所有的交易完全是公开透明的，每个参与者都可以通过电子经纪服务现货交易系统（Electronic Broking Services Spot Dealing System，简称EBS）看到相互间提供的所有汇率。这个交易系统主要交易涉及欧元、美元、日元和瑞士法郎的货币对。其他所有货币对的交易都要通过路透的交易3000现货撮合系统（Reuters Dealing 3000 Spot Matching）。

这个层级是由世界各大中央银行组成的，这些中央银行可以在任何他们达成一致的汇率报价上自由交易所有货币。

第二层级：小型银行、跨国银行分支机构和金融机构、大型基金和财力雄厚的个人投资者

大型跨国公司和银行，包括他们的分支机构代表了外汇市场的第二层级。这个层级提供的汇率报价通常与银行同业市场的汇率不一致，并且报价也与银行同业市场的报价显著不同。大型资本基金和财力雄厚的个人可以为他们的交易找到很多流动性提供者（对手盘），因此他们也被认为属于这一层级。

少数零售经纪商，特别是电子通信网络（ECNs）也会被划分到第二层级。

第三层级：市场做市商和小型投资者

大部分外汇零售经纪商都被归为这一层级，他们中大部分都只跟来自第二层级的一个流动性提供者打交道。只有电子通信网络和少数高级别的经纪商，虽然也被划分为"零售"，但因为他们可以为客户提供与各个流动性提供者直接交易的机会，也就是可以把客户的交易订单直接递到银行同业市场，从而被划分到第二层级。

外汇零售服务提供者的类型

可以提供外汇零售服务的经纪商，基本上有两种类型：电子通信网络

第 2 章 你和经纪商的对决

（ECNs）和市场做市商（见表 2.1）。他们的存在允许小型投资者（不能直接参与第一层级交易的人）不需要提供大量资金，就可以与大型金融机构和富有的个人投资者一起参与货币的交易。

表 2.1 ECNs 与市场做市商的一些区别

ECNs	市场做市商
需要较高的起始资金	只需要非常少的资金就可以开一个账户
单子直接被递到银行同业市场进行交易	单子只在内部交易或在银行同业市场进行对冲；只有真正的大单子才会被直接递到银行同业市场交易
有时候点差很小，但是点差波动很大	点差固定并且通常是有保证的，同时点差波动很小
每一笔交易都会收取佣金	没有佣金（除了遵守伊斯兰教法的伊斯兰账户）
交易公开公平透明	由于做市商常常作为客户交易的对手盘，所以存在利益冲突
收益来自佣金和点差	收益来自点差，并且当他们作为客户对手盘时，客户亏损的钱就是他们赚的钱

ECNs 对资金的要求比较高，但它会提供与银行同业市场更直接的交易服务。很多 ECNs 都被划分为第二层级。市场做市商很少会允许他们的客户直接与第一层级接触，他们都属于第三层级。

最后，所有资金更少的小型投资者，构成了这个市场结构的最底层。

市场做市商运用很多种方式来处理客户的订单——有些是在内部撮合不同客户反向的订单；有些是市场做市商自己作为客户的对手盘；还有的是通过流动性提供者或者上一层级的机构来对冲头寸。

下面列出了外汇经纪商用于赚钱的最常见工具，稍后会进行详细点评。

- 流动性提供者之间的点差

- 运用杠杆
- 佣金和展期或掉期费用
- 对冲
- 赚取利差
- 内部交易
- 招聘介绍经纪人和成立子公司

这些是经纪商用于收取服务费的大部分正当手段。还有一些手段就不那么光彩，甚至是明目张胆的"掠夺"。

- 对赌（countertrading），也就是说经纪商在与客户交易，而不是把客户订单递到市场上交易
- 通过插件控制交易平台
- 直接操纵价格
- 干扰你的正常操作

正规经纪商赚钱的方式

流动性提供者之间的点差

经纪商主要的收入来源就是他们提供的买入价和卖出价之间的点差，或者说价差。这两个报价不同于经纪商从流动性提供者那里获得的报价，流动性提供者提供给经纪商的点差都很小，甚至没有点差，因此，经纪商有了较大的营利空间。另外，如果是内部交易，全部点差就都归经纪商所有，因为没有更高层级的参与者。

卖报价（ask price）就是当交易者建多头头寸（买入货币对）时获得的价格，买报价（bid price）就是当交易者要了结之前建的多头头寸，把手上持有的货币对合约卖到市场时获得的价格。反过来，卖空货币对时的建仓价格就是买报价，平仓价格就是卖报价。价格差是以点数来计算，一个点是标准的最小计量单位，大部分经纪商的点差都在2~5点之间。不管你的交易最终是赚钱还是亏钱，经纪商都可以从你整个交易中赚得这个点差收益。

经纪商从流动性提供者那里获得的报价，也与他们在交易平台上提供

第2章 你和经纪商的对决

给客户的报价不一样,经纪商获得的报价价差要小得多。如果经纪商可以把选择多样化,比如利用 ECNs,经纪商就可以挑选对他们来说最有利的价格,这就会进一步提高他们的收益。虽然一个点的价值看起来太小(货币对 0.0001 的价值或者日元货币对 0.01 的价值),但是标准账户的交易是以每手价值 10 万美元的合约来计,也就是说一个点价值 10 美元。另外,高倍杠杆和每天市场上数万亿美元(根据国际清算银行发布的数据,到 2010 年 4 月,外汇市场每日成交量近 4 万亿美元)的交易量也为经纪商带来了十分可观的收益。

正常的市场波动会使得某些价格区域缺乏足够的对手盘,从而导致买报价/卖报价价差不一致,也会出现成交滑移价差(当在某个价格没有买家或者卖家时,就必须移到下一个有效的价格执行订单)。这也是提供固定点差或者保证执行订单(或者二者兼之)的经纪商必须运用其他策略来控制他们的风险敞口的原因。大部分经纪商可能会延时执行你的订单或者通过"服务器连接断开"的方式,尤其是在新闻发布时段,此时市场波动率会显著上升。当交易没有对手盘的时候,风险就落到了经纪商身上(因为他们保证执行订单),所以只要他们需要保护自己免受此类风险,他们就会动用延时执行订单和重新报价的手段。

杠杆

高倍杠杆是扩大收益的另一个方式,因为点差被自动放大,所以经纪商的收益也被等比例放大。比如,如果采用 1∶50 的杠杆,那么经济商的点差收益将是没有采用杠杆或者说杠杆为 1∶1 时的 50 倍。最近颁布的法规将主要货币对的最高杠杆限定为 1∶50,其他货币对的最高杠杆为 1∶20。但是仍然有很多国外的经纪商可以提供高达 1∶400 和 1∶500 的杠杆。

佣金和展期费用

外汇交易的一大优点就是不需要支付佣金。在大部分市场做市商的交易平台上,只有遵守伊斯兰教法的账户才会被收取佣金以代替展期费用。ECNs 除了点差之外,还会向每笔交易收取一定的佣金。ECNs 的点差除了在高波动率以及新闻发布时段外,通常都非常小。

隔夜展期费用是流动性提供者要求收取的,然后被转嫁到客户身上(那些银行提供的报价有可能有些许不同。事实上,几乎每一个零售经纪商提供的报价都不同)。展期费用是由货币对中两个货币的利率计算出来的(买入的货币与卖出的货币之间的利差),如果交易者持有的货币对利差是正数,经纪商就会向交易者支付展期费用,如果这个利差是负数,经纪商就会向交易者收取展期费用。由于计算过程要考虑买报价和卖报价,所以经纪商支付的展期费用总是小于他们收取的展期费用。因此,经纪商永远都是稳赚不赔的。

一定要仔细选择你的经纪商。有些经纪商是即使你做多高利差货币对,也不会支付你展期费用。例如,我就知道有些经纪商是如果你开的是迷你账户,他们就不会支付任何展期费用。我还知道有些经纪商不会支付某几个货币对的展期费用。甚至还有一些经纪商是在我询问为什么我没有收到展期费用后,才会向我支付。

最后,还有一些经纪商会在你向账户入金或从账户出金时收取一定的费用。这种费用通常很少。他们这样做是为了弥补(即使只能弥补一部分)他们自己的一部分费用。你会发现这类费用只是针对在线交易的入金和出金。这种做法非常普遍,经纪商会对他们的客户进行逐一搜刮。但是现在经纪商的竞争太过激烈,很多经纪商都不再收取这个费用。

对冲

对冲就是通过在另一个市场建立等值的头寸来抵消经纪商在一个市场方向上承受的风险。可以通过期权交易、保险政策和其他投资工具来达到对冲的目的。

如果想进行对冲,你很可能必须到国外,因为最近美国已经不允许进行这种交易。不过,你还是可以利用相关性来进行对冲。当你找到另一个货币对与你正在交易的货币对呈相仿或者镜像式关系的时候,你就可以进行风险对冲。两个货币对相关性越强,你就越可以通过两个货币对的交易来降低风险。

在相同的货币对上进行对冲存在一些固有问题。我曾经在一次交易中进行了完美的对冲,但是这个账户最后还是遭到强行平仓。你可能会认为

第2章 你和经纪商的对决

同时做多欧元和做空欧元,就进行了完美的对冲。嗯,你再想想看呢。首先,你可能不会设止损,因为你进行了完美的对冲。所以这就是问题所在。我建了两个方向相反的头寸,然后市场遇到重大新闻发生了剧烈波动。

银行(流动性提供者)决定追踪我的账户。我的账户在一个月内上涨了25%,银行显然不喜欢这样。所以当市场剧烈波动时,银行抬高了买报价和卖报价中的一个。这样,点差就扩大了,在我经历的那次,点差就被扩大到约150点。真的,我经历的最糟糕的交易进一步变糟了——因为我在两个方向都建了仓位,所以我的账户被认为杠杆过高,当点差扩大时,这个账户瞬间暴跌并触及了追加保证金水平。银行于是结束了我的交易,我的账户被强行平仓。之后银行恢复我的交易同时点差也变得正常了。

顺便说一下,在整个过程中我都在打电话试图平仓,但是银行不允许我平仓。最终,银行告诉我,"这是在场外市场进行现货交易。市场提供什么报价就是什么报价。"我现在仍然试图拿回这帮无赖夺走的资金。

在外汇交易中赚取利差

存款可以赚利息,所以持有不同货币是增加经纪商收益的另一个方式。一些经纪商会返还一部分利息给客户,但是大部分经纪商都不会。

内部交易

低于1标准手合约的小金额的订单,通常都会被留在经纪商内部。只要自己的客户中有方向相反的订单,经纪商就会在自己的客户中进行撮合。这种订单因为规模太小,不会被递到银行同业市场。只有很少的市场做市商会设法在客户订单的入场价相等时,把这些订单合起来,递到同业市场交易。(见第17章,在这一章中我将讨论经纪商的"B账簿")

介绍经纪人[①]（IBs，或称为"居间人"）和子公司

经纪公司会从每个客户的每笔交易中赚钱。介绍经纪人或者说子公司也是一样。

虽然这被认为是间接赚钱的方式，但是经纪商通过招聘介绍经纪人或者注册子公司并给予他们一部分点差奖励，也可以提高自身的收益。这些介绍经纪人通常会有一个带有商标的个人网站，可以把新客户引向经纪商。由于他们的收益基本上取决于客户订单的数量——不管客户是赚钱还是亏钱，所以这似乎对双方都比较有利，但是不幸的是，通常情况下都对客户不利。

请记住，介绍经纪人实际上就是中间人。在大多数情况下，经纪商会返部分点差给介绍经纪人，但这并不一定意味着他们提供给交易者的点差会因此提高。无论你是直接通过经纪商来交易还是通过你的介绍经纪人来交易，点差通常都一样。不过有时候经纪商会提高点差来弥补介绍经纪人导致的额外成本。

黑心经纪商的赚钱手段

对赌（countertrading）

经纪商作为客户的对手盘会造成利益冲突，是一种极不道德的做法。但是这种做法可以让经纪商赚更多钱。当经纪商提供的所有条件好得令人难以置信时——极低的点差、高倍杠杆、无交易费或入金出金费、支付很高的利差等——你就可以怀疑这个经纪商是想从对赌中赚你的钱。

经纪商的大部分收益通常来自于你的亏损，而不是点差或者你存入账户的资金的利息。

安装插件

最常用的外汇交易平台都会有一个"有趣"的插件。有了这个插件，

[①] 类似于我国的期货居间人，可以是机构或个人，一般以机构居多。——译者注

第2章 你和经纪商的对决

经纪商就可以操纵价格,并且设置一系列参数,让他们可以完全控制客户的账户。所有动作都是自动完成的,包括触及特定价位的止损,更改止损单和限价单,设定固定的成交滑移价差,重设客户的参数,有选择地执行和延时执行订单,在特殊时段使客户挂单失效(通常在新闻发布时段),程序交易功能冻结,有选择地处理或拒绝交易请求等等。

还有其他一些交易平台是,经纪商运用后台操作软件操纵市场,最终卷走你的资金。因此,我们要讨论一些让交易环境变得更为公平的具体策略。

直接的价格操纵

经纪商可以通过制造与真实市场行为不符的突然价格飙升和点差扩大来操纵价格。他们还会通过猎杀止损,以及过度延迟执行订单造成更大的成交滑移价差等手段来操纵价格。在股票市场,这种操纵价格的行为有时被称为"闪电交易"(flash trade)。所有这些内容都将在后面章节进行深入探讨。

盈利黑名单

容不下有盈利能力的交易者,是骗子经纪商的典型特征。只要经纪商发现你在稳定盈利,他们就会关闭你的账户,通常还会提出一些搞不清是什么理由的理由。我就曾亲眼见过被经纪商标注为"黑名单"的账户列表。经纪商会把那些盈利的账户逐一找出来,然后尽一切可能去破坏账户的交易。

我知道经纪商也有自己的交易员。这些交易员的工作就是研究盈利账户的交易记录。经纪商要求这些交易员找出盈利交易客户的交易形态。所以如果你运用的是(比如说)50日移动平均线,并且被经纪商的交易员发现了,经纪商就会给你使绊子。经纪商现在知道你将什么时候进场以及你关注的是什么。经纪商的交易员的工作就是利用你自己的交易策略来打败你。

这些经纪商也会把他们的客户分为两类——亏钱的(差不多有95%到98%的客户都属于这一类,尤其是新手)和赚钱的。在经纪商与客户建立关系之初，经纪商都会把客户划到亏钱的一组。一段时间之后，如果你持续盈利，你就会被重新划归到赚钱的一组，从那以后，你的交易环境就开始变恶劣：重新报价和延时执行的频率更高，突然出现服务器断开链接，遭遇上述插件等等。

我就有过这样的经历，我也见识过经纪商玩的所有花招，经纪商会找到方法对付你。我们必须采用一些策略在经纪商自己的游戏中打败他们。我知道你可能会问：既然经纪商都如此不择手段，我们为什么还要交易呢？这个问题问得好！答案就是我们仍然可以赚钱，所以没有理由仅仅因为少数不良经纪商或银行，就放弃在这个世界最大的金融市场交易的机会。

另外，你的交易可能会被分到盈利的那一组，并在银行同业市场进行对冲以抵消你获得的利润（你的单子被递到同业市场交易，而不是在经纪商内部成交）。这些经纪商最喜欢"亏损"的账户，因为这些交易都被留在了经纪商内部。当客户亏损时，客户亏损的所有钱都进了经纪商的腰包。

一个国外的经纪商曾告诉我，通常情况下，经纪商赚的钱大概是客户资金的120%到125%。

我可以交易外汇吗？

我知道你想问什么。读到这里时，你会问自己"我可以交易外汇吗？"答案当然是肯定的——你可以交易外汇。当你读完本书以后，你就有了正确的工具和知识武装自己，你将带着全新的自信踏上外汇交易之路。

我也仍然在参与外汇市场交易并深深地爱着这项事业。就像你一样，我也讨厌和那些企图窃取我资金的不良经纪商打交道。我一直都在寻找我交易账户中的骗局，我也一直在寻找正规的经纪商。顺便提醒一下，经纪商过去使用本书提到的一些卑劣手段，并不意味着他们会一直沿用这些手段而不做出任何改变。

经纪商管理层总是会变动，总是会有新的监管条例颁布出来，大型一点的经纪商也总是试图保住自己的行业地位。不要害怕接触其他经纪商或

第 2 章 你和经纪商的对决

者回到你过去曾不喜欢的经纪商那里。只是要先拿你亏得起的钱来试一试。在结果出来之前，谁也无法预料。

为什么98%的交易者都亏钱

个人交易者是最近十几年才被允许参与外汇市场交易的，这主要归功于通信技术的发展。门槛降低也促进了所有"迅速致富"投资项目在互联网上被大肆宣传和误导性的比较。一些经纪商的宣传资料（虽然他们总是会在资料不起眼的角落用很小的字打上法律免责声明）总是侧重于勾起人们的需求和贪婪。那些频繁出现的"操作简便"和"高收益"字眼，让人们最后认为这就是外汇交易的正常结果，更糟糕的是，误以为外汇交易不过就是一场赌博游戏。

事实并不是这样。外汇交易不是游戏，也不是赌博。外汇交易是一个艰苦但是盈利潜力很大的工作——只要交易者愿意花时间和精力去学习、实践并发展这个工作所需要的所有知识和技术。

就好像一个医学院学生在掌握所有的手术技能和知识，并且实践多年成为一个合格的医生之前，不能对病人实施手术一样。这种观念也必须扎根在每一个外汇交易学生的心中——如果他真的想要获得稳定客观的盈利的话。

为什么98%的外汇交易者在第一年都会亏钱，并且被迫离开外汇交易领域？主要原因还是他们在这个科目上完全缺乏培训。但是另外还有一些显著的原因，我将在下面进行分类和介绍。

在我交易并与经纪商打交道的多年经历中，我逐渐意识到资金不足的账户注定要失败。你一定要根据你的交易风格，开一个规模适当的账户。曾经有个经纪商告诉我他们公司都开的是低于5000美元的账户，因为他们知道98%的客户都会亏钱。

经纪商不一定非要在你交易中给你使绊子，他们只需要自己接下你的订单就可以了。经纪商知道你会犯足够多的错误把你账户中的资金亏光。所以，你认为谁会从你亏损中受益呢？对了，就是经纪商自己。

在我看来，有三种原因可以解释一个交易者为什么无法通过外汇交易实现目标——技术、情绪和外部原因。技术方面的原因主要与适当的知识、能力和技能有关。情绪方面的原因主要涉及交易者的个人特质和反应，以及在生活中可能有用但是在某些行业刚好就起反作用的普遍观念。外部原因，虽然多少还是涉及交易者的责任，但是较难处理并且取决于第三方的行为。接下来，让我来详细解释每一个原因。

交易失败的技术方面原因

1. 相关知识不够

所有交易失败基本上都是这个原因。交易新手不愿意花时间去学习驱动各个货币波动的因素，或者掌握基本面或技术面分析。他们只是盲目地冲进市场，希望外汇交易可以给自己带来好运。

2. 练习不够

虽然缺乏适当的练习是导致失败的原因，但是模拟练习是一把双刃剑。在模拟账户上做太多练习也可能对交易不利，因为在模拟账户上交易时，交易者由于自身没有遭受任何风险，通常不太关心交易结果。练习这个步骤是不能省略的。模拟账户有利于交易者学习平台的操作方式，但是模拟账户的交易状况通常与那些实盘账户的交易状况大相径庭，因为很多经纪商允许交易者只用很少很少的资金就可以开通一个账户。

交易者可以从小部分资金开始交易，直到获得比较不错的结果并且能够正确把握市场行为之后，再投入较多资金。通过事先练习，交易者可以获得较多的市场经验。

3. 用"亏不起的钱"（scared money）来交易

免责声明永远都会强调这一原则，但实际上这条原则很少受到重视。你永远都不要拿你亏不起的钱来交易。理由是显而易见的。即使是头脑最冷静的人在面对亏损时，心理上也会出现起伏波动，而压力增加会导致糟糕或错误的决定以及进一步的亏损。

4. 缺乏资金管理规则

在交易计划中首先要建立的规则就是明确如何管理风险。如果没有风

第 2 章 你和经纪商的对决

险管理规则,有可能导致账户承受太高资金比例的风险,并增加触及追加保证金水平的可能,或者甚至直接打爆整个账户。这个理由与下一个理由紧密相连——过度采用真实杠杆。

5. 过度采用杠杆

真实杠杆与经纪商允许的杠杆不同。如果你账户总资金是10000美元,而你的头寸规模只是1迷你手(10000美元的风险敞口),那么你交易的真实杠杆就是1:1。使用经纪商提供的最高杠杆是造成灾难的原因,这会增加潜在亏损。把所有赌注押在单笔交易上,是非常不明智的策略。

经纪商提供的杠杆越高,你建的仓位也就越大,从而增加了他们从点差上获得的收益。一个点的价值越高,他们获得的整个点差价值也就越高。

6. 没有完整的交易计划

交易计划是外汇交易者的操作计划。如果没有制订计划,你就没有任何优势让市场偏向于你。你需要建立并写出一个完整的交易计划,这个计划应该包括根据你运用的策略而制定的一系列具体规则——入场规则、出场规则、资金管理和风险报酬比评估、用于入场的时间框架、信号类型以及指标。所有这些都要进行详细规定,这将有助你设定一个现实可行的目标。

如果你没有制订交易计划,你的交易就没有重点或方向。交易计划还应该包括个人和心理方面的因素,在你点击"BUY"(买入)或"SELL"(卖出)选项之前,情绪心理方面必须到位。最后,你必须设定一个每日交易限制(你尤其需要坚持遵守每日交易限制以避免遭遇连续亏损),这样你就不会陷入下一种情形——过度交易。

7. 过度交易

在连续几次盈利之后变得狂热,或者在连续几次亏损之后不扳回来就誓不罢休,这两种情况都会导致相同的错误。"刮头皮"交易者②可能不会

---

② 也就是日内超短线交易者。——译者注

同意这种说法。他们一天会交易很多次，很早就锁定利润，并利用相对于采用的时间框架来说非常窄的止损，这种交易方式当然会让他们的经纪商非常开心，因为这会大幅增加经纪商的点差收益。但是最后算下来，这对你来说是一种亏损的交易策略，因为你最后赚的利润还不如你支付的点差多。

8. 在不合适的时间进行交易

交易的最佳时间是市场流动性较高的时候，也就是至少有两大市场同时开市的时候。在成交量很低时段，市场波动变得不稳定，交易者会得到混乱的交易信号。在市场安静时段，银行交易员执行客户的订单，主导着市场的波动。所以在安静时段最好离场观望。另外，最显著的市场波动都发生在新闻发布之后不久。这时候的成交量高，流动性高，价格变化大，反映了真实的货币流动。

9. 只考虑了货币对中的一只货币

在做交易决定之前，货币对中基准货币和报价货币各自的强度都要进行考量。如果只根据货币对中一只货币的情况来交易，你就错过了这个货币对真实情况的一半。

10. 执行未经充分测试的交易策略——浅薄涉猎、不求甚解

很多交易者都急于采纳或放弃一个交易策略。他们不会用足够的时间进行回溯测试和前向测试，以确定这个策略是否真的能赚钱。他们通常会在首次遭遇失败信号时，就放弃这个交易策略，不会给予这个方法足够的时间来展现真正的绩效和实力。

11. 交易太多货币对

不同货币对的特点和行为都有所不同。如果你的注意力分散到太多货币对上，你就不能深入理解各个货币对的特点。我们要有重点，最好一次只交易一个货币对。

12. 选择了错误的时间框架

一些交易者试图选择较长的时间框架交易，但却运用属于较短时间框架的止损和平仓获利规则。如果你选用太短的时间框架，你就会把你的精

第 2 章 你和经纪商的对决

力浪费在支付经纪商点差上。如果你试图预测下个月的走势,并把你的交易决策建立在较为全局的基础上,你就不要把注意力放在当前发生的事情上。交易在当下。

13. 与趋势对抗

识别主要趋势,不要企图捕捉价格的峰顶和谷底。要顺着价格波动的方向交易。

14. 采用太多指标

在走势图上添加太多指标会产生混乱的信号,导致分析瘫痪,尤其是在一个指标信号与另一个指标信号相冲突的时候。试着清理你的走势图,并且不要运用两个以上的指标,或者更好的是,学会通过价格本身来识别价格行为。

最重要的是,指标都是滞后的,只会显示已经发生的事情。

15. 随意设定出场价

交易的出场价应该被认真计划,或者甚至比入场价的选择还要谨慎。止损是紧急的出场价位,但是如果你看到一笔交易并没有朝你希望的方向发展,就没必要一直等待直到止损被触及。要试着把亏损最小化。另一方面,当一笔交易盈利时,即使看着头寸越来越紧张,也不要过早了结头寸兑现利润。一定要耐心等待,直到价格到达你设定的目标价格,并且密切留意价格反转的任何信号。不要因为一时心血来潮或者觉得等待太过无聊而提前出场。交易是枯燥的,也是有压力的,但是如果你遵照规则,它就会给你可观的回报。

16. 看的是一个货币对,做的却是另一个货币对

观察货币对之间的相关性对交易是有帮助的,但是你不应该认为你想交易的货币对会与你注意的另一个货币对的波动方向一致或者具有相同的节奏。每一个货币对都有决定它自己行为的理由。研究什么货币对就做什么货币对,做什么货币对就研究什么货币对。

17. 没有正确评估市场的技术状况

一定要观察市场在任何方向上是否处于超买或超卖的状态,因为此时

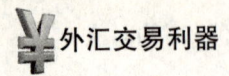

价格很可能突然反转。这时候进场很容易导致价格触及止损。所以在进场之前，一定要先查看市场整体状况。

交易失败的情绪和个人方面原因

在大多数情况下情绪风险都属于技术方面的原因，这可能与你认为的相反。缺乏足够的交易知识会导致交易者承受过高比例的风险，交易的规模相对于他们的真实资金太大，没有具体计划就随意建仓等，从而失去了在市场上的优势，最终失败。没有掌握足够的外汇交易知识，交易失败之后你的情绪会遭受重挫，然后听凭价格不断起起伏伏的摆布并且由于遭受损失而压力不断加大。

能够自我控制情绪是一项重要的特质，但是如果没有结合完整的交易知识和足够的练习来发展出适当的交易技能，单独这项特质不会对你的交易结果产生什么影响。

1. 从与钱有关的基本情绪出发

恐惧和贪婪是导致交易者对交易结果失去控制的最基本情绪。害怕亏掉你亏不起的钱（见上面技术原因的第3点，"用'亏不起的钱'来交易"）会导致你过早了结头寸，从而过早地截断你的利润。甚至更糟糕的是，害怕亏损会导致你怀着市场会回来的侥幸心理，一直坚守亏损头寸不出，而不是尽快砍掉亏损。贪婪引发的问题就是，当你连续几次盈利之后，你想要的就越来越多，从而过度交易，最后把先前挣的所有利润全部还给市场。

除了恐惧和贪婪的情绪之外，我还要加上一种需要——通过设定不切实的目标和预期以及外汇交易可以让你一夜暴富的错误观念，来赚更多钱并把小账户做大到足以让你靠其生活的程度的需要。

2. 害怕遭受亏损

有一种根深蒂固的思想认为遭受亏损意味着个人的失败。这种思想是我们所有人都要避免的。没有人愿意被贴上失败者的标签。我们都被教导要努力争取成功，并且在我们的工作和学习中是不允许失败的。但是，亏

第2章 你和经纪商的对决

损是外汇交易的一部分,你必须认真计划,这样长期下来,你才能获得良好的整体表现。

遭受亏损并没有什么错,它不会降低你作为交易者的价值。你不能控制市场的反应,但你必须掌控你自己对市场的反应,这包括接受你有时候在判断市场的波动上犯错。

3. 用直觉来交易

依靠直觉和情绪而不是依靠详尽的交易计划来做交易,是导致交易失败的一大原因。失败后不扳回来不罢休的交易也属于这一范畴。看见价格飙升,你就买入,或者看见价格暴跌,你就卖出,而不考虑大局或者你当前选择的时间框架的特点。你遭受了一系列亏损,恐惧渐渐昂起了它的头颅,你感觉到了"需要"和贪婪,它们激励着你一次又一次地交易,只希望把所有亏损掉的钱都赚回来。

4. 感觉缺乏自信

在交易中树立真正自信的唯一方法就是交易获得成功,而交易成功是要在你完全了解了这个市场之后才会到来。少数几笔幸运的交易是不够的,有时候它们还会起反作用,因为它们会令你陷入另一种极端情绪——过于自信。

5. 感到过于自信

对于交易新手来说,最糟糕的事情之一就是一开始经历一系列偶然的成功交易,但实际上他们并没有真正掌握市场的行为和节奏。这时候,你突然自信爆棚,把成功当作必然,失去了对市场的洞察力并认为外汇交易是很简单的事情。你很可能随随便便地交易,也不做交易计划,当第一次重大亏损来临的时候,你完全没有做好准备,然后被打个措手不及。

6. 做太多分析

试图把分析对象扩大到很大的范围,并且用非常复杂的理论来解读市场,这将阻碍你发现并交易真正的市场重点。不要把事情弄复杂了。保持简单点好。

7. 全天24小时交易

在电脑屏幕前坐得太久不休息,会使你注意力下降,压力上升,疲劳程度增强。当你交易时，一定要全神贯注，但是全神贯注的状态只能持续一小段时间。所以，当你感觉疲惫或者当你的注意力被其他日常事务分散时，最好不要交易。花在走势图前面的时间要少一点，但是一旦你坐到电脑前开始交易，就一定要确保自己头脑清晰、精力充沛。

8. 不遵守自己的交易规则

交易计划只有在你能够坚持执行它的时候，才能体现优势。那些永远都能找到理由（基于情绪）变通规则的交易者，只是为他们缺乏纪律找借口，长期下来，他们的交易结果一定不会好看。

9. 惧怕"扣动扳机"

即使有一个深思熟虑的交易策略，但当该策略发出入场信号时，一些交易者仍然按兵不动，所以他们会不断错失很好的入场机会。不交易确实不会导致亏损，但是同时也不会带来利润。相信你的交易策略，当机会到来时，鼓起勇气去实践。

10. 扩大止损

这是"让亏损奔腾"的另一个方式，是"希望和祈祷"侥幸心理的结果。你永远都不要把止损移到更远的价位。如果价格达到你预先设定的止损位，你要么在错误的方向上交易——扩大止损只会增加接下来的灾难，要么止损幅度确实太窄了，你需要重新考量关于你交易的时间框架的风险管理，以避免未来再次出现类似情况。

11. 因为沮丧而放弃

在任何时候，交易都应被当作一项工作来对待，包括为你的交易制定具体的作息时间，并且与个人的交易成绩无关。如果你一开始就不顺利，也别灰心，坦然接受亏损并继续执行你每日的交易计划。

12. "在小鸡孵化前就清点鸡蛋的数量"

设定切实可行的目标是好的，但是做赚钱的白日梦或者担心潜在的亏损都是毫无益处的。把注意力放你交易计划上，等待交易信号发出，然后专注于你的交易，直到交易结束。

13. 靠肾上腺素激发

很多人进入外汇市场交易只是因为情绪一时高涨，就像赌徒一样。这

第 2 章　你和经纪商的对决

种心态对交易非常不利，会对你的决策产生灾难性的影响。理想的状态是尽可能地放松——你应该保持警觉，但不是狂热和激动。你需要宁静的心灵来保持注意力。

14. 随时都感到有进场的需要

仅仅因为你想要进场，或者对等待适合的时机感到不耐烦，所以在进场信号还没有触发时就进场交易，这种做法与随意进场交易无异。当没有理由进场时，就在场外等着吧。

交易失败的外部原因

1. 没有选对经纪商

这应该是在进入外汇市场之前要学习的第一课。尽可能多地收集有关经纪商的信息，以便选择最好的一个，避免遭遇骗局或不良经纪商。

2. 止损幅度太窄

即使是正规的零售经纪商，止损有时也会被人为猎杀。把止损设在显著的价位或者止损幅度相对于选择的时间框架太过狭窄，都会降低你成功的概率。一定要给予你的交易头寸足够的缓冲和发展空间。

3. 跟随其他交易者的操作决定

与其他交易者分享想法和分析，是一把双刃剑，特别是那些不太了解市场并且极度需要指导的交易新手。不是所有的交易者都会公开他们的交易计划。事实上，真正成功的交易者很少参与这种讨论。他们都忙于交易并完善自己的交易策略。所以，你需要制定你自己的交易决策并发展你自己的交易方法，即使只是改编一个已被证明的交易系统。

4. 采用一个基于假设结果的自动化交易策略

市面上有一些"黑箱"（black-box）交易系统出售，这些交易系统都有着亮丽的成绩，但从来没有真正在实盘账户中进行过测试。假设的绩效表现相当于没有绩效表现，因为模拟账户的交易状况与那些真实的交易状况千差万别。请记住，这些交易系统背后的真正目的只是从那些毫无经验的交易者身上赚钱。

5. 受谣言影响

在消息发布之前,各种谣言和预测就会四处传开。你可以通过这些谣言和预测了解大致状况,但是在没有仔细研究实际价格行为和谣言传播时机两者的关系之前,永远不要盲目进场。谣言的来源也是了解其真实目的的一个线索,因为他们的目的通常是制造与市场接下来真实的波动方向相反的言论,以便从混乱中牟利。

6. 不太懂基本面

关于经济数据发布的新闻报道也应该仔细研究,因为他们常常有一定的偏向性或者只是介绍一个方面的情况,而不会考虑所有的因素。只要有可能,最好查看一手的新闻发布资料并且学习如何正确解读和理解。

总之,要想在外汇交易上获得成功,一定要一心一意不断努力学习必要的技能,并且通过不断的练习和准备来完善它们。能够找到最适合你能力和个性,以及资本需要和作息时间的交易风格,最终将使你成功达到你的外汇交易目标。

最后,一定要回顾你的交易历史,找出任何可以纠正的弱点,并总结成功交易的经验。这样会提高你的自信并不断完善你的交易策略。

第 3 章　外汇期权

外汇期权简介

外汇期权是以货币对为标的工具的金融衍生工具。期权的买方拥有在特定日期以约定价格买入（看涨期权）或卖出（看跌期权）一个货币对的权利，但不负有必须买入或卖出的义务。反之，期权到期时，外汇期权的卖方就负有买入或卖出该货币对的义务。

最初，这种交易只在场外市场进行，并且只有机构交易者和大型企业参与，他们利用期权来对冲他们在某个货币对上的风险敞口，以此降低风险。现在，由于电子交易普及和更宽泛的市场准入，交易外汇期权成为交易者一个越来越普遍的交易选择，甚至作为外汇现货交易的一个补充。

有一些在线外汇经纪商，在他们提供的金融工具中也包括货币对的期权交易。我会在网站 www.jdfn.com 上不断更新这类经纪商的名单。少数期货和股票期权平台也提供外汇期权和外汇现货交易，但他们中大部分只允许你交易单一货币期货的期权（全球电子交易系统，Globex）。虽然它们在波动方面有一些不同，并且交易一个货币对的基准货币的期货期权也可以作为一个选择，但是如果目的是想利用它们来进行对冲，就没有多大的意义，因为它们与外汇现货可能失去了直接的关联。

有些经纪商会提供看涨期权和看跌期权（普通期权）的买入和卖出机会，而其他经纪商则只允许买入。还有很多提供二元期权的经纪商，少数还包括接触式和边界等类型。在大多数情况下，外汇期权都属于欧式期权（将在本章后面部分进行讨论）。

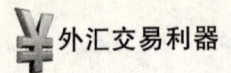

外汇期权与股票期权的区别

本质上说,外汇期权和股票期权都遵照相同的原则。但是,它们也有非常显著的差别,首先外汇期权就意味着是两个合约。比如,当买入欧元/美元的看涨期权时,就同时获得了欧元的看涨期权和美元的看跌期权。这让市场预测的难度进一步提高,因为要同时评估两个货币并且它们不会总是按照完全相关的方式波动。

另一个重要的问题就是波动率。比起大部分股票市场,外汇市场的波动通常更快,方向性波动更多。在面对重大经济数据发布和普通国际性事件时,外汇市场的反应更快。比起股票市场,外汇市场的杠杆水平也更高,从而增加了外汇市场的潜在盈利,但同时也增加了潜在风险。外汇期权对于政治和经济因素更为敏感,而股票则更多的是考虑会对上市公司产生影响的经济变量。

另一个值得一提的风险是对手盘风险。外汇期权的对手盘风险要高于股票期权,因为外汇期权主要是场外交易工具。如果作为对手盘的经纪商或经纪公司破产,那么你持有的所有期权合约可能变得一文不值,因为没有人来履行交付货币对的金融义务。出现这种情况,是因为没有一个中央清算所在交易者无法履行义务时给予保护。

最后,外汇期权可以全年不间断交易,因为外汇市场一直开市,而股票期权只能在股票市场于工作时段开市时交易。

如何寻找外汇期权经纪商

有很多不同的期权交易可供选择,并且不同的期权交易具有不同的风险水平和总体特征。普通外汇期权是标准期权合约,它们通过交易所或者场外交易市场进行交易,在这里你可以买入或卖出标准的看涨或看跌期权合约。它们的流动性很高,你通常可以得到实时报价,并且在交易日的任何时候入场或出场。另外,还有一些奇异期权,是从标准期权中衍生出来的,包括二元期权和其他类型期权。

在线经纪商提供外汇交易流动性的在线入口。但是,他们很多人把期

第3章 外汇期权

权看作场外交易，经纪商会作为对手盘直接与你交易，而不是用其他交易者的订单来撮合。随着很多经纪公司提供外汇期权交易和外汇现货交易，你会发现有大量履约价格和到期日可供你选。一些经纪公司还会让你自己决定到期的方式。

寻找适合的经纪商来交易外汇期权要花些时间，因为没有那么多纯外汇交易经纪商，并且不是所有的外汇经纪商都提供各种类型的交易。最好的方法是先了解所有能够获得的版本，然后初步选择你偏爱运用的类型。之后在不同平台上各开通一个模拟账户，看哪个最适合你。你要确定你需要用于交易的所有东西都是可以获得的。

有些期权交易策略要比其他策略更难理解，你将有不同级别的版本，有些经纪商还为你提供了一些交易策略，你只需用鼠标一点，就可以直接用某个策略进行交易，有些经纪商则没有提供这样的服务。另外，处理期权到期和履行的方式也有很多种。虽然有些经纪商不提供在线交易平台，但是他们允许你通过电话交易。有些经纪商则两种交易方式都提供。不同经纪商的最低资金要求也不同。最后，大部分外汇零售经纪商会要求有很高水平的保护性资本，才允许卖出期权合约，因为卖出期权会承担很高的风险。

做一个彻底的在线调查，包括查看其他交易者在论坛上的评论和评价，就像你在寻找外汇交易平台时那样，或者你可以访问网站 www.jdfn.com。然后，当你认为你已经找到了你想要的平台并且进行了彻底的测试时，在投入真正的资金之前，你还一定要问客服所有的相关问题。你需要了解交易账户的最低资金要求和保证金要求，你还需要知道期权合约是否随时都可以开仓或平仓，或者你是否会被锁定持有直到期权到期。另外（特别是在平台上没有明确注明时），你还要了解清楚当期权到期时，执行的过程是怎样的。

优点和缺点

利用期权或者把期权与外汇现货结合起来或者单独运用它们来交易外汇，可以保留传统外汇交易的大部分优点，同时消除它们许多缺点。

比如：

- 购买外汇期权没有任何杠杆。因此，你不需要为通过杠杆获得的那部分头寸支付利息。
- 风险仅限于获得期权时支付的金额（权利金），但你获得了无限的盈利潜力。
- 你可以为你的交易选择履约价格和到期日。
- 期权不需要像外汇交易那样频繁监视头寸——期权的压力较小并且可以节约时间。
- 没有保证金要求（除了卖空期权）。所以，需要用于保证交易的资金比外汇现货交易少。
- 你可以利用外汇期权结合普通的外汇交易来限制风险并锁定利润（通过对冲）。
- 当预测市场在基本面经济事件中的波动方向时，不需要拿数额巨大的资本来冒险。有期权交易策略让你可以从这种情况中盈利，并且只有很小的风险。
- 除了标准的看涨和看跌期权，在二元和一次付清期权（SPOT）中还有大量选择。

当然，外汇期权也有缺点：

- 它们更难以使用。
- 它们有时间限制（到期日）。
- 要达到盈亏平衡，你需要货币对的价格波动大到足以弥补支付的权利金（这等于外汇交易中必须赚回点差才能达到盈亏平衡，但是权利金可以比点差高很多）。
- 就履约价格和到期日而言，权利金是一个变量。所以，交易的风险报酬率也是变化的，难以计算。
- 有些期权是一次性选择，不能再拿到市场上交易，比如一次付清期权（SPOT）。
- 固定的到期日和履约价格会成为交易的一个阻碍，因为很难预测具体日期以及市场将要达到的价格水平。

第3章 外汇期权

但是，尽管有这些不便，外汇期权仍然是一个非常具有价值的工具，可以加入到你的交易"工具箱"中，帮助你赚钱或者降低传统外汇交易头寸的风险。它们在市场波动率更高时，比如在经济报告发布或发生经济大事件时，更能体现优势。

外汇期货期权

外汇期货期权为交易者提供了另一个选择。在普通在线期权交易经纪商那里，外汇期货期权比外汇期权更容易获得。外汇期货期权的标的资产是单只货币的期货合约。交易外汇期货期权的优点在于虽然大部分外汇期权是在场外市场交易，但外汇期货期权可以直接在集中交易所里进行交易，比如芝加哥商业交易所（CME），它拥有世界最多品种的外汇期货和期权。

期权类型

有两种基本的期权类型，看涨期权和看跌期权（分别等同于买入和卖出），你可以根据你选择的市场方向和市场波动率来决定买入或卖出。期权交易涉及支付权利金，权利金的计算有一个公式，我会在本章的期权定价一节中进行详细介绍。

外汇期权市场就像外汇现货市场一样，所有交易都是二元的。当你买入看涨期权时，你就自动买入了看跌期权。标的资产预期波动率（Delta）的价格和期权执行的日期都有很多选择。交易者会获得代表期权权利金的报价，也就是交易者必须为交易（买入期权）支付的金额或者交易者将会收到（卖出期权）的金额。如果标的物的实际汇率使期权成为虚值期权，这时期权就会无价值地过期。

买入看涨期权或看跌期权

当买入看涨期权或看跌期权时，交易者需要支付一定数额的权利金，之后就拥有了在履约价格执行期权的权利——不管是买入看涨期权中买入标的资产，还是买入看跌期权中卖出标的资产。

如果期权到期时标的资产的市场价格让期权有利可图，交易者就会执行期权并赚取利润减去先前支付的权利金的净差值。如果期权无利可图，交易者就可以放弃期权，而他的净损失就仅限于先前支付的权利金。

如果市场价格上涨（买入看涨期权）或者价格下跌（卖空看跌期权），盈利的潜力就是无限的。在这两种情况下，交易者的风险都仅限于为获得期权而支付的权利金。

卖空看涨期权或看跌期权

这里就是卖方收到买方支付的权利金并承担在履约价格执行期权的义务——在卖空看涨期权中卖出标的资产，或者在卖空看跌期权中买入标的资产。如果市场价格下跌（译者认为此处应为"上涨"，并且是相对于履约价格上涨），你必须在较低的价格卖出看涨期权，这时的亏损就是市场价减去履约价格再减去权利金的差值。同样的，如果市场上涨（译者认为此处应为"下跌"，并且是相对于履约价格下跌），你必须在较高的价格买入看跌期权，你的亏损就是履约价格减去市场价再减去权利金的差值。

期权卖方的盈利就仅限于在卖出期权时收到的权利金。而当市场上涨（卖空看涨期权）或者市场下跌（卖空看跌期权）时，交易者的风险就是无限的。

在不同交易情形下运用不同的期权类型

买入看涨期权

当你认为标的资产的价格将会上涨（上升趋势）并且波动率也会上升时，就可以利用这种期权。以图3.1为例。

在2011年2月20日，我认为在接下来几周，欧元将会相对于日元走强，欧元/日元货币对的价格将显著上升。我决定买入欧元/日元的看涨期权。在各种期权中，我选择的是115.04的履约价格（虚值的）和4月4日的到期日。

这份期权的权利金是120点。

第 3 章 外汇期权

图 3.1 买进欧元/日元的看涨期权

到 2011 年 4 月 4 日，期权到期时，期权具有内涵价值（实值期权）——因为欧元/日元的现货汇率已经上涨到 119.74，也就是说实际价格比履约价格高出 470 点。于是，我要求执行期权，在 115.04 的价格买入标的货币对。为了锁定利润，我立即将货币对卖出，结束了交易。

这笔交易的利润计算过程如下：

了结头寸时的现货价格 - 履约价格＝利润（点）

119.74 - 115.04＝470 点

利润（点）- 权利金＝净利润

470 - 120＝350 点净利润

如果外汇现货报价低于 115.04 的履约价格，那么期权就为虚值期权。由于在这种情况下无利可图，我就不会要求执行期权，期权到期后自动失效，我的亏损就仅限于当初买入期权时支付的 120 点权利金。除此之外，别无其他。

一定要注意的地方是在计算交易的盈亏平衡点时,要把支付的权利金加到履约价格之上。这意味着要达到盈亏平衡点(零利润-零亏损),欧元/日元的价格至少要达到115.04+1.20=116.24。

买入看涨期权是从牛市中赚钱的最简单方法。如果货币对价格上涨,你可以获得十分可观、潜力无限的收益。即使你决策错误或者市场突然回调,你的风险和亏损也仅限于你支付的权利金数额。

买入看跌期权

如果你认为市场方向将向下,市场波动率将上升时,就可以买入看跌期权。

这一次让我们看一个失败的期权交易,请看图3.2。我认为澳元/美元将从阻力位折返,并且持续下跌数周。因此在2011年4月10日,我买入了一份将在一个月后到期的看跌期权,履约价格选在1.0514(虚值的)。这份期权的权利金为98点,也就是说我的盈亏平衡点在1.04160的价位。如果价格下跌到这个价格水平之下,我就有利可赚。

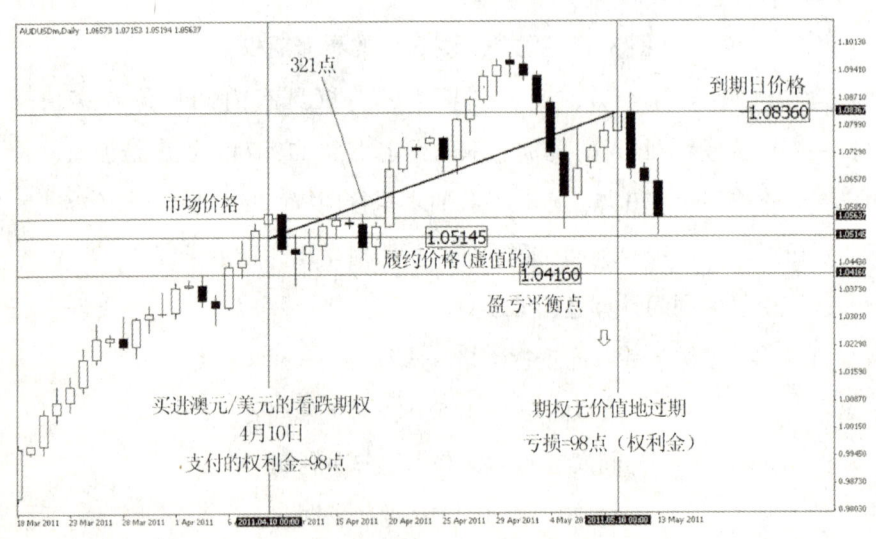

图3.2 买入澳元/美元的看跌期权

但是,价格在到期日时上涨高于履约价格321点,所以我不执行期权,

第3章 外汇期权

让期权自动过期失效。我的亏损就只是已经支付的权利金，即98点。如果是常规的外汇现货交易，这98点的亏损将只是我全部亏损的30%。

就像买入看涨期权一样，买入看跌期权也是一个把风险限定到固定最小值，同时获得创造无限盈利的机会（如果市场方向选择正确的话）的非常好非常简单的方法。在这种情况下，你期望的是货币对价格下跌。

卖空看涨期权

当你认为市场方向和波动率都将下跌时，就可以利用卖空看涨期权。卖空看涨期权也被称为无担保承购期权。持有这种头寸会承担很大风险，因为一旦市场与选择的方向相反，它的风险潜力将是无限的

图3.3上显示了一次卖空英镑/美元的看涨期权的交易。卖出这个期权之后，我希望价格在履约价格之下持续下跌。当然在期权卖出时敲定的履约价格高于市场价格，属于虚值期权。这一次，盈亏平衡点处于履约价格之上，因为我收到了买方向我支付的150点的权利金，所以价格要上涨超过1.5630，才会对我不利。我的目的是在到期日时持有入场价位为1.5480的英镑/美元空头头寸。

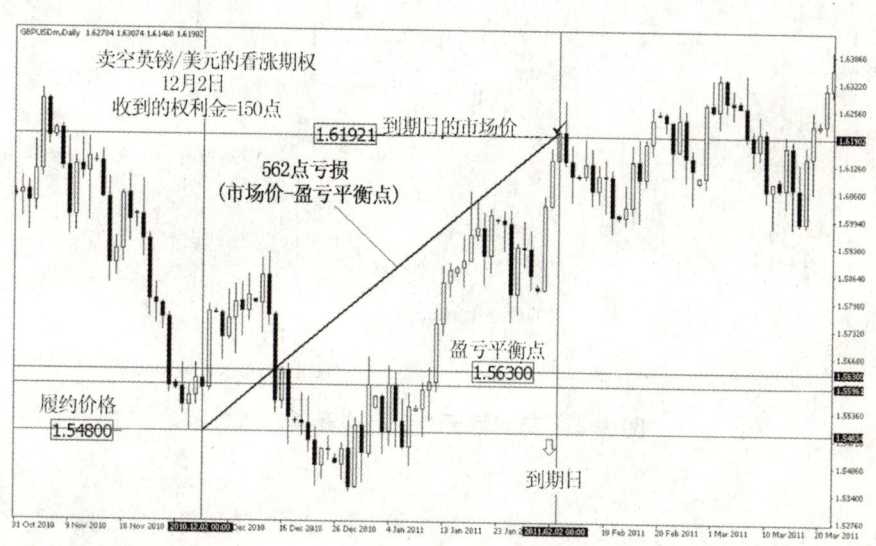

图3.3　卖空英镑/美元的看涨期权

但是，市场决定进一步上涨，最终到达1.6192的价位，让我的英镑/

美元头寸亏损幅度达712点（从锁定的开盘价1.5480算起），扣除交易之初收到的150点权利金，我的最终亏损为562点。你可以看到采用这种期权，风险会如何变得几近不可限量。只有当市场方向已明确确认，并且经过审慎思考后才能采用，或者在某些特殊策略中结合其他金融工具使用，而这部分内容我将在后面第24章的外汇期权策略中进行详细讨论。

卖空看跌期权

当我们认为市场将上涨，但是波动率将下降时，就可以尝试卖空看跌期权。与卖空看涨期权相似，这类期权也被称为无担保承售期权。

图3.4提供了一个卖空看跌期权的例子。你可以从图中看到，盈亏平衡点位于履约价格之下，风险有所降低。由于收到了买方支付的115点权利金，要计算盈亏平衡点，就要从履约价格中扣除这一部分。

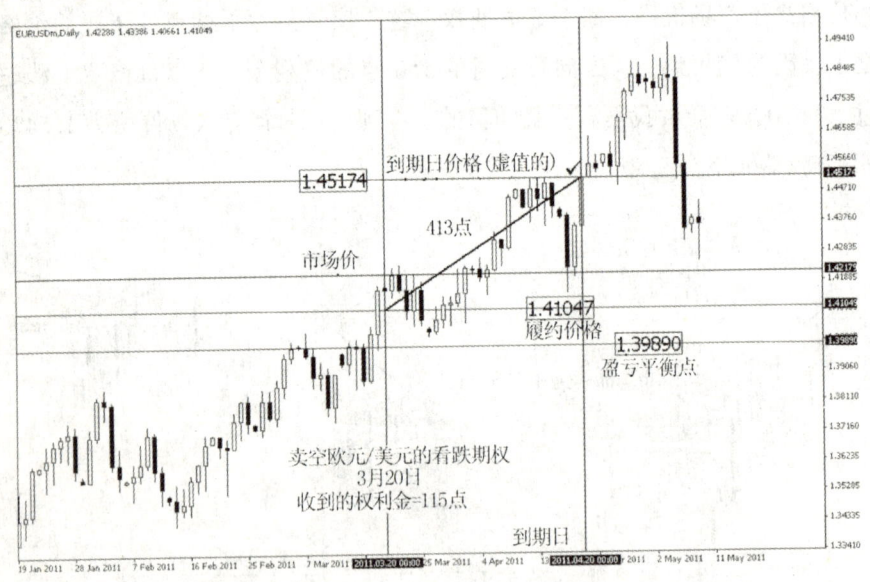

图3.4　卖空欧元/美元的看跌期权

当期权到期时，自动失效，我获得115点的权利金。另外，我在1.4104的履约价格建的欧元/美元多头头寸，盈利幅度达413点。虽然在期权上赚得的唯一利润就是权利金，但是我还持有建仓位置很好的欧元/美元头寸，我可以将其卖出获得413点的利润，因为期权到期时市场价格

第 3 章 外汇期权

高于履约价格（虚值的），买方放弃执行期权。

卖出看跌期权也承担了无限的风险。但是，它也会让你在较便宜的价格买入标的资产。

最后，请看表 3.1，这个表对以上几种类型的期权进行了简短总结，可以作为一个快速参考。

表 3.1

期权类型	选择		盈利	亏损	到期时
	方向	波动率			
买入看涨期权	看涨	看涨	无限的	仅限于支付的权利金	买入的权利
买入看跌期权	看跌	看涨			卖出的权利
卖出看涨期权	看跌	看跌	仅限于收到的权利金	无限的	卖出的义务
卖出看跌期权	看涨	看跌			买入的义务

期权的类型

按履约方式不同，最常见的外汇期权交易分为两种基本类型：欧式期权和美式期权。

欧式期权不能在期权到期日之前行使权利，但是你可以在期权到期日之前任何时候将其卖回到期权市场。

美式期权与欧式期权的不同之处在于，美式期权的买方可以在期权到期日之前任何时候行使权利。这类期权也可以通过协商重回期权市场。

这两种期权的认购者都可以获得在指定价格和日期买入或卖出一定数量标的资产的权利（买入看涨期权或看跌期权），或者在履约价格和某个日期卖出或买入标的资产的义务（卖出看涨期权或看跌期权）。

第三种是奇异期权，包括一次付清期权（SPOT）和二元期权及其他不常见的子类型。奇异期权与那些可在主要交易所找到的标准看涨和看跌期权不同。

普通外汇期权有非常具体的到期日和权利金数额。奇异外汇期权合约则要灵活得多，在到期日和权利金数额方面是可变的。

传统期权（美式期权）的优势在于它们的权利金通常比一次付清期权（SPOT）的权利金低，并且可以赋予你更大的灵活性，因为它们在到期日之前都可以转让流通。一次付清期权（SPOT）则更容易建立交易并执行。

一次付清期权（SPOT）、二元期权和数字期权

和其他期权交易一样，你也必须支付一笔权利金，之后就可以获得选择权。如果你成功了，你会收到权利金加上权利金一定比例的返点（return）或者收益（payout）——这是在购买期权之初就约定了的。在一些二元期权中，如果你失败了，你还是会收到权利金的一小部分，以示安慰。除了权利金，没有其他的佣金或费用。

不像普通看涨期权和看跌期权，这几种期权收益的金额不会随着标的资产价格上升或下跌到履约价格以下而增加，相反，它是固定的金额，在指定时点就会获得。

这几种期权为交易者提供了更简便的交易方式。你只需要为一个货币对选择一些特定的条件，其他不需要关注任何东西，直到交易结束。如果你做正确了，你会获得回报。如果你做错了，你的亏损就只是支付的权利金。

下面有一些可供选择的期权种类：

· 一触即付式 SPOT。如果价格触及某个价格水平，你就会获得回报。

· 不接触式 SPOT。如果价格没有触及某个价格水平，你就会获得回报。

· 数字式 SPOT。如果价格高于或低于某个价格水平，你就会获得回报。

· 双边触—即付式 SPOT。如果价格触及设定的两个价格水平中的一个，你就会获得回报。

· 双边不接触式 SPOT。如果价格没有接触设定的两个价格水平中任何一个，你就会获得回报。

例如，你看多欧元/美元，并认为这个货币对在 10 天之内将突破 1.4200。如果到那一天，欧元/美元的价格处于 1.4200 或以上，你就会获

第3章 外汇期权

得约定的回报。但是如果价格仍然低于 1.4200 的价格水平，你就无法获得任何收益。

那么，这几种期权又有什么缺点呢？首先，需要支付的权利金数额通常高于标准期权需要支付的权利金数额。并且，在期权到期之前，你不能改变主意将其出售。还有一个问题就是风险报酬比率，因为这几种期权的回报总是低于风险，所以无法像普通外汇交易那样计算。所以，要想最终结果是净盈利的，你的正确率必须很高，因为亏损单的亏损金额要大于你盈利单的盈利金额。

期权价值和定价

期权的价值是靠定量分析师发展出的数学模型来确定的。这些公式的目标是预测期权价值的变化，而期权价值的变化与构成它的条件和要素有关。

外汇期权价值计算涉及的变量有：

- 标的资产的价格（货币对的现货汇率）
- 本国货币的利率
- 外国货币的利率，或者说股息收益率
- 履约价格（期权到期时货币将以这个汇率进行交易）
- 期权的到期日
- 货币对汇率在期权有效期内的预期波动率

外汇期权中最常采用并且尤其适用于欧式期权的数学模型是布莱克-斯科尔斯-莫顿（Black-Scholes-Merton）模型。这个模型涉及 5 个基本变量，均用希腊字母表示（作为一个整体，这几个变量常被称为"the Greeks"）。

- Delta 衡量标的资产价格变动时，期权价格的变化幅度
- Gamma 是从 Delta 衍生过来的
- Theta 衡量随着时间的流逝，期权的贬值速度有多快
- Vega（尽管它听起来像希腊字母，但它并不是） 衡量标的资产价格波动率变动时，期权价格的变化幅度

· Rho 衡量利率变动时，期权价格的变化幅度

有了这些计算公式，我们就可以估计随着期权到期日临近，期权的价值将会如何变化，也可以预估货币对汇率波动率增加可能产生的影响。这有助于评估和量化期权隐含的所有风险，从而进行更为精确的风险管理。

因此，我们要综合一系列因素来判断外汇期权的价格或者权利金。

内涵价值

是指立即执行期权合约时期权的价值。内涵价值分为3种情况：实值的（ITM）、虚值的（OTM）和平值的（ATM）。

· 实值的　在看涨期权中，标的资产的履约价格低于当前的市场价格；在看跌期权中，标的资产的履约价格高于当前的市场价格。

· 虚值的　在看涨期权中，标的资产的履约价格高于当前的市场价格；在看跌期权中，标的资产的履约价格低于当前的市场价格。

· 平值的　标的资产的履约价格刚好等于当前的市场价格。

标的资产（比如在外汇期权中，标的资产就是货币对）价格发生的变化，会对期权的价值产生影响，并且对看涨期权和看跌期权的影响是相反的。如果货币对汇率上升，看涨期权就会升值，而看跌期权就会贬值。如果货币对汇率下跌，看涨期权的价值就会降低，而看跌期权的价值就会上升。

时间价值

这个价值描述了价格随着时间流逝的不确定性。期权距离到期日时间越长，期权的时间价值越高，期权的权利金费用也会越高。它也可以看作是投资者预期在期权到期日之前某个时候，期权的价格会因为货币对汇率或标的资产的价格上升而上升，而愿意支付的超出期权内涵价值的价格。期权距离到期日时间越长，市场可用于发展变化的时间也就越多，所以期权的时间价值也就越高。

期权距离到期日的时间将会影响期权权利金的时间价值要素。随着期权到期日日益临近，看涨期权和看跌期权的价值都会成比例降低，即使是

第3章 外汇期权

实值期权（ITM）也不例外。

利率差额

货币利率的变化将会改变货币对实际市场汇率与期权履约价格的关系。这对期权权利金变化的影响不大，但是它们可以被测量并将反映展期的成本或者股息。

波动率

波动率是非常主观的，因此难以量化。但是，它对期权权利金的时间价值具有非常显著的影响。较大的波动率将会增加标的资产价格在较短时间内到达履约价格的概率，从而增加期权的权利金价格。

波动率衡量的是标的资产价格的潜在可变性。标的资产价格的预期波动性越大，看涨期权和看跌期权的权利金价格就会越高。

利率差额和波动率都是期权时间价值的影响因素。

期权波动率

波动率是外汇期权时间价值应该考虑的因素之一。这项因素变化导致的影响可好可坏，要取决于你计划采用什么策略。大部分期权策略都会考虑市场的基本走势和波动率——看涨或看跌，而这部分内容将在第24章进行详细讨论。

如果我们要判断期权权利金的价格是高于还是低于其合理价值，那么除了隐含波动率（IV）——相当于模型中的变量 Vega，还必须把标的资产的历史波动率或者统计波动率纳入考虑范围。这在判断最好的策略是买入还是卖出一个期权时，非常有用。

波动率较低意味着权利金较低，并且卖出期权时所需的保证金也较低。当你决定卖出一份期权合约时，你的经纪商会划出你账户一部分资金作为应对市场朝相反方向波动的保证金。这个保证金会根据作为期权标的资产的货币对的隐含波动率水平而做出相应调整。

这有助于预测当价格波动得太远，之后等待价格折返回到均值，或者当没有任何事件作支持价格就已达到极值时的价格行为。在大多数情况下，当未来事件已经被吸收到波动率数值中，就会出现这种情况，所以，这可以作为显著波动将要出现的一个信号。

期权风险指标（the Greeks）

期权中的希腊字母是一系列用于测算风险，并评估各种期权策略的盈利和亏损潜力的计算公式。为了最准确地了解一个系统及其标的工具的盈利潜力，一定要懂得如何解读这些数值。

在评估风险和盈利能力时，必须考虑3个基本因素：价格行为、波动率以及价值和时间的关系——通常是下跌的。

外汇期权中最常用的风险指标（the Greeks）是delta、gamma、theta和vega。

Delta

这是源自期权定价模型并用希腊字母表示的一个数值，代表了标的资产的等效值（在外汇期权中，标的资产就是货币对）。即使是在有着相同履约价格和到期日的一个期权中，它的数值也可以因为买报价和卖报价而不同。在看涨期权中，Delta值是用正百分数表示，取值范围在0到100之间（当期权为深度虚值期权时，Delta为0，当期权为深度实值期权时，Delta为100），在看跌期权中，Delta值是用负百分数表示，取值范围在0到-100之间（当期权为深度虚值期权时，Delta为0）。

在看涨外汇期权中，当履约价格低于标的货币对当前价格减去权利金的差值时，期权就为实值期权。而看跌外汇期权要成为实值期权，就需要标的货币对当前价格低于履约价格减去权利金的差值。

例如，买入履约价格为1.3900，权利金为100点的欧元/美元看涨期权，欧元/美元的市场汇率只有高于1.4000，这份期权才能成为实值期权。

买入履约价格为1.0900，权利金为140点的澳元/美元看跌期权，澳元/美元的市场汇率只有低于1.0760，这份期权才能成为实值期权。

Gamma

这个以希腊字母表示的变量也是用百分数来表示，同样也是源自期权定价模型。它是用来计算货币对汇率每增加或减少一个点，期权的 delta 值会增加或减少多少点。它衡量了标的资产价值变动时，期权 delta 值的变化率。当期权为深度实值期权或深度虚值期权时，它的数值会非常小。期权越接近平值期权（ATM），gamma 值会越大。

Theta

这个数值每天都在变化，变化大小主要取决于期权距离到期日还有多少时间。期权距离到期日越近（到期时，所有期权将失去其全部时间溢价），theta 数值的绝对值也增加得越快。它显示了期权每过一天将会减去多少价值。

Vega

这是另一个期权风险指标，它衡量期权隐含波动率变化 1 个点时，期权价值的变化幅度。

当隐含波动率较低时，最好是买入期权，因为这时你可以支付较少的权利金。如果之后波动率将要上升，期权的价格（也就是权利金）就会增加。同样的，当隐含波动率较高时，就应该卖出期权，因为这时你可以收到较多的权利金。如果之后波动率下降，又会降低期权的价格。

任何期权交易策略都会涉及与 delta、vega 和 theta 有关的头寸，以及其他希腊字母。在标准期权或混合期权交易中，头寸的净值都可以计算，这就让我们可以评估交易策略的潜在风险和回报。

比如，如果你买入一份外汇期权（买入看涨期权或看跌期权），你承受的风险将取决于价格朝错误方向波动，隐含波动率下降以及期权的内涵价值基于时间降低等因素。如果你是卖出期权（卖出看涨期权或看跌期权），当价格朝相反方向波动或者隐含波动率上升，你就会遭遇风险，但是时间价值降低不会成为决定性因素。

外汇期权报价界面

一个典型的外汇期权报价界面（如图 3.5），会显示一系列有着不同买报价/卖报价、到期日和标的货币对的看涨期权和看跌期权。它至少应该包括一些额外信息，比如波动率和 delta 值，以方便你为自己的交易策略选择最好的合约。

图 3.5 基本的外汇期权报价界面

Below the money Buy Jun 16, 2011 1.60500 Calls	低于现汇价格 买入到期日为 2011.6.16 履约价为 1.60500 的看涨期权
Breakeven 1.63045 Volatility 9.01% Delta .67	盈亏平衡点 1.63045 波动率 9.01% Delta 0.67
Above the money Sell Jun 16, 2011 1.63500 calls	高于现汇价格 卖出到期日为 2011.6.16 履约价为 1.63500 的看涨期权
Breakeven 1.64340 Volatility 8.55% Delta .36	盈亏平衡点 1.64340 波动率 8.55% Delta 0.36

在图 3.5 中，我们也可以看到任何一份期权的盈亏平衡点。不同的经纪商，盈亏平衡点会非常不一样。在外汇期货期权中，你还可以找到其他有用的信息，包括成交量、持仓量和其他希腊字母，比如 gamma、vega 和 theta 的数值。也有一些选项可以让你的数据显示个性化。另外，还有一系列不同的交易所可供选择。

下面对可能出现在你外汇期权报价界面上的要素进行了简短总结：

• 代号　　就是标的货币对或者期货代号（比如，外汇现货欧元/美元货币对的代号是 EUR/USD，欧元期货就是 6E 加上具体期权的字母）。报价界面上也会显示包括最高价、最低价、开盘价和收盘价等细节的实际市场价格，以及变化百分比、均价、时间和提供者等信息。

• 买报价和卖报价　　用于买入或卖出期权的最新价格。随着标的货币对汇率变化以及期权日益临近到期日，这两个价格都会不断变化。在评估风险时，一定要考虑买报价和卖报价之间的点差大小，特别是当你要进行短线交易时。通常情况下，成交最活跃的期权，点差也最小。它们也被称为内涵买报价和内涵卖报价。

• 外在买报价/买报价　　在交易时，期权价格中包含的时间溢价。

第3章 外汇期权

它会随着时间流逝而减少，直到期权到期时，减少为0。

·履约价格　　如果期权买方决定执行期权，标的货币对就会以这个价格被买入或者卖出。在卖出期权中，如果期权到期被执行，期权卖方就必须以这个价格卖出标的货币对。

当履约价格较低时，看涨期权的权利金就会较高，当履约价格较高时，看跌期权的权利金成本也会较高。在看涨期权中，期权的价格会随着履约价格上升而降低，而履约价格的"实值性"会降低或"虚值性"会升高，所以它的内涵价值会变小。在看跌期权中，情况刚好相反，随着履约价格不断上升，期权的"虚值性"会降低而"实值性"会升高，所以它们的内涵价值会变大。

·买报价和卖报价的隐含波动率（百分数）　　未来波动率的预期水平，以期权的实际价格为基础，并包括其他一些与期权距离到期日的时间，以及履约价格与标的货币对当前价格的差值有关的变量。隐含波动率通常是用布莱克-斯科尔斯定价模型来计算。

·买报价和卖报价的delta（百分数）　　这个数值代表了期权价格由标的货币对价格波动导致的变化幅度。它可以达到100（看涨期权）和-100（看跌期权）。数值绝对值越大，期权"实值性"越强。当绝对值达到100时，期权的价格将与标的货币对的汇率同步波动（货币对汇率波动一个点，期权价格也波动一个点）。当期权delta绝对值为50时，就意味着货币对汇率波动一个点，期权价格将波动0.5个点。

看涨期权的delta值为正数，看跌期权的delta值为负数。至于权利金，当看涨期权的履约价格较低，或者看跌期权的履约价格较高时，权利金就会较高。

·买报价和卖报价的gamma（百分数）　　这个数值与delta数值有关，显示标的货币对波动1个点，期权的delta数值会增加或减少多少点。

·买报价和卖报价的vega　　这个数值显示当隐含波动率增加1个点，期权价格将会增加或减少多少。最好是在这个数值较低时，买入期权。

·买报价和卖报价的theta　　这项数据显示期权每天会失去多少价值，直到期权到期时，价值变为0。

·成交量　　在交易时段，期权的交易数量。成交量较高的期权通常点差比较小，因为在获得看涨期权或看跌期权方面存在较大的竞争。

·持仓量　　这个数据显示有多少期权合约（期权挂单）已被开立，并且还没有进入市场。

第4章 差价合约入门知识

差价合约（CFD）已经被运用超过了20年，但是直到最近10年，它才逐渐为个人交易者所熟悉。从本质上讲，差价合约是一种金融衍生产品——它的价值是建立在标的金融工具价格表现的基础上，比如股票、共同基金、债券、大宗商品、外汇和市场指数，它通过持有多头或空头头寸来从资产未来的价值中获利。

差价合约的投资者，或者说"买方"和差价合约的提供者，或者说"卖方"同意支付资产当前价格与合约到期日价格的差值。对于多头头寸来说，如果资产价格上涨，卖方就要向买方支付差值，如果资产价格下跌，买方就要向卖方支付差值。而空头头寸，情况就刚好相反。

差价合约的发展历史

伦敦的交易者创建了第一份差价合约，目的是对冲股票交易风险，且不需要支付英国的股票交易税金。作为股票的衍生工具，差价合约可以让投资者不需要持有真实股票，就可以利用股票的上下波动获利。随着经纪商允许交易者采取保证金的形式进行交易，并且提供可以显示即时价格信息的电子交易平台，差价合约也越来越受到交易者的欢迎。运用保证金杠杆交易，投资者就有了获得更高回报（以及亏损）的可能，因为投资者只需投入标的资产实际价值的其中一小部分即可。

经纪商将差价合约产品引入了市场。最开始时，差价合约仅限于在伦敦股票交易所交易的股票，后来扩展到大宗商品、债券和外汇等金融产品。最受欢迎的差价合约是那些以世界主要指数为标的的合约，比如法国股价指数CAC、德国法兰克福指数DAX、英国金融时报指数FTSE，美国的道琼斯指数和纳斯达克指数。

美国证券交易委员会（SEC）不允许在其监管的场外市场进行差价合约交易。其他很多国家都可以交易这种衍生品，包括澳大利亚、加拿大、德国、法国、爱尔兰、意大利、日本、新西兰、挪威、波兰、葡萄牙、新加坡、南非、西班牙、瑞典和瑞士。

差价合约交易

差价合约的交易是在个人投资者和差价合约提供者之间进行——一般情况下，这个提供者都是大型经纪商。差价合约的条款并不是标准化的。每个提供者都可以规定自己的条款或者改变任何差价合约的条款。但是，几乎所有的差价合约都包含了一些共同要素。

投资者通过开仓，持有了某个金融工具的头寸，差价合约就创建了。只有通过第二次反向交易，这个头寸才会被了结——合约没有到期日。在交易结束时，是盈利还是亏损，还要取决于交易的入场价和出场价的差值。差价合约提供者可能会对交易或未平仓合约收取一定的费用，包括账户管理费、买报价/卖报价点差、佣金和隔夜融资费。

因为差价合约永远不会到期，所以如果一个头寸被隔夜持仓，它就被展期了，在所有费用都被扣除后，盈利或亏损就会被记入投资者的账户。大部分市场允许差价合约采取保证金的方式交易。与其他保证金交易一样，投资者必须拥有充足的账户资金。

现在经纪商的服务技术已经大大提高，可以不断计算交易所需的保证金，并为交易者提供一个网络界面，以方便交易者随时查看自己的账户余额、保证金以及交易的盈利和亏损情况。当然，如果交易者的账户余额低于要求的最低保证金，他就会收到追交保证金通知。如果账户余额没有及时增加到最低保证金水平，经纪商可以将你的账户强制平仓。

差价合约费用

大部分差价合约提供者每日都会向隔夜持仓的多头头寸收取一个融资

第4章 差价合约入门知识

费用。这个费用通常是基于一个已制定的基准,比如英国就是伦敦银行同业拆借利率(LIBOR),澳大利亚就是储备银行利率。如果投资者隔夜持有空头头寸,每日就会收到一笔推迟平仓的费用,而差价合约最终是按照开仓和平仓时的价差结算的。基于股票的差价合约也会根据头寸规模大小而收取一定的佣金。在大部分差价合约提供者那里,交易者有权利放弃佣金,取而代之的是更大的市场做市商买报价和卖报价差价。

采用保证金方式投资差价合约

差价合约交易提供两种保证金类型:初始保证金(initial)和可变保证金(variation)。股票的初始保证金要求通常是在交易金额的3%到30%之间,其他工具的初始保证金要求通常是在0.5%到1%之间,这些工具包括大宗商品、外汇和市场指数。具体保证金比例取决于合约标的工具的特性和预期风险。例如,在2008年美国经纪商雷曼兄弟破产之后,整个市场的初始保证金陡然上涨,以应对破产导致的高波动率。

如果差价合约头寸波动方向对投资者不利,就会要求可变保证金。例如,如果交易者买入1000股每股1美元的股票,并且股票价格跌至90美分,差价合约的提供者就会从客户账户里扣除100美元的可变保证金(1000股×–10美分)。这个计算是采用盯市制度。可变保证金对交易者账户余额的影响是持续不断的。但是,初始保证金是在合约被购买时从客户的账户中扣除,之后当交易结束并结算时,再返还。

很多投资者把初始保证金当作差价合约买价的预付定金。保证金的比例取决于经纪商的政策规定以及交易者与经纪商的关系。对于交易最普遍的股票,这个保证金可以比较低,而对于那些换手率较低的股票,这个保证金就会比较高。

差价合约与止损订单

与其他交易一样,差价合约也有止损订单,如果标的证券的价格到达预先确定的价位,就可以结束交易。一旦触及,卖出订单就会根据差价合约提供商的商业条款以及对市场流动性的考虑而被执行。如果市场流动性

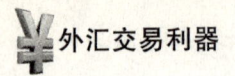

不足,止损订单就可能不被执行,投资者的头寸就会继续保留。

要意识到一点,即止损订单只是一个目标价格——市场必须在这个价位交易才能触及止损。如果价格一下子波动越过了止损订单价格,订单就可能在下一个交易价格被执行,或者也不会被执行——如果这是差价合约提供者的政策规定的话。流动性较高的金融工具(比如市场指数和外汇),这种情况不会经常出现,但是交易较为清淡的股票,就可能出现。如果股票市场收市,也可能是个问题,因为当天的收盘价和第二天的开盘价之间的差价有可能非常显著。

为了规避这个风险,很多差价合约提供者会提供一个"保证执行的止损订单"(GSLO),也就是说一旦价格触及止损位,交易者的止损订单就会被执行。不过,交易者要为"保证执行的止损订单"支付一定费用,并且常常还有其他一些限制。比如,大部分提供者不会允许"保证执行的止损订单"低于标的工具当前价格超过5%。

交易者通常是在场外市场通过经纪人或者市场做市商购买差价合约,而这个选择会影响合约的价格。差价合约提供者制定差价合约的条款,明确其保证金要求并列出可供交易的金融工具。市场做市商是最受欢迎的差价合约来源。市场做市商提供者为差价合约设定价格,并接受所有亏损的风险。大部分市场做市商会对冲他们的头寸——通过买入/卖出标的证券,或通过多样化投资组合对冲,或者合并客户的头寸,然后抵消他们的多头头寸和空头头寸。

上市公司对基于股票的差价合约的影响

上市公司的行为,比如股票分红、股票分拆和增发等,会影响上市公司股票的价格,并且因此影响基于这些股票的差价合约的价格。但是,因为差价合约的持有者实际上没有持有标的股票,他就不会获得这些红利、分拆的股票或者增发的股票。不过,差价合约提供者会支付等值的金额给差价合约多头头寸持有者,并从空头头寸持有者那里扣除这部分金额。通常来讲,上市公司任何可以对标的证券产生经济性影响的行为,都会对差价合约产生相同的影响。但是,差价合约的持有者永远不会获得非经济性

第 4 章　差价合约入门知识

的好处，比如投票权。

差价合约的风险

交易差价合约也会面临一定的风险，包括手续费、佣金和亏损本金。下面列出了交易者在差价合约交易中将面临的主要风险

市场风险

最显著的风险是市场有可能朝着与投资者的合约相反的方向波动。任何证券交易者面临的风险，在差价合约交易中都会增加，因为差价合约交易者是采用保证金交易方式。保证金交易既增加了潜在收益，也增加了潜在亏损。但是，正是这种风险/报酬激励了大部分差价合约交易者，它可以作为增加收益或者对冲头寸以使交易风险最小化的一种方式。通过止损订单，可以很好地控制市场风险。

爆仓风险

差价合约提供者要求投资者保留最小量的可变保证金，如果标的资产的价格波动方向对交易者寸头不利，就会被要求提供额外的保证金。如果投资者无法及时提供这笔保证金，就会面临被提供者强制平仓，止损出场的风险。并且投资者自行承担亏损的责任。

对手盘风险

差价合约的对手盘风险在于，差价合约的对手盘有出现财务状况不稳定或者破产的可能。如果交易对手方不能兑现其财务承诺，那么不管交易的票面价值如何，这个差价合约都只有很少甚至完全没有价值。对手盘风险存在于很多场外交易的金融衍生品中。即使标的证券的价格朝交易者期望的方向波动，但是对手盘风险仍然可以导致差价合约投资者遭遇严重亏损。为了预防公司破产损害客户利益，市场规定场外交易的差价合约提供者必须把客户资金与他们自己的账户区分开来。

差价合约与其他投资品的风险比较

差价合约提供者宣扬差价合约可以作为其他投资品的很好替代，比如

直接投资股票和其他包括期货、期权和备兑权证（covered warrants）在内的衍生品。由于差价合约交易是在交易所之外进行，所以无法获得确切的统计数据。但是，也有一些估计的数据，比如，差价合约占伦敦证券交易所成交量的20%到40%。在这些替代投资品中，差价合约的标的工具主要集中在期货和期权。

期货

对于大部分专业交易者来说，期货是交易指数和利率的首选投资工具，因为它们是在交易所进行交易。与期货相比，差价合约在某些方面具有优势，比如合约的投资规模可以较小，并且定价也较透明，因为它直接反映标的金融工具的价格。期货合约的价格会随着到期日临近而降低。

有趣的是，差价合约提供者常常利用期货来对冲未平仓头寸。为了免受价格下跌影响，交易者通常会把他们的差价合约延展到下一个未来日期，因为期货在到期前最后几日的换手率将严重不足。

期权

专业交易者也喜欢期权，因为就像期货一样，期权也是在交易所交易并进行集中清算。期权也可以被交易者用来对冲风险或投机。比起期权，差价合约的主要优势就是它们的定价结构简单，并且可以通过差价合约控制的金融工具具有多样性。就像期货的定价一样，期权的定价也很复杂，并且会随着期权临近到期日而降低。但是，就像期权一样，差价合约并不适合用于降低风险。

备兑权证

就像期权交易一样，作为利用市场波动获利的低成本策略，备兑权证在过去十年越来越受到交易者的欢迎。然而差价合约提供了更大范围的投资资产选择，并且比起备兑权证，差价合约的费用通常较低。

交易所交易基金

与差价合约一样，交易所交易基金成为受欢迎的短线交易工具。交易所交易基金有许多各种不同的金融工具可以选择，包括大宗商品、指数和外国市场的股票。

第4章 差价合约入门知识

差价合约交易策略

最受欢迎的两个差价合约交易策略是基于技术分析和财经要闻。差价合约可以被当作一个纯粹的市场方向"赌博",虽然想要进行这种"赌博"的投资者往往会运用一个更高级的策略。

运用技术分析并观察市场指标动向,将可以提高投资者正确抓住市场方向的概率。加上差价合约可以采用保证金交易方式,投资者就可以获得非常可观的收益。技术分析对短线交易者来说,是非常关键的。短线交易者需要考虑关键支撑位和阻力位何时会被突破,以及其他一些指标,比如择时指标、移动平均线和趋势线。

财经新闻也可以预测市场方向。收益报告、内部交易报告、企业并购和高管变动都是可以预示相关金融工具价值变化的新闻事件。当然,越早获知新闻就越好。市场的反应速度相当快,如果你获知新闻是在新闻发布数小时或数天之后,那么金融工具的价格很可能已经发生了变化。

即使投资者正确评估了每一项指标,但是差价合约交易也不会完全没有风险。没有一个交易策略在任何时候都管用,所以投资者需要仔细计划自己的差价合约头寸,以把成功的概率最大化。预测短期的价格波动可以极具盈利性,但是投资者需要记住很多因素都会影响工具的价值。系统交易不仅仅注意市场指标,毕竟任何股票都会受到意外事件的影响。其他可以影响市场的因素有农业报告、汇率、库存数据、失业数据和天气预报。

投资者应该预先制定一个交易计划,包括入场点和出场点、风险降低策略并运用良好的资金管理原则,以提高交易成功概率。另外,也可以考虑拿一段时间来试用各种交易策略,以找到最符合你交易风格的那一个。

成功差价合约交易策略的特征

有很多交易策略可以选择。有些策略是不可更改的,有些则可以加入交易者的主观判断。无论你选择哪个交易策略或者制定自己的交易策略,要想获得交易成功,这些策略都应该具备几项特征。首先,这些策略应该能够识别可以提供正的风险报酬比的投资机会。其次,这些策略应该有一个判断良好投资入场点的方法和触及出场点的保护措施——不管是兑现利润还是止损出场。最后，在头寸规模方面，能够做出理性的决定。这样，如果价格朝你期望的方向波动，你就可以获利，就算价格波动方向对你不利，你也不会亏损太多。

在交易具有杠杆的差价合约时，这些特征就显得更为重要。你的策略应该能够识别那些强烈表明入场就可以立即盈利的入场信号。还可以判断你的止损位——不管是基于一个预先设定的价格或百分数，或者关键市场指标的支撑水平。此外，还应该指示你的潜在回报水平，并且这个回报应该至少是潜在亏损的两到三倍。最后，你的策略还必须明确交易盈利时的出场位，不应该让价格在你结束交易前又波动回负值区域，也就是说让原本很好的盈利单最终变成亏损单。

差价合约的投资时机

差价合约提供者提供的精美小册子，会列出他们向你宣称的投资差价合约将获得的所有好处。很显然，提供者会极力说服你参与交易，但是什么时候才是投资的好时机呢？

差价合约交易者首先必须判断的是，对你的投资组合来说，差价合约是否是一项适合的投资工具。从其本质来讲，差价合约是为短线投资者设计的，投资者必须比较通过差价合约来投资的成本与直接交易标的资产的成本大小。

在差价合约的发源地——英国，推出差价合约的目的就是规避包括印花税在内的直接投资成本。交易者必须计算因不需要支付印花税而省下来的金额，并与差价合约的其他成本做比较。这时抛开任何佣金成本不谈，要计算两种投资品种的盈亏平衡点很容易。

差价合约产生的融资成本，是由与直接投资股票相比，持有差价合约头寸的其他成本组成的。差价合约的融资成本大约是3%，大约80%的仓位是依靠融资持有的。比较而言，传统的股票交易会遭遇印花税——在英国，这笔费用是0.5%。当差价合约的融资成本超过其省下的印花税金额时，就会出现盈亏平衡点。

第4章 差价合约入门知识

以英国为例,持有差价合约11周[(0.5/0.8)×(365/3)= 76天]的融资成本和股票交易的印花税是相当的。因此,如果你打算持有头寸少于11周,利用差价合约来投资的成本将低于直接的股票交易。

很明显,这是一个非常简单的计算,并且还有其他附加成本。但是,作为一个大致比较,它还是非常有用。对于超短线交易者和日内交易者来说,由于他们的融资成本为零,所以更能体会到差价合约的优势。当交易的头寸超过了你最初的预想,或者当你的出场价格较为快速达到时,差价合约的经济效益就会增加,因为避免了印花税对净回报的稀释,并且融资成本低于预期。

差价合约的优点

在决定交易差价合约之前,应该考虑很多因素。下面大致列出了差价合约交易可以为交易者提供的种种优势:

· 流动性　差价合约的价格直接反映标的资产的市场价格,这意味着你可以同时得益于该标的市场和差价合约提供商的流动性。

· 保证金交易　大部分差价合约提供者都允许采用保证金的交易方式,这样投资者就只需要提供交易头寸整个价值很小比例的资金,就可以控制整个资产价值。保证金交易提高了投资者的潜在回报。因为每笔交易的成本较低,所以比起直接交易,保证金交易可以让你的潜在回报扩大10倍(甚至更多)。

· 节税交易　差价合约具有税收优惠,因为它们的投资成本,比如利息支付,通常是可扣除的税款。另外,投资者进行股票直接投资时,资本收益是必须纳税的,而卖出差价合约可以决定资本收益实现的方式。

· 较低的交易成本　经纪商成本通常大大低于通过提供全面服务的经纪商直接买入股票的成本。另外,在一些地区,对股票多头头寸不利的印花税也不会落到差价合约头上,因为投资者从来没有真正持有过标的资产。

· 执行透明　差价合约交易并不比股票交易更难或更复杂。所有交易都是完全透明的。

- **多头交易和空头交易** 允许真正的投机,因为差价合约交易者可以从熊市中获利。差价合约交易只针对金融资产的价格波动——投资者不会真正持有资产。因此,卖出就像买入一样简单。在差价合约推出市场之前,卖出股票通常会遭遇额外的经纪佣金。在差价合约中,提供者通常还会向空头头寸支付利息。

- **可以用一个账户交易多个市场** 通过差价合约衍生品,投资者可以用一个账户参与多个市场投机。差价合约提供者可以提供在国际市场交易的产品、大宗商品、指数、石油、贵金属、债券和其他很多资产类别。

- **盘后交易** 提供者延长了他们的交易时间,这样,投资者可以在这些交易所业务结束后,在更为活跃的市场进行交易(比如金融时报指数FTSE或者道琼斯指数)。

- **没有预设的到期日** 交易者可以根据自己喜好选择继续交易还是结束交易。

- **灵活的合约** 交易者可以自行决定差价合约的数量和价值。可以交易任何数量的股票。

- **较为简单的定价机制** 不像其他投资品,比如期权和权证,差价合约的价格直接反映的是标的市场的价格。

- **较早收到股息** 差价合约会在除息日把股息派给投资者,这比股息真正被支付的日子要早一个月。长期下来,差价合约的这一特点可以抵消融资费用这个缺点。

- **受益于上市公司行为** 差价合约反映的是标的市场的波动,因此,也会受益于上市公司的一些行为,比如股票分拆、提高股息和股票增发。

- **可以设置止损订单,保证执行的止损单和有条件保证执行的止损单** 投资者可以通过止损单锁定风险,从而执行复杂的交易策略。

- **对冲现有投资组合** 差价合约是一个极好的对冲工具。例如,投资者可以利用差价合约卖空股票,来对冲股票多头头寸风险。

第4章 差价合约入门知识

差价合约的缺点

回过头来说,差价合约也不适合于所有的投资者。下面列出的这些特点代表了差价合约的缺点(对大部分交易者来说)。

· 保证金杠杆放大了潜在亏损　　就像保证金杠杆可以极大地增加你的交易盈利一样,保证金杠杆也会同时放大你的亏损。

· 更高的风险　　如果市场朝相反的方向波动,你的亏损可以超过你投入的保证金数额。如果你要满足追加保证金的要求,就必须卖出其他资产,这样会减少利润或锁定亏损。持有空头头寸的投资者会面临巨大的潜在亏损。

· 资本要求太低　　太低的保证金要求会鼓励无纪律的投资者过度交易。

· 每日的融资费用　　隔夜持仓会被收取融资费用,这个费用通常是基于一个先行指标(伦敦银行同业拆借利率、美国最优惠利率等)并且应用于头寸价值的一个百分比。在很多情况下持有六个月以上多头头寸时,利息支出总值将等于你的这些头寸的保证金价值。

· 利息费用　　差价合约交易者需要按整个合约价值支付利息,这与传统的股票杠杆交易(margin lending)不同,后者只针对实际的投资金额计息。

· 保证金要求　　差价合约是采用盯市制度,亏损会即时反映在你的账户余额上。这有可能导致你被要求追加保证金,或者被强制平仓。

· 保证金缺乏灵活性　　差价合约提供者决定每份合约的保证金水平,而交易者希望自行决定这个水平并以此管理自己的资金。此外,很多提供者还保留了调整未平仓差价合约的保证金水平的权利。这意味着你有可能必须存入更多资金,才能继续持仓。

· 没有股东权利　　作为差价合约的持有者,你不拥有股票持有人的一些权利,因为你并不真正拥有标的资产。

· 不能更换经纪人　　还是因为你没有真正持有标的资产。你买入的是双边合约,必须与向你提供合约的提供者进行交易。

·负债股息　　如果持有差价合约空头头寸经历股权登记日，那么持有者就有义务支付股息。

总之，就算是完全业余的交易者，差价合约的这些缺点也非常容易理解和预料。差价合约的风险非常高，因为它们都是采用保证金的交易方式，但是可以预期的是，大部分交易者在购买之前都会"张大双眼"了解清楚。

小结

从2000年开始，差价合约在零售市场的普及为差价合约提供者提供了流动性，使得这个市场扩张到股票以外，为交易者提供了更大范围的投资机会。差价合约已经成为外汇和指数市场的主要资金来源。采用短线投资策略或进行长期风险对冲的交易者，会在差价合约风险状况中看到明显的优势，而个人投资者无须支付高费用就可以获得投机机会。

第 5 章　价差赌注

价差赌注

价差赌注（spread betting）并不是高深莫测的事情。它的过程其实很简单，但是就像人们对开车的感觉一样——很多人甚至还没有尝试，就认为它很难。

在开始价差赌注之前，应该了解价差赌注的基本规则。人们会进行很多风险性事情——它们无一例外都必须遵守规则并提高你的技能才能获得成功。

所以，现在让我们来了解价差赌注到底怎么回事。价差赌注非常有利于学习如何在任何冒险性事件中享受无风险的赌注。我们可以从理解什么是价差赌注开始。

什么是价差赌注？

价差赌注属于赌博范畴，可以作为传统交易的替代。就像你在传统交易中可以交易多只股票一样，你也可以在同一个市场的很多股票上进行价差赌注。它很像二元赌注，但是它没有固定赔率，因为你的收益或亏损将取决于价格的波动。

它的运作原理

你任何时候都可以进入或退出价差赌注。价差赌注的赌注是以传统交易的点值来计算，实际上就是一个点的价值。让我们来看一个例子。如果采用20英镑/点的赌注在金融时报100指数上进行价差赌注，那么金融时报100指数每波动一个点，价差赌注的收益或亏损就会变化20英镑。

价差赌注实际上是参与股票市场投机，但不需要买入任何股票。

价差（spread）是一个波幅——它是股票前后两个价格的差值。这两个价格中，一个价格是当你想要买入股票时市场给出的股票价格，另一个价格是当你想要将股票卖出时将会得到的股票价格。

价差赌注公司决定自己的价差，因此所有股票的价差取决于与你交易的价差赌注公司。

较高的那个价格被称为是卖报价（offer）——当你想要买入股票时得到的价格。较低的那个价格被称为是买报价（bid）——当你想要卖出股票时得到的价格。

价差赌注也是随着股票市场的波动而波动，但是也有一些区别。在价差赌注中，你不需要买入或卖出任何股票——你只是赌股票未来的波动方向。价差赌注的结果由标的市场的波动和你的赌注大小决定。

在传统股票交易中，你可以打赌某只股票的价值将上涨还是下跌。这也被称为建立头寸。所以如果你认为某只股票的价值将会上涨，你就可以建立多头头寸或"买入"该股票。

如果你在股票市场持有某只股票，并且认为该股票价值将下跌，你就会在发生亏损之前将其卖出。反之，你也可以卖空股票，也就是说你先将某只股票"卖出"，然后再将其买回来。

如果事情正如你预料的方式发展，你就会在较低的价格将这只股票买回，赚得利润。

在价差赌注中，当股票的价值将会下跌时，你可以持有空头头寸。如果股票价值下跌超过"赌局"开始的价位，你就会赢得这个"赌局"。当股票价值上升时，多头头寸就能获利。

那你将获得多少收益呢？这个数量要取决于你下的赌注大小。我们之前已经看了一个例子。现在，让我们再看一个例子。让我们假设你下的赌注是每点15英镑。你在4002的卖报价建立一只股票的多头头寸，之后股票价格涨到4020。现在，你可以将其"卖出"（意思就是结束交易）。所

第5章 价差赌注

以，你的盈利将是 15 英镑 ×（4020-4002）= 270 英镑。

现在，让我们再看另一种情况。假设股票的价值在交易最后是下跌的。在这种情况下，你就会亏损。例如，如果股票价格从 4002 下跌到 3995，你就会亏损 15 英镑 ×（4002-3995）= 105 英镑。

这个计算非常简单，你很容易知道你的收益或亏损是多少。

价差赌注的起源

对于价差赌注的起源时间，不同的人有不同的观点。大量金融历史学家认为价差赌注源于 20 世纪初叶不受拘束的投机商号在美国的繁荣发展。

但是是在 1974 年，斯图亚特·惠勒（Stuart Wheeler）提出了这一概念。他认为应该给投资者一个可以就黄金市场的上涨和下跌打赌的机会。这是第一个官方记录的价差赌注案例，因此，价差赌注被认为诞生于这一年。

惠勒的想法是制定一个指数，让投资者可以在黄金市场的波动上下赌注，但又不需要真正购买任何黄金。这个新公司被命名为"投资者黄金指数"（Investors Gold Index），但是随后英格兰银行就这个名字提出异议，所以这个公司更名为 IG 指数公司（IG Index）。

整个想法的前提简单又非常聪明。通过打破传统壁垒并开放环境，惠勒让投资者可以不需要经过严格监管渠道，就可以参与市场投机。

但那是以前。现在圣斯（Scenes）改变了这一切。随着价差赌注领域进行了改进和提高，现在你甚至可以通过手机来参与交易。并且因为市场永远都是开放的，所以你可以在任何时候参与价差赌注。

另外，还有其他很多类型的价差赌注。现在，你可以从 Bungee③ 一直选到二元赌注，因为这个行业在不断创新。

在我们更深入地探索这个题目之前，一定要认识到价差赌注在放大你潜在收益的同时，也会放大你的潜在亏损。

---

③ 新推出的价差赌注品种。——译者注

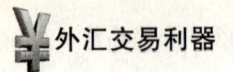

你需要知道的内容

想想大亏损可以变成噩梦。不要让风险因素打倒你。在你开始踏上价差赌注这个新的赚钱之旅之前，一定要进行充分的调查和研究。下面为你列出了一些快速指南。请从头到尾仔细看一看，因为如果你想开始价差赌注，这些要点将对你有很大的助益。

1. **资金投向哪里**

价差赌注实际上就是赌博，不是投资。你是在商品或股票的未来价格波动上下赌注。请记住，获胜的概率总是偏向公司一方，价差赌注存在很大的亏损风险。

2. **减税优惠**

由于价差赌注算是一种赌博，所以无论你赚了多少钱，都不需要缴纳任何资本收益税。但是这只有在你赚钱的时候，这个好处才会突显。

3. **做一些练习**

大部分公司会让你在接触真实市场之前，进行一些练习。他们会给你提供模拟账户来进行在线交易。这个市场中最大的玩家是康特指数公司（Cantor Index）和 IG 指数公司。

4. **设立痛苦界限**

为交易设置止损界限。设置这个界限的目的是，当价格朝对你不利的方向波动并到达一定幅度时，就结束交易，止损出场。

5. **正确择时**

有一些价差赌注者每天都会结束交易离开市场，但是如果你愿意的话，你也可以持有头寸更长一段时间。曾经有个女人分别在谷歌股票上下了每点 1 英镑和每点 2 英镑的两个赌注，并且持有头寸近 2 个月。最后，她赚到了 27000 英镑的利润。

6. **技术指标支持**

如果你在一个美丽的早晨醒来，然后就决定在一些股票上下赌注，我想这绝不是一个成功的策略。很多成功的价差赌注者都会使用一些可以显

第 5 章　价差赌注

示股票价格表现的图表工具。这绝对好于你通过直觉来交易。目前,有很多工具都对价差赌注有帮助。

7. 卡特琳娜飓风的影响

石油投机会在卡特琳娜飓风之后上升。外汇交易也会变得热门,并且是最普遍的交易品种之一。事实上,大众已经从股票转移到外汇上。

8. 交易黄金

除了外汇,人们也会在黄金上下赌注。所以如果你对黄金有兴趣,那它也可以成为你的价差赌注对象。

9. 风险降低

很多投资者会利用价差赌注来保护他们的头寸。一般的风险警告也适用于价差赌注。

例如,让我们假设有一个人投资了 5000 英镑到金融时报 100 指数(FTSE 100)上,然后担心股票市场会下跌。于是,这个人就可以在价差赌注上将其卖出,来保护(对冲)自己的头寸。假如这个指数收到 5386(假设),投资者就可以以每点 1.86 英镑(5000 英镑/5386)的赌注将其卖出。也就是说,金融时报 100 指数每下跌一点,投资者就会赚 1.86 英镑,以弥补指数追踪资金的亏损。

价差赌注的类型

价差赌注可以在任何种类的行为上进行,这些行为可以是金融的、体育的、社会的或者是政治的。价差赌注从金融公司开始,之后发展到体育博彩公司。再加上互联网赋予了价差赌注数不清的功能,于是,正如你看到的那样,有很多在线价差赌注公司涌现出来。

价差赌注有 4 种主要类型:

·未来类型(Future style)。这是默认的类型。当人们谈到价差赌注时,谈的都是这种类型。在这种类型的价差赌注中,你赌的是标的资产的未来价格波动。

·日内赌注(Daily bets)。这种类型直截了当。当交易日结束时,它们也到期了。由于这种类型的价差很窄，所以很受交易者的喜爱。

·展期赌注（Rolling dailies）。这类赌注并不随着交易日结束而到期，而是可以延展到下一个交易日。由于它们要持仓过夜，所以你要支付额外的利息费用。

·二元赌注（Binary bets）。这种类型与普通的价差赌注有点区别。这类赌注只有两种结果（于是，它们被称为"二元"）。

价差赌注公司的涌现

IG指数公司是第一家价差赌注公司（开在英国）。它成立于20世纪70年代，允许人们就黄金的价格下赌注。IG指数公司之后，城市指数公司（City Index）成立，再之后Finspreads公司也成立。现在，客户可以在线进行价差赌注，也可以通过电话进行。截至目前，英国已有25家在线价差赌注公司可供选择。有些公司会收取佣金，有些则不会。

金融价差赌注

这可以用一句话来解释——金融价差赌注是为了谋生，或者也可能是为了赚第二份收入。在它的定义中没有可能性或不可预知性的概念。在金融市场交易中涉及保持胜算率和损失最小化的平衡。

对金融市场交易来说，价差赌注是一个好主意——它的成本较低。如果你想进股票市场交易，股票经纪商会向你收取佣金等费用。这个就相对简单。它有一套小指令，按照这些指令，你就可以进行价差赌注。另外，价差赌注在英国是免税的。

另外还有一大优势，即你不需要太多现金来开始金融价差赌注。不过，请记住，这个赌注的价差会大于你股票经纪商向你提供的价差，因为价差赌注公司不会向你收取佣金。

不同股票的价差也不一样，有些股票的价差会很大。另外，不同的公司，价差也不一样。所以一旦你积累了经验，可以试着多看几家公司，货比三家。

外汇价差赌注

这是价差赌注中最热门的领域之一。现在，越来越多的人沉迷于外汇

第5章 价差赌注

价差赌注中。选择外汇进行价差赌注，与选择其他品种进行价差赌注是差不多的，只是外汇价差赌注赌的是货币对的价格波动。比如，你可以打赌英镑/美元的价格上升或者下跌。

汇率衡量的是两个货币的相对价值。你可以就货币对中两个货币的相对价值打赌。这就是外汇价差赌注。外汇是众多金融投资品种中非常重要的一个品种，也是价差赌注中第二大交易品种。

外汇市场的波动率很高，因为它们会受到政治和经济变化的显著影响。

当你进行外汇价差赌注时，你会看到两个价格报价。它们被称为买报价（bid）和卖报价（offer）。如果你认为一个货币对的价格将上涨，你就应该选择卖报价。卖报价是较高的那个报价。如果你认为那个你想打赌的货币对的价格将下跌，你就应该选择买报价将其卖出。买报价就是两个报价中较低的那个报价。

价差赌注者从卖报价和买报价差值的变化中盈利。这个差值是他们赚到的那一部分。

止损订单通常并不保证在你设定的价位被执行，除非你选择的是"保证执行的止损订单"，而且你必须为此支付一定的费用。正常市场情况下，会看见止损订单是在预先指定的价格附近被执行。

请注意，重大经济数据会导致成交滑移价差——在执行订单的时候，经纪商会把你的订单移到其他价格执行。当交易者持有头寸经过假期或者周末，也可能会面临成交滑移价差。如果你也想持有头寸过周末，下的赌注最好小一点。

如果你想进行外汇价差赌注，这里有两大要点请记住：

·交易者并不拥有他们所交易的货币。他们赌的只是货币对价格的波动。

·当经济数据发布时，经纪商可能会扩大买/卖报价的价差。

体育价差赌注

体育价差赌注也不是一个新概念。体育价差赌注开始于一个来自康涅狄格州名叫查尔斯·麦克尼尔（Charles McNeil）的数学老师发明了一种不同的体育博彩方法。之后，这个老师搬到了芝加哥，成为那里的博彩经纪商。

在20世纪80年代，这种想法开始在英国流行，并且后来传入北美。体育价差赌注的投注方式有些许不同。参与者通常赌的是两个队的比分是大于还是小于经纪商事先开出的比分。

当参与者在任何体育运动（比如高尔夫）上下注时，没必要去选择一个可能获胜的选手。虽然这可能有点帮助，但绝不会永远都是成功的策略。

有时候这种方法会有效，因为费用会显示一个选手获胜的概率。但是有些选手表现一直都很好——所以选择哪一个更好呢？

价差赌注对那些喜欢用概率规则打赌的人有利。这让参与者可以选择买入或卖出赌注。这要取决于选手——他将多么努力或多么差劲地去比赛。这只是众多价差赌注市场中的一个，尤其是高尔夫球运动。在比赛开始之前，每个选手会收到一个基于经纪商想要他们赢得的分数的比分。

英国的价差赌注

现在的价差赌注规模已经达到了数百万英镑。光是在英国就有超过83000个交易者，经纪公司也在迅速增加。全球价差赌注者每年估计会为零售经纪商创下约6.5亿英镑的收入，并且这个数字正在以每年20%至30%的速度增长。

在英国，价差赌注公司超过了25家。激烈的竞争导致买/卖报价价差逐渐缩小。差不多10年以前，像金融时报100指数这样的基准指数，买/卖报价价差约为10点。而现在，这个价差已经下降到2点。市场上不断有行业整合的传言，但是大部分人认为这个市场还有成长的空间，可以轻易容纳所有的价差赌注提供者。

在英国有超过40000人拥有价差赌注账户，其中绝大多数是男性。不过女性也不要为此感到气馁，因为女性参与者的数量正在上升。这些价差赌注者通常是自我雇佣人士或者从事保险、金融或IT行业的人。

价差赌注吸引的参与者与差价合约相同，也就是那些在市场上非常活

第 5 章　价差赌注

跃,并且能够认识到伴随杠杆和保证金交易而来的风险的老练交易者。绝大部分价差赌注都是由基于较好流动性的日内交易和短线交易。

那些经验丰富的交易者之所以选择价差赌注,是因为如果他们从价差赌注中赚了 5000 英镑,那他们就可以保留全部的 5000 英镑,而不需要拿出其中一部分来支付税金。

与其他任何类型的赌博一样,你可以赚钱也可以亏钱。平均下来,大部分交易者 10 笔交易中有 6 笔亏损。但是,不要为此沮丧,因为 4 笔盈利单的总利润是高于 6 笔亏损单的总亏损的。

如果你想在英国开始价差赌注,首先要确定你有一份稳定且丰厚的收入。价差赌注不适合那些失业或者低收入人士。要开始价差赌注,你最少需要准备 100 英镑。这笔钱应该是你亏得起的钱。所以基本上,这个交易是为那些能够承担少量风险的人准备的,不适合那些胆怯并且生活窘迫的人参加。所以如果你亏了钱,请不要大肆抱怨或者写信告诉电视台什么的。

这个市场的杠杆很高,所以你可以非常迅速地赚钱或亏钱。而由于这是一个零和博弈,所以你赚的钱都来自于其他人的腰包。只有其他人亏了钱,你才能赚钱。

如果你来自美国,就不能参与价差赌注,除非你选择离岸公司并且了解关于离岸公司的监管条例。因为像 Capital Spread 这样的网站受到了英国政府的严格监管,英国政府不允许他们触犯美国禁止美国公民在境外交易的法律。

在英国,有很多价差赌注公司都是由享誉海内外的大型博彩公司在背后支持。如果你想在他们那里开账户,你需要有一个当地的通讯地址。要想查看当前最受欢迎的价差赌注经纪商名单,请登陆网站 www.jdfn.com。

价差赌注:真的免税吗

简单的答案就是——是的!价差赌注者可以逃避英国 18% 的资本收益税,而这个税是股票交易者必须为其交易收益支付的。价差赌注也没有佣金和印花税。另外,你也不需要为股息支付个人所得税——这个税的税率很高，有时针对高收入人群的税率甚至会高达50%。

但是，也有例外——只有在它不是你主要收入来源时，价差赌注才是免税的。所以当你开通一个价差赌注账户时，不要将你的工作描述为"交易者"，因为当税务局询问你的收入来源时，你很难要求退税。

这里有个必要条件，即你正常支付了税金并且在价差赌注中获胜了，你才不需要为你的价差赌注收益纳税。但是如果你没有常规的纳税收入，那么你就会被划入职业赌徒一类，这时你就会失去英国税务局的BIM22017免税权。但是请记住，英国税务海关总署（HM Revenue and Customs）也不愿意把人划归为职业赌徒一类，因为这就给了对方要求减税以抵消亏损的权利。所以只要你缴纳了预扣赋税（PAYE，也就是雇主在发工资时，替政府预扣的所得税），你就不会被划入职业赌徒一类，也就不需要为你的交易收益纳税。

大部分沉迷于价差赌注的人都不是靠价差赌注生活，所以，再强调一次，价差赌注者不需要纳税。而那些靠交易生活的人，也可以通过精明的会计师帮助他们避税。你不能阻止一个身家百万的交易者拥有一份来自小生意的"生存性收入"并为此纳税。你明白我的意思吗？

价差赌注的策略与技巧

1. 价差赌注的门槛很低，新进投资者也很容易参与，但是因为买卖价差较大，所以盈利性稍差。

2. 最好先在一些价差赌注公司开通模拟账户，从模拟账户做起。

3. 你会获得一个虚拟资金为10000英镑的模拟账户。你可以把这笔钱当作真实资金来交易。计划用2到4个月时间来对价差赌注做个基本了解，并且发展你自己的成功交易策略。不要急着开始实盘交易，除非你看到自己可以每周持续盈利。如果你仓促进行实盘交易，很可能以亏损收场。

4. 你做好实盘交易的准备了吗？一开始一定要从少量资金开始。实盘交易比它表面看起来的要难得多。不要一开始就投入巨额资金，认为自己已经完全掌握了这个市场。是的，它是有诱惑性的，很多人都想从大笔交易开始，但是结果很可能是惨痛的。你也会发现很多价差赌注经纪商会允

第 5 章 价差赌注

许你从小账户开始。

5. 决定你将交易的标的资产。不同的资产具有不同的交易方式，同时也需要不同的技能组合。如果你问我选什么资产比较好，我认为你可以从简单的英国金融时报指数成分股开始——蓝筹股（如果可能的话）。选择那些波动率较低的股票也是非常明智的做法，比如银行股和保险类股票。对于新手来说，外汇的波动率就太大了，所以在你进入外汇价差赌注市场之前，需要做些练习。不要选择石油这样的高波动率市场。交易新手喜欢选择石油，因为他们认为石油前景良好，但是实际上这个市场对于新手来说是非常危险的。

6. 在你开始交易时，不要一次交易太多品种。选择两三个市场，然后盯住它们，直到你发展出更多的技能和自信。当然，在很多市场交易的确会带来更多的盈利机会，但是这需要大量的专业知识。

7. 当你开始进行实盘交易时，请记住，经纪商会允许你开一个 200 英镑的账户，但是最好是开 1000 英镑的账户，因为较大的账户让你可以比 200 英镑的账户承担更多的亏损，不过前提是你的赌注还是保持较小的规模。2% 的最大风险是最好的，但是因为你开通的是小账户，所以可以选择 5% 的最大风险。

8. 在选择经纪商时，一定不要超过 5 家。不要在这个阶段短路，因为从心理上讲，它会更难。

9. 不要在下注后才考虑交易计划。当你要开仓时，应该考虑好头寸规模、方向、交易时长，以及出场策略和最佳的入场价位。出场策略包括两大重要部分：最初的盈利目标和止损点——以防市场波动方向对你不利。

10. 如果你想从交易中赚钱，就需要一个客观的、有条理的方法。所以要事先决定你想交易的价位，不要被一些假象所迷惑而过早入场。你也可以设置市价单，让交易更高效。另外，这样还可以降低你作为新手可能面临的心理压力。

11. 在开始每一笔价差赌注之前，要先把你的交易计划写下来——你为什么要选择这个决定、止损位、头寸规模和出场策略。即便在之前进行了仔细考量，但后来决定不进场了，你也要把你的理由写下来。在你进场之后，要记下你的入场价并再次计算风险。如果价格触及了证明你交易错误的价格水平，要立即出场。一定要有明确的目标——否则你就会靠情绪或者直觉做决定，这样是不行的。很多新手会过早兑现利润，或者亏损后就坚守不出，认为交易最终会好起来。如果你不制定交易计划，就很可能会冲动行事，哪一种情况更糟糕呢？

12. 一旦你分析完了所有的因素和风险，在决定投注时，还要意识到有时候买/卖价差不是真正的标的市场价格。它们反映的只是标的市场价格的基础上的金融工具的价格。

价差赌注在境外越来越受到交易者的欢迎，并且成为优化交易者投资组合的一种极好的方式。在这里，我想提醒一句，这个工具的风险可能高于你交易的其他工具的风险。在学习价差赌注时，最好用你亏得起的风险资本来交易。

第6章 远期和掉期

在帮助投资者管理并降低其投资组合风险的其他各种金融衍生品中（之所以称为衍生品，是因为它们的价值是建立在标的资产的价值基础上），我们还可以找到远期和掉期。

它们都是线性报酬衍生品，而期权是非线性报酬衍生品。远期和掉期都是场外交易工具，因此，它们都是在无监管市场下操作，并且要求客户有银行关系。

定义

远期合约是指一切把结算推迟到未来约定日期的所有合约。远期交易是最常见的衍生品之一，可以运用于所有种类的金融活动。

这种合约允许你在未来某一双方约定日期开始一段时间内，以固定价格购买固定数量的标的资产。无论市场波动如何，都不会影响合约中的条款。如果标的资产价格上涨，你就受到了保护，因为你支付的价格仍然是合约中约定的价格。远期合约可以降低你面临的价格波动风险，从而使公司的预算计划更容易实施。

掉期合约是指合约双方同意在未来某一时期交换某种资产或收益的合约。这些资产可以基于短期利率、股票指数或者其他任何变量。掉期合约可以用于减少融资业务的成本和风险，或者降低某些金融市场的参与门槛。

这种合约与远期合约类似，但是结算过程不同。在掉期合约中，你将同意在未来某一日期以固定价格购买一定数量的标的资产。如果市场价格上涨，你会获得合约中约定的价格与实际市场价格之间的差值。如果标的资产的市场价格下跌，你就必须支付这个差值。从这个角度来说，掉期合约相当于差价合约。固定的价格可以保护你免受市场波动的影响，面临的价格风险就被分担。

远期的种类

远期利率

远期利率协议（FRA）是为双方量身定制的合约，合约双方同意在未来某个日期，在一定名义本金额的基础上，以一定的利率进行利息支付。在到期日，就要结清市场实际利率与远期利率协议中约定的利率的差值。

远期利率协议（FRA）是用于锁定利率并对冲风险的远期合约。由于它是场外交易工具，各项条款不是标准化的，所以可以根据客户自身的需要进行充分调整。在协议双方之间不涉及资本的流动。

远期利率协议（FRA）是通过与合约签订日到结算日的时间，以及到到期日的时间有关的两个数字来确定的。这是合约中规定的期限。两个期限都以月作为单位。例如，FRA 2/5 表示这份远期利率协议将于 2 个月后结算，合约期为 3 个月，也就是说从合约签订日开始，合约将于 5 个月后到期。远期利率协议的合约期是从结算日开始，直至到期日这段时间。

远期利率协议（FRA）可以保护投资者免受利率不利变化的影响，让投资者在合约签订日之时提前为贷款或者存款锁定利率。

当你需要保护自己免受潜在利率上涨的影响，你就可以购买远期利率协议（FRA）。当你需要保护自己免受潜在利率下跌的影响，你就可以卖出远期利率协议。这种合约消除了这些利率变化的不确定性。远期利率协议是一种避险工具，不取决于金融或投资的操作。它也不需要支付任何权利金。

远期汇率

远期汇率让参与者可以在未来某个约定的日期进行外汇交易。合约标的的金额和到期日都是由买卖双方自行商定，并且汇率通常是以从合约签

第6章 远期和掉期

订日算起 30 天、60 天或 90 天，或者 6 个月、9 个月或 12 个月来进行报价。

无需支付利息或股息的资产远期

这类资产通常是那些未来价格波动和生产不规则的大宗商品。之所以不规则，除了其他一些原因外，还因为这个市场不是一个效率市场（efficient market）④，比如说石油就是这种情况。在这个市场你不能卖空，因为你无法借到这个商品，而储存石油的人这样做是因为缺乏这种商品的后果是可怕的，因此，他们不愿意把石油借给任何人。

掉期的种类

普通或利率掉期

这种合约是交易的一方同意向交易的另一方支付提前确定的固定利率的利息，而另一方同意向这方支付相同名义价值基础上的浮动利率的利息。交易中唯一交换的是资本的利息，资本本身并不参与交易。这种合约在金融市场上最常见。

普通的利率掉期合约是合约的一方同意支付固定名义本金额基础上固定利率的利息给交易的另一方，而后者同意支付相同名义本金额基础上浮动利率的利息给前者。

利率掉期合约是交换对象为支付义务的金融互换，涉及特定名义价值的相同货币的不同利率。虽然也可以交换两种不同的参考基准的浮动利率，但是通常情况下是固定利率交换浮动利率。这意味着掉期合约并不真的是贷款，因为它仅仅是利息的互换，没有人从别人那里借入名义本金，也就是说本金并不参与互换。

货币掉期

这是另一种形式的利率掉期。在货币掉期中，支付固定利率的名义本

---

④ 指在资本市场中，所有能影响资产价格的已知信息，均能实时且正确地完全反映到资产价格上，换句话说无论任何时候，资产的价格都等于其投资价值。——译者注

金和支付浮动利率的名义本金是两种不同的货币。这种外汇掉期的传统形式结合了货币现货市场的买入（卖出）以及在货币"远期"市场的补偿性卖出（买入）。但是这有时候涉及不同到期日或二者结合的补偿性交易。

货币掉期是合约双方在约定期限内，交换两种不同货币的利息的协议。这通常是在合约到期日进行。交易本金的汇率在签订协议之初就确定，通常采用的是当天现货市场的汇率。通过这个交易，保护自己免受汇率不利变化的影响。

根据交易的利率不同，货币掉期主要有以下几种类型：
- 固定利率对浮动利率的货币掉期
- 浮动利率对浮动利率的货币掉期
- 固定利率对固定利率的货币掉期

掉期合约的优点之一就是没有本金的风险，因为最终的违约行为只会影响利率或价格之间的差值，或者利率掉期协议提供的债务结构的变化。

缺点就是由于名义本金的金额很大，所以中介机构的费用会很高，并且最后如果你想在合约到期前结算交易，就会遇到困难，因为想找到愿意接受你合约条款的对手盘的可能性较低。

商品掉期

这个衍生品可以把市场价格风险从信用风险中独立出来，让商品生产者的经营变得简单，因为有了这个工具，商品生产者不需要承担任何价格风险。面临的主要财务问题就是生产者的资金流不稳定，因为国际大宗商品市场的波动通常非常剧烈。

例如，国际油价可以在数天内下跌30%。因为这个原因，那些生产大宗商品的公司通常被认为是信用投资方面的高风险企业。因此，这类掉期合约是用来消除价格风险并降低融资成本。

商品掉期的交易与利率掉期非常类似。例如，一份3年期石油掉期合约只是基于石油价格的资金交换（不涉及商品的实际交换）。所以掉期合约是补偿浮动市场价格和掉期合约中约定的固定价格之间的差值。这就是说，如果石油价格下跌超过合约约定的固定价格，合约的第二方就向第一方支付这个差值，而如果石油价格上涨，合约的第一方就要向第二方支付

第 6 章　远期和掉期

这个差值。

股票指数掉期

股票指数的掉期让你可以交易股票市场和货币市场的表现。股票市场表现涉及获得的股息总额、资本收益和亏损情况。

通过这种交易，我们可以获得和直接投资股票市场一样的盈利潜力，并且我在获得这种盈利潜力的同时，不需要提供相应本金。我们可以把这笔本金保留起来，投入到其他资产中。

外汇掉期

在这种掉期合约中，合约的一方同意支付一定数量的一种货币的利息，同时也会收到一定数量的另一种货币的利息。这是利率掉期的一个变种——支付固定利率的名义本金与支付浮动利率的名义本金分别来自两种不同的货币。与利率掉期不同的是，这里的本金要在掉期合约开始和结束时进行交换。

与此同时，这个工具还可用于把一种货币的贷款换为另一种货币的贷款。掉期合约也可以说成是一份多头头寸合约和一份空头头寸合约的组合。掉期合约可以看作是特定条件的合约组合。目前，金融机构经常吸收掉期合约作为存单。

信用掉期

这种合约是通过衡量和明确每个标的工具的价格来对信用风险进行管理。这些风险包括利率、期限、货币和信用。这些风险可以通过一个更为高效的方式转移到持有者一方，同时降低信贷成本和适应信贷供求的变化。

信用风险可以缩小为一个潜在的违约风险。有两种形式的信用掉期：违约掉期和总回报掉期

·违约掉期。在违约掉期合约中，如果相关信用违约出现时，承担信用风险保护的卖方必须向买方赔付损失。

·总回报掉期。相反地，总回报掉期允许信用风险的卖方持有资产并获得一个随着信用风险变化而波动的回报。这通常是基于债券资产。

这种掉期刚被推出时，通常只是被银行用来保护银行信贷。目前，它们已经成为非常受欢迎的避险工具，因为它们让你可以在持有资产的同时把风险分散。

通过总回报掉期或者违约掉期来部分或完全分散信用风险，将使银行释放信贷额度并继续把钱借给客户，即使这个总额超过这个公司或行业的风险极限。

盈利潜力

远期

一家公司可以通过外汇远期合约来锁定特定货币未来的价格，降低面临的汇率波动风险。在本国货币远期合约中，你可以确立外国货币未来相对本国货币的买报价或卖报价。

这消除了汇率波动的风险，让你可以选择交割的金额和具体日期，并且不会影响公司的流动资金，因为在签订合约时以及合约到期时都不需要提供任何资金。

在外汇远期合约中，你可以锁定不同货币的未来平价，并按上面描述的类似方式执行合约。这些合约的到期日可以约定为具体某一天，也可以约定在几天的范围内。远期合约的收益是变化的，取决于货币的利率怎样变化。

例如，一家企业出口商品到其他国家，就会面临本国货币与付款货币之间的汇率风险，因此，他可以通过在未来日期卖出他将在未来收到的付款货币，来规避汇率风险。

掉期

在这类合约中，你同意交换双方约定本金和到期日的不同货币的未来现金流。这种合约允许实物交换并持有货币或者补偿的义务。

进行远期和掉期操作的好处是你在签订合约时不需要提供现金流。远期合约不会增加你公司的债务水平。你可以通过电话与银行私下商定协议，整个交易都不需要支付任何税金、佣金或其他费用。

第 6 章 远期和掉期

例如，如果一家企业打算通过利率掉期的方式对冲其浮动利率债务的波动风险，并且对利率变化的预期不确定，这家企业就可以卖出具有相同到期日的国债期权。这样，当利率上涨时，期权就可以用来弥补因利率上升导致的利息成本上升。如果利率下跌，期权就会自动过期失效，但是此时仍然有利可图，因为利率可变的债务被锁定在低于实际利率的水平。

风险

远期

- 信用风险
- 利率风险。只要利率存在波动，就会出现这种风险，它会影响交易的最终结果。
- 汇率风险

掉期

- 利差风险。如果掉期合约涉及的是债券，并且与债券相关的利率差值发生变化，掉期最终就可能亏损（也可能盈利）。
- 基础风险。如果掉期合约涉及的是期货，并且期货合约中的参照价格和默示价格之间存在差异，就可能导致亏损或盈利。
- 信用风险。存在对手方不履行义务的可能。
- 再投资风险。这种风险源于当付息日存在变化时的信用风险。它必须在每一个循环日进行再投资。
- 汇率风险。当交易生效后（买入或卖出），将要被结算的货币有可能出现正值的波动（升值）。如果出现这种情况，在交易结束时，你将必须支付更多自己的货币（或其他任何货币），才能换取相同数量的其他货币（合约中约定的那种货币），这将影响交易的最终结果。

交易执行流程

远期和掉期通常都是通过电话或网络实现的，当双方就票面利率、浮动利率的参照基准、合约期、起始日、到期日、循环日、适用的法律和参考文件等达成一致意见时，交易就谈妥了。

这些交易都会立即通过电传或者传真的方式进行初步确认，接着书面确认。这种用于主要货币中心的文件通常有两种标准形式，一种是由英国银行家协会（英国银行家协会利率和货币掉期）提供的，另一种是由国际掉期交易商协会（International Swap Dealers Association）提供的。

市场的参与者

远期和掉期市场通常是由所有的传统货币用户构成的：

· 商品和服务的进口商。在正常运作过程中，他们用将在未来支付的一定数量的一种或几种货币来交换其他国家的商品或服务。

· 商品和服务的出口商。这里的交易是把商品或者服务输送到其他国家以交换将在未来收到的一种或几种货币。

· 负有外币债务的公司。通常情况下，这类参与者都是获得除他们将在未来支付的本国货币之外的其他任何货币。

· 其他参与者（私营企业或上市公司、机构投资者、特定投资者等）。这类参与者主要是那些经营活动本质上会受汇率或利率波动影响的公司和个人。

关于监管

在 2011 年 3 月，美国财政部考虑对外汇远期和掉期施行更为严格的监管。每天有近 2 万亿美元的资金在参与这类交易。这类交易对跨国公司和大型国际投资者来说非常必要，因为他们需要保护自己免受汇率波动的影响。

这是一个缺乏监管的市场，交易都在私底下进行。大部分交易都是在大型国际银行和商业机构之间进行，交易双方就合约的价格和执行条款达成一致意见，并且这些条款都是私下约定的。

如果这些交易受到监管，那么新的监管规则将要求交易双方在交易平台上进行公开交易，并且将有一个清算所作为中介机构，而这将提高交易的成本。如果加入了清算所和其他中介机构，交易双方就需要提供抵押品

第6章 远期和掉期

作为交易的担保,而目前大部分私下交易都不需要提供抵押品。

另一个风险将是汇率波动的增加,因为大部分公司和投资者为了控制他们的成本,会在极端的价格买入或卖出货币。另外,很多交易很可能被转移到美国以外的地方。

对这些新规则的反对意见是外汇合约不像其他类型的掉期合约,其投机性较低,因为他们意味着一次有效的商品交换(一种货币兑换成另一种货币)。另外,这些合约也是短期合约,市场没有足够的时间来发生巨大变化,给双方带来重大亏损。

在2011年4月20日,美国财政部终于宣布外汇远期和外汇掉期豁免新监管规则约束和《多德—弗兰克法案》(Dodd-Frank Act)的中央清算要求。美国财政部总结道:

中央清算要求会促进其他衍生品市场的发展,但是实际上不利于外汇掉期和外汇远期市场的运作,因为这两种工具已经有助于限制风险并确保其有效发挥作用。在帮助企业管理日常资金和全球的投资需求中,这个市场扮演了非常重要的角色,如果干扰了它的运作,将会导致严重的负面经济后果。("情况说明书:关于外汇掉期和外汇远期决定的通知"2011年4月,http://www.treasury.gov/initiatives/wsr/Pages/facts.aspx)

美国财政部表示虽然免除了强制的中央清算,但是外汇远期和掉期业务仍需遵守新的报告要求和更为严格的业务标准。财政部还宣布正在着手筹建一个全球外汇备案中心。这将使交易报告的做法拓展到监管的企业和市场,从而增加整个交易的透明度。

第7章 把交易当作职业

现在，你已经进入了交易的下一步。你可能会认为这个交易是你想要全职做的事情，交易的收益可以取代你目前的收入。这或许是对的，但是请记住——在你之前已经有很多人尝试过了。我相信你可以做到，但是想让交易成为全职工作需要付出艰苦的努力。

当大部分人听到你是一名外汇交易者或者想要成为一名外汇交易者时，他们联想到的都是赚很多钱并且周游全世界。这也可能是事实，但是认真地说，如果你想要全职交易，把交易作为你的主要收入来源，你就要做好长时间坐在电脑前的准备。现在，不要再持有这种错误的想法，认为交易是非常有趣并且非常能赚钱的。交易并不是一个快速致富的工作。

你一路上会经历很多坎坷。我建议你计划花几年时间来发展你的交易策略和资金管理规则。在这期间，你也可以赚钱，但是你也可能亏钱。在交易中，关键的不是你亏多少钱，而是你可以赚比亏的多更多的钱。很多交易者都不愿意接受亏损，这是一种错误的观念。亏损是没有关系的，只要它们是你整个资金管理计划中的一部分。

大部分人并不会把交易看作一项职业，但是我很早以前就认识到与大多数人看待问题的方式不同，常常可以获得最高的回报。如果你改变你的看法，不只是把交易看作一项投资，而是看作一项可以为你和你的家人带来收入的职业，我想你将会为你获得的收益倍感惊喜。

首先，小型企业在美国仍旧是最可取的避税领域，国税局也试图从这一领域征税，但是并没有成功。因为国会固执地认为正是这种创业精神才成就了今天的美国，所以一直避免减少企业为所有者创造的利益。当然，这也没有害处，因为大部分众议员和参议员自己或者亲戚都拥有小型企业，但是让我们感谢这点好意，不管它们的出发点是什么或以什么形式出现。

正如你将在本书中读到的，或者你可能已经知晓，要想把外汇交易当作职业来做已经变得复杂。很多新的监管改革法案，让交易者的交易比过去的外汇现货场外交易更困难。当然，开通并交易自己的账户也仍然相对容易。但是如果你打算交易其他人的账户，就必须遵守所有新的监管要求。

税法

税法把参与证券市场投资的人分为三类：交易商、投资者和交易者。交易商一类超出了本书的范畴，因为这类人员是为投资者创造股票和其他证券的市场。但是，投资者和交易者的分类就非常重要，因为它们会影响我们买入或卖出货币或证券的方式，以及允许的纳税扣除额。

大部分人都认为自己是投资者。他们进行投资并寻求投资回报。但是投资者除了他们买入并持有超过一年的证券可能享有资本收益税外，不享有任何税收优惠。

在外汇交易行业，经纪商通常不会向你寄发用于纳税的报表。你需要自己保留交易记录。大部分经纪商都有非常详细的交易报告系统，这些系统有助于管理你的交易活动，但是别把它当成理所当然的事。你需要提前考虑你将如何在纳税申报单上报告你的交易活动。

我个人觉得这有一点荒谬。在股票交易行业，经纪商会向你寄发一份用于提交美国国税局的年终报表，你需要将这部分收税纳入到所有需要缴纳的个税中。至少我的经纪商会这样做。把向国税局报告收入的工作丢给外汇交易者自己来做，简直让人无法想象。所以，国税局还没有补上这个漏洞。

如果你不想成为投资者，而是决定成为交易者，那么下面列出的就是你将享有的其中一部分税收减免方面的好处。

- 交易的学习费用

第7章 把交易当作职业

- 金融软件
- 投资和交易方面的书籍、录音带和影碟
- 会计费用
- 经纪账户的费用和佣金
- 办公设备（电脑、互联网高速连接费用、加法机、电话、电话费等）
- 保证金账户的利息和其他投资相关的利息费用
- 理财建议和训练
- 纳税建议
- 相关业务的法律咨询
- 投资期间的娱乐和餐饮
- 参加全世界的研讨会、展览会和其他投资相关的出行
- 订阅与投资和交易相关的杂志
- 去调查你打算投资的公司的情况
- 在家办公的不动产支出
- 汽车费用

你可以看得出来这个列表覆盖面很广，是非常有用的。有趣的是，当你开始了解所有的细微差别并把全部优势结合起来，它们会成为一笔相当巨大的款项。

如何成为一名交易者

美国税收法典没有定义交易或者与交易相关的职业。已经制定的法律是来自法庭案件以及做出的有利于纳税人的决定。这些案件的关键因素是持有时间的长短、交易的频率以及交易的目的，也就是说，交易者的目的是想从股息收益、长期收入还是短期交易中赚钱。

如果你是一个外汇交易者，就很容易表明你的交易意图，因为那就是你全部努力的目标。如果你还要交易股票，即使你长期持有某些股票，你仍然可以主张自己是一名交易者，虽然你什么时候卖出这些股票还不一定。

虽然我们都希望我们的工作，包括我们的交易可以赚很多钱，但现实是它不会总是能赚钱。好消息就是如果交易是你的职业，那么你其他来源的收入可以用来抵消额外的费用，就像其他任何工作允许你做的那样。这是一种双赢的局面。

让我们讨论一下如何通过创建一家小型独资企业来利用交易者的身份，因为它与你的个人纳税申报单有关。在这种情况下，你可以在附表 C 上报告你的普通业务费用，在附表 D 上报告你的收入或亏损，因为它仍然被认为是资本。个体经营收入是不被计算到收入里，而你的交易亏损仍然仅限于每年 3000 美元，但是可以无限期地转结下期。你也可以用股票市场的任何亏损抵消外汇市场的收入。

虽然这种策略也不错，但是还有其他的操作方式，并且通常是更好的方式。那就是通过合并这些业务并创建自己的交易公司。

交易公司是你新的法人实体，通过公司来开展交易。这样做具有短期优势、更大范围的资产保护和家庭财务规划的优势。虽然公司的创建和运营需要额外的一些费用，但是就像你很快就会了解的那样，这样做的好处远远超过了这个费用。

你的第一个优势就是目的明确。如果你以交易为目的成立一家公司，并且在这家公司里进行交易，那么对于你交易者的身份就没有任何疑问了，关于你的个人纳税申报表和享有的税费减免也没有问题了。这并不是表示在独资企业进行交易就是处于税法的灰色地带。其实情况不是这样的。

有些人喜欢保持他们各种业务的独立性，保护资产免受债权人侵扰，并且一如既往地进行房地产和理财规划。如果你属于这一类人，那么你应该考虑创建一家公司来进行交易。

我个人可能会采取极端的方式。这样做要加倍小心，需要多花一点钱，但是为了保护资产，我倾向于为每个单独的业务成立单独的公司。我采用这种方式不是混合其他公司的资产，可以这么说。我这么做主要是为了减少责任。如果你因为什么原因遭到起诉，这种诉讼基本上会被委托给出问题的公司。开展交易业务也是一样，因为你交易公司的资产不是你个

第 7 章 把交易当作职业

人的,而是属于公司的。

何种类型的公司

美国有 3 种公司类型:C 型股份有限公司、S 型股份有限公司和有限责任公司(LLC)。C 型股份有限公司是标准的股份有限公司。S 型股份有限公司可以享有税收优惠。有限责任公司可以解决 S 型股份有限公司的一些结构性困难。(有趣的是,大概在各州通过采取大规模立法来规避税法的时候,国会则修改了 S 型股份有限公司相关税法的大部分(但不是全部)。)

为了对作为读者的你和作为作者的我都公平,我要对哪种公司形式最好以及最好的原因进行全面的总结。问题就是每个人的情况是不同的,本书已经写了最好的运用结构。然而,我们会试图筛选一些复杂的细节来揭示一些基本而重要的理念。

C 型公司主要用于上市,公司的多个股东对分配利润和亏损不感兴趣,只是想要成立一个公司,从而受益于医疗报销计划或者一些退休计划。

对于有些人来说,能够享有医疗报销是非常不错的买卖,因为在现有法律下,个人和联合申报人的医疗扣除额仅限于超过调整后总收入 2% 的部分。

除开医疗方面的考虑,你受益最大的可能是 S 型公司或者有限责任公司。理由就是两种公司的所有者都享有税收优惠。这两种公司都不需要单独纳税,只需要公司的股东(在 S 型公司中)或成员(在有限责任公司中)将公司的收益或者亏损合并到个人所得中进行纳税。所以,当公司出现亏损时,可以用公司的亏损来抵扣你的其他税务负担,这样,就获得了个人纳税减免的好处。

应该注意的一点是,如果你打算成为你公司的唯一股东,那么 S 型公司就是你应该考虑的公司类型。如果想成为有限责任公司的唯一成员,就存在一些问题。如果你拥有一家有限责任公司,并且你是这家公司的唯一成员,美国国税局基本上就认定你为独资企业业主,也就是说你是该企业的唯一所有者。如果是这种情况,你基本上就放弃了你想从公司途径获得的税收好处。所以最好是通过 S 型公司来获得你想要的灵活性。

选择 S 型公司的好处是这种公司的历史最久,所以大部分注册会计师（CPA）和律师对其业务比较熟悉。有限责任公司的好处是你可以制定一些比较有趣的家庭、房地产和资产保护计划。

让我们来看一些例子。我们假设你成立了一家有限责任公司,专门从事交易。在有限责任公司中,你可以发行多种类型的股票。如果你想把你的部分交易收入转移到你子女那里,可以向他们发行没有投票权但有优先分配盈利权利的优先股。

这种"收入转移"策略让你可以百分之百地掌控你的公司和所有资产,只是要把一部分收入转入子女名下,而他们的收入档次在你之下。你的子女可以用这个收入来支付账单。

这个策略也可以稍作修改,即你的子女在你的公司工作,你向他们支付工资。这个工作（取决于年龄和能力）让他们可以赚取收入并很早建立个人退休账户（IRA）,或者其他退休计划。虽然"收入转移"要把钱从你的口袋里拿出来并转给其他人,但你享受了税额扣除。并且如果你可以控制收入的去向,也等于是你自己拥有了它。帮助你的子女建立较早的退休计划的另一个好处是,如果事情不总像你想的那样顺利,至少还有人可以支持你。

有限责任公司有另一个优势。它们可以用于资产保护。如果你发现自己处于需要受到保护的情况下,你可以把资产投入有限责任公司并将其赠送、售卖或者与其他人共享股权。你可以继续从公司拿薪水并通过股份掌管公司的经营,这可以通过书面协定给予你具体权利。

现在,你的资产已属于其他人,不能再被债权人没收,并且你的收入也是不能被没收的,因为它是工资（有些州赋予了某些债权人扣留部分工资的权利,但是这可以做出调整以适应具体情况。）请注意,在这种情况下,你实际上已经放弃了股票以及股票所代表的资产。这有点让人觉得可惜。不过话说回来,如果不是这样的话,你的资产就会被债权人没收,而不是转移到你选择的人名下。

通过这种方式,你至少是把资产转给了你中意的人,并且还能以工资

第7章 把交易当作职业

的形式从公司那里获得收入。我还想指出的是有针对欺诈债权人行为的法律。这些法律不会影响你适当地保护你自己和家人，它们禁止的是被称为"虚假交易"（shame transaction）的交易行为，这种交易是缺乏实质行动和事实的。我们只是谈论适当的计划，希望尽量为你提供各种策略以备需要时采用。

离岸公司

现在，让我们谈谈成立公司的另一种方法，就是注册一家离岸公司。你可能经常听到这个词汇，听到谁谁谁成立了离岸公司。注册离岸公司的费用当然较高，但是就权益保护来说安全性也较高。

很多人注册离岸公司是为了减少税费及其他费用，从而保护他们的收益。不过，这不是我建议注册离岸公司的原因。我的目的主要是为了资产保护以及权益保护。有个简单的道理就是如果你赚了钱，你就要纳税。虽然这个金额不超过你合理份额，但你是一定要纳税的。另外，美国国税局也不是傻子，如果你认为你可以侥幸逃过纳税，请再好好想想。

嗯，按照这种思路，让我们看一些注册离岸公司并保护资产的例子。最佳离岸公司注册地是英联邦国家。他们的法律对你的公司有利得多。

有一些较好的设立离岸公司的地方，比如伯利兹、巴拿马、塞舌尔、库克群岛、开曼群岛和英属维尔京群岛。也有其他地方可以考虑，比如后起之秀阿联酋迪拜，但是他们的费用更高，并且注册离岸公司的难度要高于前面列出的那几个地方。

开设离岸公司的成本比在美国境内开设公司的成本要高一些。在美国，你只需要150美元到300美元就可以轻易注册一家公司。而离岸公司，就需要花费2000美元到10000美元。如果你想开一家美国公司或者外国公司或者信托公司，你可以登录网站 www.jdfn.com，上面有相关的详细信息，可以帮助你找到最适合你的公司。网站上还有我合作的律师事务所的链接，可以帮助你在你想要的任何州注册公司。

所以，出于权益保护的缘故，我们假设你在伯利兹开了一家公司，并且为了更好地保护自己，你还在巴哈马创立了离岸信托。你让离岸信托拥有在伯利兹的公司。你可以让其他人成为你信托的受益人,也可能是你在美国的信托拥有所有权。然后,你可以成为公司的一个董事,并代表公司开一个银行账户。但是如果你想进一步保护自己的权益,你可以把银行账户开在比如英属维尔京群岛的地方。

现在,请记住,如果你是一个美国公民,并且你在其他国家拥有银行账户,你就必须采取适当的方式让美国国税局知道。就纳税来说,如果你拥有一家外国公司并且你是这家公司的主要所有人,国税局就会把这家公司视为封闭式公司(私人持股公司),并像你的其他资产一样对这家外国公司进行征税。或许还会征收一些额外的税项。你应该提前告知你的会计师采取一些更为激进的办法来保护你的资产。

在上面这个例子中,我们实际上并不拥有公司所有权,因为掌管这家公司的是我们在巴哈马创立的信托公司,并且我们不是这家信托的受益人。但是,在这个例子中,我还是会将这家公司称为私人持股公司,因为我设立这家公司不是出于纳税的目的,而是为了保护权益。

如果因为某些原因,有人想要起诉这家公司,他就必须起诉设立在巴哈马的公司,而这家公司是由一家信托公司掌管的,并且公司的银行账户开在英属维尔京群岛。所以,就祝这个人好运吧。再说一次,如果你赚了很多钱,你的交易也做得非常好,你可以考虑通过胆大妄为的律师和烦琐的诉讼程序来保护你辛苦赚得的钱。

第二部分

外汇市场的监管

第 8 章 商品期货现代化法案

2000年12月21日,《商品期货现代化法案》(CFMA)由美国总统克林顿正式签署生效。这个法案对《商品交易法》(CEA)的条款进行了彻底修改。这个法案的推出源于两个政府监管机构——商品期货交易委员会(CFTC)和证券交易委员会(SEC)间的管辖权之争。

当SEC提出放宽对从事场外衍生品交易的证券公司的经纪自营商(broker-dealer)监管时,CFTC表示反对,于是一场权力之争随之而来。CFTC对证券衍生品和CEA监管的合法性提出了质疑。

这个法案通过一系列法定免除和豁免,解决了关于CEA监管下的场外交易衍生品和混合工具的地位的一些模糊地带。另外,这个法案也对1933年《证券法》和1934年《证券交易法》中关于某些非零售掉期的模糊界定进行了明确阐述——明确指出虽然这些掉期在这些法律中不属于证券,然而特定的欺诈、操纵和内部交易禁令适用于某些基于证券的掉期协议。在2001年安然因为"安然漏洞"⑤破产后,这项立法遭受了严厉的抨击,

---

⑤ 1992年11月,安然公司联合大型能源企业以"能源集团"的名义上书CFTC,要求政府放松对其一些关键能源期货合同的监管,并允许能源期货贸易可以在纽交所之外的其他交易所进行。1993年1月21日,CFTC主席通过"能源集团"的提议,将其变为法律。能源期货市场的关键合同获得了监管豁免权。1999年,"能源集团"再次集结,要求扩大豁免商品期货贸易的范围。终于在2000年12月,克林顿签署《商品期货现代化法案》,能源交易商得以成立自己的交易所并在其中自由进行能源期货合约买卖,不再受到政府监管。由此形成一个监管上的漏洞,称为"安然漏洞"。——译者注

在救助美国人寿保险公司之后更是淹没在了批评浪潮中。

是什么让我们所有人直到2008年才真正感受到这部如此重要的法案的影响？大型银行、经纪商和保险公司都深知这部法案的影响，但是普通大众都不甚了了。这个问题就是信用违约掉期，在2008年末，公众都上了一次大部分人从未听说过的"投资速成课"。

信用违约掉期通常被称为保险单，可以在借款人（比如房屋所有人）贷款违约时给予贷款人保护。当贷款人从保险公司那里买入信用违约掉期时，借款人违约将使得贷款人的权益得到保障，从而获得现金赔偿。传统保险单与信用违约掉期的区别是任何人可以购买掉期，即使是那些与贷款是否被偿还没有直接利益关系的人。这种买家被称为投机者。如果借款人拖欠贷款，不仅是贷款人可以从保险公司那里获得赔偿，这些投机者也可以从保险公司那里获得赔偿。虽然贷款人可以通过信用违约掉期来保护自己，但是对贷款人最有利的还是借款人偿还贷款。

相比之下，投机者赚钱的唯一途径就是借款人拖欠贷款。只有这样，投机者才能从保险公司那里获得现金收益，被投机者买入的信用违约掉期常被称为"赌违约"（bet to fail），因为他们的成功依赖借款人拖欠贷款。

信用违约掉期在上世纪90年代初就出现了，但是到2003年，这个市场的成交量才急剧猛增到约3.7万亿美元。到2007年底时，债务总规模已经达到62.2万亿美元。在2008年底，这个市场开始崩溃后，这个规模又缩减到38.6万亿美元。信用违约掉期合约没有在任何交易所进行交易，也不需要向任何监管部门报告交易情况。

在2007年-2010年的金融危机期间，这个市场缺乏透明度成为监管部门的一个心头大患。他们还认为这个市场规模庞大，并且没有中央清算系统，将会使经济面临巨大的系统性风险。当金融危机的多米诺骨牌开始于2008年倒下时，才首次被认识到这些问题的严重性。这个锁链反应开始于贝尔斯登公司（Bear Stearns）的倒闭。

在贝尔斯登倒闭前那段时间，银行的信用违约掉期差价大幅扩大，表明违约掉期的买家在激增。差价扩大有助于人们意识到贝尔斯登是脆弱的，这降低了贝尔斯登获得资本的能力，并导致其于2008年3月被摩根大

第 8 章　商品期货现代化法案

通收购。

随后倒下的多米诺骨牌是雷曼兄弟。雷曼兄弟在 2008 年 9 月破产，当时因为意外破产的银行，不得不支付接近 4000 亿美元给信用违约掉期的买家。但是，因为大部分头寸是用于对冲，所以头寸的净值意味着实际换手的只有约 72 亿美元。同一个月，保险业巨头美国国际集团（AIG）也濒临倒闭。它向联邦政府寻求救助，因为它过多售出信用违约掉期合约，却没有对可能的风险敞口进行对冲。这让这个保险业巨头面临超过 1000 亿美元的潜在亏损，并导致 "大到不能倒"（too big to fail）这句名言的出现。

现在，全世界几乎每一个人都知道金融危机，以及美国财政部、联邦储备局、国会和两任总统通过问题资产救助计划（TARP）采取的措施和银行救助。但是这些问题仍然蔓延到全世界，导致金融危机无处不在。所以，问题就是，为什么一个保险产品可以导致如此多的问题？

大部分美国人都知道保险以及用于履行赔偿义务的储备金的概念。所以为什么呢？因为信用违约掉期实际上并不是保险。我知道，如果一个东西走起来像鸭子，叫起来像鸭子，看起来也像鸭子，那么它就是鸭子。但是在本例中，它仍然不被认为是一只鸭子——或者说保险。实际上，保险公司并没有储备金来支持其面临的潜在赔偿义务。

现在，尽管购买信用违约掉期也像是在下赌注，并且信用违约掉期的术语 "赌违约" 也很容易让人以为这就是赌博，但是它并不是赌博，因为有特定的措辞被写入了法律，这就避免了这种交易被认为是赌博，并且受赌博相关法律的管制。但是，这些相似之处也没有被美国的监管机构所忽视。

因为上面提到的两个问题，信用违约掉期的法律监管受到了极大的关注。保险监督官曾指出信用违约掉期应该像保险一样受到监管，并且《商品期货现代化法案》（CFMA）删除了一个有价值的法律条款，这一条款宣布涉及违约掉期的投机商号和交易为非法赌博。在 1992 年，《期货交易行为法案》（Futures Trading Practices Act）宣布在各州此类交易属于违法，但是 CFTC 在监管这类金融衍生品的交易行为上存在权力真空。

这个法律上的漏洞意味着在《商品期货现代化法案》之前，《商品交易法》的相关条款没有把信用违约掉期当作非豁免来保护。把州法律运用到信用违约掉期上还取决于法庭上的挑战，发现掉期是赌博、投机商号或其他非法交易。避免信用违约和所有基于安全的掉期被打上"赌博"的标签，是一个非常重要的问题，这将归入州赌博法的管辖或导致被归类为保险产品，从而受到州保险法规的监管。那些说客在进行游说时，也说得冠冕堂皇，声称只是想把这个业务留在美国，而这个舞台为史上最大的骗局营造了机会。

那些人指出颁布《商品期货现代化法案》在某种程度上是为了避免场外进行的衍生品交易移到海外。美国国际集团（AIG）——滥用信用违约掉期的代表，就将它具有争议的衍生品交易部门（AIG的金融产品部门）设置在伦敦，并且通过一个法国银行来开展它受到监管的违约掉期交易。

这些行为有助于掩饰这个系统存在多么高的风险，并且当这些多米诺开始倒下时，我们才终于认识到这个问题已经变得多么严重。大部分美国人都认为这场救助是为了弥补不良贷款，但事实是这场救助只是为大型金融机构还赌债。

我们都可以想象如果当初这个立法没有被通过或者在立法时多考虑下常识，这场金融危机将会如何地不同。我们或许都认为信用违约掉期有可能作为几乎摧毁世界经济的房地产泡沫破灭的催化剂而被世人铭记，并且如果各州同意监管这个被《商品期货现代化法案》豁免监管的市场，我们的经济将不会遭受如此多的破坏和打击。

第 9 章　农业法案

外汇市场的监管

在前面的章节曾提到过,外汇市场是一个现货市场。你可能对黄金、石油现货市场比较熟悉。现货市场的特点就是这是一个现金交易市场,交易对象通常是立即交付的商品。但是,当提到零售外汇现货市场时,就要注意这个市场不发生货币的交付,只有通过保证金账户来开仓和平仓——换句话说,利用杠杆来买入或卖出。

在外汇交易中,不交付任何东西。所以,它算不上是一种商品。事实上,它处于监管的空白内,所以这个新兴行业并不受到监管,只有在惊世骇俗的骗局被报道出来时,商品期货交易委员会(CFTC)才会介入。虽然没有监管的束缚有助于这个投资新领域站稳脚跟并且迅速发展,但是也存在缺点,就是当涉及人们的钱财时,总是会滋生出腐败和欺诈来。

因为这个新行业不受到监管,经纪商开始遍地涌现。为了争取投资资金,这些公司可以撒下任何他们想要的弥天大谎,因为他们周围几乎没有人告诉他们不可以这样做。缺乏监管导致这些经纪商恣意妄为,引起了那些负责保护民众的人的注意。结果之一就是改变了法律,并且开始对这个新兴行业实施监管。

第一个真正的改变是一部在国会讨论了多年的法律。它就是 2008 年版农业法案(H. R. 6124)。在 2008 年 5 月 22 日,国会通过了《食品、环境保护和能源法案》(Food, Conservation, and Energy Act),亦称为农业法案,其中包括 CFTC2008 重新授权法案。这个法案重新授权商品期货交易委员会（CFTC）负责监管商品期货交易，直至2013年止，并加强其在外汇交易监管上的权威。这个新的CFTC外汇法规（包括新的注册及资本要求），是这项新法律的成果之一。现在，你可能想问农业与外汇市场有什么关系呢。这个问题问得非常好。农业法案的一部分涉及大宗商品，而大宗商品正是农业的一部分。大宗商品包括玉米、橙汁、小麦、牛和猪等农产品。大宗商品还包括黄金、白银和石油等资源。

这些有什么意义吗？当然有意义。因为在新农业法案下，大宗商品也包括外汇现货市场。终于，这个新兴投资工具也面临商品期货交易委员会（CFTC）的监管。这是第一次，CFTC由国会授权负责制定监管这个快速增长的外汇市场的新法规，而这些新法规将清理那些通过滥用公众信任，利用毫无戒心的投资者牟取暴利的公司。

商品期货交易委员会（CFTC）称大量的新投资品种和形式不断涌现，并且其中有些非常复杂，为滥用敞开了大门。他们还特别指出他们已注意到外汇交易诈骗在显著上升。

在2000年通过的《商品期货现代化法案》，赋予了商品期货交易委员会调查并制裁那些不受监管的公司的权力。这些公司利用没有注册为期货经纪商的对手盘，为个人投资者提供外汇交易期货和期权合约。

第一个重大变化就是要求经纪商在全国期货协会（NFA）进行注册。全国期货协会是一个自律性组织（SRO），负责监督大宗商品交易。虽然很多经纪商都已成为它的成员，但是还有很多经纪商没有进行注册。第二个重大转变就是对资本金的要求。为了保护客户利益，经纪商拥有的资金储备必须达到法案规定的最低资本金要求。

资金储备规定是按阶段执行，要求在法案颁布的120天时，资本金达到1000万美元，在法案颁布的240天时，资本金达到1500万美元，在法案颁布的360天时，资本金达到2000万美元。这些规定将把很多无法达到这个资本金要求的小型公司踢出这个行业。

对这个变化感受最深的是投资大众，他们不喜欢这个变化，认为这个变化是没有必要的。在这些新法规颁布之前，财务杠杆可以达到400∶1，但是全国期货协会和商品期货交易委员会认为这个杠杆对客户来说风险太

第9章 农业法案

高了，于是首次将最高杠杆降到 100∶1，之后一路降至 50∶1。虽然那些关于保护客户免受伤害的争论看起来相当合理，但是事实是客户交易外汇时，仍然可以从期货公司获得超过 300∶1 的杠杆。这种矛盾在该行业极力阻止这些新法规生效期间，并没有被察觉。

这些新法规当然对作为交易对手盘的经纪商有着深远的影响，不过这个重大变化带来的另一个影响是在资金经理和介绍经纪人的监管方面。新法规对他们这个新近才出现的群体提出了要求。

资金经理需要作为商品交易顾问（CTA）在全国期货协会进行注册。他们必须持有期货从业执照并通过相关资格考试，以证明他们熟知他们为客户交易的这项业务。他们需要通过的资格考试分别是系列 3（Series 3）和系列 34（Series 34），这两个考试都是由美国金融业监管局（FINRA）组织和管理。美国金融业监管局也是一个自律性监管组织，负责监管证券投资行业。

在全国期货协会的监管下，经纪商、商品交易顾问和介绍经纪人都不能再做出关于成功或者高额回报的承诺，除非他们能够证明他们说的话是有真凭实据的。这些法规让监管机构可以更适当地监管成员和非成员的行为，从而保护投资大众免受伤害。

第10章 多德—弗兰克法案

就个人投资者和公司层面来说，监管不断变革是金融行业，尤其是外汇市场很多人的一个梦魇。对于我来说，《多德—弗兰克法案》再一次迫使我改变我的经营模式，并且基本上否定了我在上次监管改革之后才改变了的经营方式。

就像这个行业的其他很多人一样，当这些重大变革生效时，我不得不服从。在某些情况下，吃苦耐劳的人失去了工作，这是一种悲剧。我知道很多企业高管都认为《多德—弗兰克法案》是他们企业的最后一根稻草——可以这么夸张地说。很多企业主决定把他们企业完全转移到离岸法区内。在大多数情况下，人们失去他们的工作，甚至公司的资产管理服务也停止向美国公民提供。现在，大多数转移到海外的公司只为非美国公民提供服务。这充分说明了大众对我们国会过分监管的不满。

在第8章，我们讨论了《商品期货现代化法案》后信用违约掉期对我们经济造成的严重损害。现在，我们要讨论我们作为一个国家，是如何应对这场金融危机，以及这些重大变革对外汇市场的影响。

这场始于2007年并且一直持续到2010年的金融危机，在美国引发了政治风暴，并激起了对改进美国监管体系的强烈需求。在2009年6月，尽管其反对派的批评浪潮高涨，美国总统奥巴马还是提出了新立法，要以30年代以来从未见过的方式和力度彻底改变美国金融系统的监管结构。这个法案得名于两个发起人的名字，他们是众议院议员巴尼·弗兰克（Barney Frank）和参议院银行业委员会主席克里斯·多德（Chris Dodd），是他们分别向众议院和参议院提出了该法案。奥巴马总统最初的提案被称为"新基础"（A New Foundation），有如下几个目标：

· 改革监管机构，废除联邦储蓄协会宪章（National Thrift Charter），并成立一个新的监督委员会来评估系统性风险。

· 对金融市场实施综合监管，包括提高衍生品的透明度（取消场外交易）。

· 消费者保护改革，包括成立一个新的消费者保护机构并建立普通金融产品的统一标准，并且加强投资者保护。

· 应对金融危机的工具，包括一个补充美国联邦存款保险公司（FDIC）现有权力，以允许破产公司有序停业的"解决机制"，以及联邦储备局获得美国财政部授权，在"特殊或紧急情况下"扩张信贷的提案。

· 旨在加强国际标准和合作的各种措施，这部分内容包括关于完善会计并加强信用评级机构监管的提案。

根据官方介绍，《多德—弗兰克法案》是：

一部通过提高金融系统的问责制和透明度以促进美国的金融稳定，结束"大到不能倒"这种怪现象，通过停止救助以保护美国纳税人，保护消费者免受滥用金融服务的伤害，以及达到其他一些目的的法案。

这部法案通过构建大量新的机构来简化金融机构的监管流程，改变了现有的监管结构，也加强了对被认为具有"系统性风险"的个别机构的监管，并修改了《联邦储备法》（Federal Reserve Act）。这部法案建立了严格的标准和监管制度来保护美国的经济、美国的消费者、投资者和企业。它结束了用纳税人的钱来救助金融机构的历史，提供了一个先进的预警系统来提高经济的稳定性，制定了管理层薪资水平和公司治理的相关规则，并消除了导致经济衰退的监管漏洞。

新机构将被授予在某一特定金融监管方面的明确权力，或者从现有机构那里接手这一权力。根据《多德—弗兰克法案》，所有新构建的机构以及一些目前还不做如此要求的现有机构，都必须至少每年向国会报告一次。一些新近构建的机构包括金融研究办公室（the Office of Financial Research）、金融稳定监管委员会（the Financial Stability Oversight Council）和消费者金融保护局（the Bureau of Consumer Financial Protection）。现有机

第10章 多德—弗兰克法案

构也做出了相应改变。受到这次改变影响的机构包括联邦储备局、联邦存款保险公司（FDIC）、证券投资者保护公司（SIPC）和证券交易委员会（SEC）。

对于参与外汇市场交易的人来说，一定要注意一点，即在《多德—弗兰克法案》通过之前，如果投资顾问在过去12个月内的客户少于15个，并且没有对外宣称自己是投资顾问，就不需要在证券交易委员会登记注册。但是《多德—弗兰克法案》取消了这一规定，致使大量的投资顾问、对冲基金和私人股本公司需要按照新法规进行注册，导致大量人员和公司不得不离开这个国家或者这个行业。

让我们来分析一下，看这一变化将会对作为外汇交易者的你产生什么影响。

·除非你通过政府批准的公司进行外汇交易，否则你不能从事外汇场外交易。换句话说，这个公司必须在商品期货交易委员会（CFTC）登记注册，并且成为美国期货协会（NFA）的会员。

·之前客户少于15个的资金经理或理财顾问不需要进行注册，现在就不行了。所以他们如果打算继续管理外汇账户或向居住在美国的客户提供理财建议，就必须成为美国期货协会的会员。这有点类似于你可能听说过的那个宣布美国居民参与在线赌博（比如扑克）是违法行为的法规。即使你选择的公司是"离岸"公司，并没有设立在美国境内，它也是非法的，美国政府可以追诉那些违法的公司。

·你不能参与金属现货交易，除非你打算在规定的期限内进行交割。对于这一特殊规定的唯一非阴谋理由可能是为了抑制投机。但是，由于通过商品期货合约参与金属投机仍然是被允许的，所以这条规定的真正目的是什么还不太清楚。

外汇现货市场的保证金杠杆从100:1降低到50:1的这一要求，也被写进了2010年10月生效的商品期货交易委员会规则，这似乎符合这些变化的预期目的。监管机构给出的理由是为了降低客户在现货市场交易时采用高倍杠杆的风险。但是由于通过商品期货公司交易外汇和金属获得的财务杠杆仍然高于现货市场之前可获得的杠杆，所以我们只能推测其真正的目的是为了将这个交易移至历史悠久的芝加哥商业交易所（CME）。在这里，外汇合约可以像期货合约一样被交易。

在 2011 年 1 月，众议员米歇尔·巴赫曼（Michele Bachmann）提议废除由总统奥巴马签署为法律，并受到广泛批评的"多德—弗兰克"金融改革法案。巴赫曼的这一举动是在她第三任期的宣誓就职之后不久，她抨击这个法案是用纳税人的钱来保护华尔街。

"我很高兴提议全面废除扼杀就业的多德—弗兰克金融改革法案，"巴赫曼说，"多德—弗兰克法案大大扩张了联邦政府在其管辖权范围之外的权力。它赋予了华盛顿官员解释并执行这项法律的权力而缺少相应的监督。"

看来，《多德—弗兰克法案》有可能会在经过一个"零敲碎打"的过程后被废除。据报道，截至 2011 年 5 月，众议院金融服务委员会的资本市场小组委员会通过了几项废除或修改多德—弗兰克法案中较为繁复的规定的议案。其中包括：

·数据收集救助法案（The Data Collection Relief Act）（众议院法案，代码为 H. R. 1062），是由纽约州共和党众议员南·海沃思（Nan Hayworth）提出的，这个法案将废除《多德—弗兰克法案》的 953（b）部分。953（b）部分要求公开发行人披露除 CEO 外所有员工的年度总收入的中位数，CEO 的年度总收入，以及这两个数字的比率。

·小公司融资法案（The Small Company Capital Formation Act）（H. R. 1070），是由亚利桑那州共和党众议员大卫·施卫克特（David Schweikert）提出的，该法案将修改《1933 年证券法案》中关于证券发行股本总额低于 5000 万美元的免于在证券交易委员会（SEC）注册登记的规定。现在，这个上市门槛被降低为 500 万美元。

·美国担保债券法案（The United States Covered Bonds Act）（H. R. 33），是由新泽西州共和党人、众议员小组委员会主席斯科特·盖瑞特（Scott Garrett）提出的，这将在美国创建一个资本担保债券市场。

·小型企业融资和工作保护法案（The Small Business Capital Access and Job Preservation Act）（H. R. 1082），是由弗吉尼亚州共和党众议员罗伯

第10章 多德—弗兰克法案

特·赫尔特（Robert Hurt）提出的，这将废除《多德—弗兰克法案》中关于私募基金须在证券交易委员会（SEC）注册的规定。

· 企业风险降低和价格稳定法案（The Business Risk Mitigation and Price Stabilization Act）（H. R. 1610），是由纽约州共和党众议员迈克尔·格里姆（Michael Grimm）提出的，这将免除改革法案对合法终端用户的衍生品监管授权。

· 资产支持市场稳定法案（The Asset–Backed Market Stabilization Act）（H. R. 1539），是由俄亥俄州共和党众议员史蒂夫·斯蒂夫斯（Steve Stivers）提出的，通过废除《多德—弗兰克法案》中消除豁免权的条款，将恢复信用评级机构的保护性作用，以对抗1933年法案的专家责任。

· 教会计划投资阐明法案（The Church Plan Investment Clarification Act）（H. R. 33），是由伊利诺斯州共和党众议员朱迪·比格特（Judy Biggert）提出的，这将修改《1933年法案》，允许教会计划投资集体信托（collective trusts）。

在2011年5月初一个推迟执行"多德—弗兰克"中掉期及衍生品条款的法案会议上，众议院农业委员会主席弗兰克·卢卡斯（Frank Lucas）说到：

"如果监管潦草不到位，那么《多德—弗兰克法案》对于增加我们金融市场透明度和稳定性的努力将化为泡影。我们要承认，《多德—弗兰克法案》为执行几十个将触及经济方方面面的法规设定了不切实际的严格界限。"

历史将告诉我们，《多德—弗兰克法案》的真正意义和价值所在。

第 11 章　外汇的监管措施

在外汇零售市场开放初期，投资大众的市场滥用⑥行为非常普遍，导致迅速发展的外汇市场开始时名声很坏。事实上，只要回到 2007 年，我们就可以看到一个接一个投资者无意中沦为那些无良外汇公司猎物的例子。

在本章节中，我将讨论一些较早前的案例。不过，我不会从头到尾详细介绍这些案例，因为这样太浪费时间了，也没有多大的意义。我只是想借这些案例告诉你们一些在这个行业存在并且已经存在一段时间的问题。在早些年，大部分不正当行为更多的是与期货有关，而不是外汇现货。

商品期货交易委员会（CFTC）禁止这个行业中很多不专业的经纪人进入期货市场。于是，其中有一部分人转入不受监管的外汇零售市场。

在那个时期的很多诈骗中，经纪人拿走客户的资金，将其投入外汇现货市场和期货市场，或者根本就不进行任何投资——在我看来，说成是"偷窃"会更合适。

你可能听说过这个行业的一个坏名声，即客户利用这个市场来达到一些比如洗钱之类的非法目的。现货市场是一个很容易洗钱的地方。不法分子通过离岸公司来进行现金交易。

这些不法行为导致了更强硬和更严格的反洗钱运动。再加上"9.11 事件"之后做出的改变，外汇现货零售市场的洗钱活动大大减少了，因为经纪人成为了解资金来源的主要责任人。

---

⑥　市场滥用行为包括内幕交易和市场操纵两种类型。——译者注

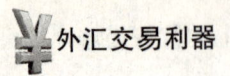

商品期货交易委员会案例一

2004年2月11日

美国商品期货交易委员会指控佛罗里达外汇期权公司欺诈客户

公司在向客户推销外汇期权时说谎。外汇经纪商也受到指控。

商品期货交易委员会（CFTC）向佛罗里达州的联邦地方法院提起诉讼，指控一家佛罗里达公司和佛罗里达州波卡拉顿（Boca Raton）及周边地区的居民涉嫌欺骗客户参与外汇期权交易。这起诉讼还指控一个纽约的外汇交易商用客户资金作为其介绍经纪人活动的资金。

联邦地方法院的法官宣布命令，冻结这个介绍经纪人及其主要负责人的资产。同时，禁止这些被告和经纪商损毁相关文件。

诉讼指出从2002年5月开始，这个介绍经纪人及其主要负责人招揽了至少267名个人会员通过经纪商参与外汇期权交易。介绍经纪人采用了一些激进、高压的销售策略，包括（1）做出巨额利润的虚假承诺，（2）为经纪商编造虚假的专业知识背景和业绩记录，（3）淡化外汇期权交易的风险。

诉讼书还指出，这个介绍经纪人没有公开其中一个负责人曾被联邦法院禁止从事期权诈骗活动，商品期货交易委员会也对该人发出禁令，禁止其进行期权诈骗的重要信息（CFTC诉讼备案No.94-8，1993年12月9日）。

诉讼进一步指出这个负责人负责替介绍经纪人的客户做出大部分交易决定，并且在外汇期权交易的潜在收益和固有风险方面，向客户和潜在客户做出具有欺骗性和误导性的宣传和介绍。诉讼指出这些行为违反了CEA和CFTC监管法的反欺诈条款。据称，介绍经纪人的总裁、副总裁和合规经理都作为介绍经纪人的控股人，受到了CFTC的指控。

根据CFTC的诉讼，介绍经纪人有超过300万美元的客户资金被用来在经纪商处交易。诉讼指出介绍经纪人作为经纪商的代理，形成了一种独有的介绍经纪人-经纪商业务关系。在这个关系中，经纪商向介绍经纪人支付超过80万美元的佣金，作为介绍经纪人介绍客户账户的报酬。

第11章 外汇的监管措施

这更多的是一个期货从业人员遭遇"麻烦"后转战外汇市场的案例。

商品期货交易委员会案例二

另一个明目张胆的案例是一家公司及其所有者因非法从事外汇期货合约销售并挪用客户资金,被美国地方联邦法院判处逾3300万美元的罚金。

这家公司的所有者也被判处97个月的监禁。这家公司为了让客户加入外汇基金,歪曲外汇交易的收益和风险,发布虚假的账户信息,并且把新加入客户的资金作为虚假的投资利润支付给老客户。

这个案例是一个典型的庞氏骗局(Ponzi Scheme),而庞氏骗局是在谈到投资诈骗时最常提及的话题。关于这个话题,让我们简要了解下庞氏骗局是如何运作的,以及一些识别此类骗局的方法。

什么是庞氏骗局?

庞氏骗局是用新投资者的资金向现有投资者支付所谓的收益的投资骗局。庞氏骗局的组织者通常会谎称把资金投入所谓的机会中,可以产生高额的回报并且只有很少、甚至没有风险,以此招徕新投资者。在很多庞氏骗局中,骗子的焦点都是吸纳新的资金,用于向较早加入的投资者支付承诺的收益,并用于个人的开支,而不是进行任何合法的投资活动。

庞氏骗局为何会崩溃?

庞氏骗局只有很少、甚至没有合法收入,需要源源不断有新投资者加入并提供源源不断的资金。当吸纳新投资者变得困难,或者大量投资者要求兑现时,庞氏骗局就面临崩溃。

庞氏骗局名字的由来

"庞氏骗局"得名于一个名叫查尔斯·庞兹(Charles Ponzi)的人。在20世纪20年代,这个人骗了成千上万名新英格兰居民参与一种所谓的邮票投资。那时候银行存款的年利率是5%,庞兹对投资者承诺他可以在短短90天内提供50%的回报。庞兹最初买入了少量国际邮票来支持这一骗局,但是他很快就转变为用新投资者的钱作为盈利付给老投资者。

庞氏骗局的特点

很多庞氏骗局都有着一些相同的特点。让我们来看看这些危险信号:

· 高额的投资回报，却只有很少或者没有风险。任何投资都具有一定风险，收益越高的投资，通常风险也会越高。对于任何"保证零风险"的投资机会都要提高警惕。

· 前后过于一致的回报。投资回报通常会有时走高有时走低，不会一直保持不变，尤其是那些追逐高回报的投资。所以，对于那些承诺提供稳定优厚回报，不管整体市场状况如何的投资，一定要多长一个心眼。

· 未经注册的投资公司。庞氏骗局涉及的通常是那些未在 SEC 或其他国家监管机构注册的投资公司。注册是非常重要的一环，因为它可以为投资者提供关于公司的管理、产品、服务和财务等关键信息。

· 无执照或未经注册。联邦和州证券法要求投资从业人员和他们的公司必须申领执照或进行注册。大部分庞氏骗局涉及的都是一些无执照的个人或未经注册的公司。

· 保密的或复杂的策略。避免参与那些你不了解或者无法获得完整信息的投资，是一条很好的经验法则。

· 文书的问题。对于为何你无法查看投资书面资料的任何理由你都不要理会，在你投资之前一定要仔细阅读投资的说明书或披露声明。账单错误可能是资金并没有按承诺的那样被投资的一个信号。

· 难以收到利润。如果你无法收到支付的利润或者想要撤出你的资金存在困难，你就要引起重视了。请记住，庞氏骗局的骗子们有时会通过提供更高的投资回报，来鼓励参与者主动推迟获得利润的时间。

商品期货交易委员会案例三

在 2007 年 12 月，商品期货交易委员会就 2005 年提起的外汇界"锅炉房"事件（boiler room）⑦ 诈骗一案做出判决。这次行动导致这家公司及其主要负责人在被认定欺骗客户，导致客户在外汇交易中损失 170 万美元后，被处罚金 340 万美元。

---

⑦ 《Boiler Room》是一部关于股票诈骗的商战电影，讲述了一个年轻的经纪人通过欺骗为自己牟取暴利但最终敌不过良心的谴责弃恶从善的故事。——译者注

第11章 外汇的监管措施

商品期货交易委员会被授予缺席审判这家公司的权力。判决认定这家公司经营了一个外汇界的"锅炉房"骗局，最终判决终身禁止被告直接或间接参与任何与商品交易有关的商业活动。

诉讼指出从2001年12月开始，被告从至少160名外汇交易客户那里骗取了资金。在招徕客户时，被告做出高额回报的假承诺，却并不告知存在佣金等费用，在提供的对账单中偷偷把佣金划为交易亏损，淡化交易的风险，美化他们的外汇交易经历和业绩，以及挪用客户资金。

在2007年4月，联邦法院批准了商品期货委员会的简要判决和处罚命令，包括判处这家公司及其主要负责人和雇员超过200万美元的罚金。

商品期货交易委员会案例四

其中影响较大的一个CFTC案件是2009年，一家代理机构收到法院宣布冻结两个明尼苏达州居民及其公司持有资产的紧急命令。他们被商品期货交易委员会指控涉嫌在外汇场外交易中欺诈和挪用客户资金。

法院还宣布禁止损毁相关资料和记录，所有相关资料和记录都须提供给商品期货交易委员会查阅。商品期货交易委员会指控被告实施大规模的诈骗活动，骗取了数百名客户超过1.9亿美元的资金。法院宣布此项法令是因为商品期货交易委员会在2009年11月向明尼苏达州地方法院递交了一份密封的诉讼书，指控被告从2006年开始实施了大规模的外汇诈骗活动。

诉讼指出被告挪用客户的资金去购买房产，开设酒店和赌场，购买7辆豪车、游艇和潜水艇，并且作为其频繁赌博的赌资。

被告称从2003年开始，他们通过宣称年收益超过10%并且无须承担任何风险来招徕客户参与外汇交易。被告还假称客户的资金从2008年12月开始，都被投入由公司主要负责人之一持有大部分股权的瑞士公司的独立托管账户。

但事实是，即使瑞士金融市场监管局在2008年12月让这家瑞士外汇公司进入破产管理程序，并于2009年5月正式宣告破产，但被告直到2009年7月一直都在挪用客户资金并且继续骗取新的资金。被告称他们通过向客户提供显示年收益达到10%到12%的假对账单，来延续他们的骗局。

商品期货交易委员会案例五

即使是美国本土以外的公司，也无法避开美国联邦监管机构的监管。在2010年12月7日，商品期货交易委员会宣布了美国犹他州地方法院针对一家墨西哥金融服务私人持股公司及其外汇交易部门的强制执行申请。这家公司发布虚假的客户账单并篡改公司网站上有关公司外汇交易的绩效报告。这家公司从未以任何名义在商品期货交易委员会登记注册。

商品期货交易委员会的起诉指出，从2005年开始到2010年，被告从800多名客户那里"骗取"了至少280万美元的资金，并代表客户用总合账户（pooled account）从事外汇交易。诉讼进一步指出，从2008年6月到2009年4月，被告一直宣称交易是盈利的，但实际上这段时间他们亏损了约194万美元。

被告对外宣称至少有8个月每个月都是赚钱的，但实际上他们遭受了重大交易亏损，基本上每个月亏损都超过100万美元。当看到外汇市场有这么多恶劣行为后，在商品期货交易委员会看来，没有什么地方是安全的。

商品期货交易委员会案例六

在2011年1月26日，商品期货交易委员会决定起诉全国范围内的14家外汇公司。这是自2010年10月新规则生效后开展的第一次行动。商品期货交易委员会宣布同时向芝加哥、哥伦比亚特区、堪萨斯城和纽约的联邦地方法院递交了13份强制执行申请，称这14家公司向社会公众非法筹集资金参与外汇交易，并且未在商品期货交易委员会进行登记注册。

新的监管法规要求那些想要参与外汇市场的公司必须在CFTC进行注册，并且遵守旨在保护投资者的各项法规。这些法规要求外汇交易商采取措施保护投资者，包括达到最低资本要求并保留相关记录。这些措施将降低风险并增加整个行业的透明度。

第11章　外汇的监管措施

在外汇市场，被称为零售外汇交易商（RFED）或期货经纪商（FCM）的公司，会从个人投资者那里买入外汇合约或者将外汇合约卖给个人投资者。CEA和CFTC的监管法规要求，作为零售外汇交易商或期货经纪商的公司，必须在CFTC注册并且遵守旨在保护投资者的各项法律法规，包括最低资本要求、记录保留和合规性。除此之外，如果其他公司接受美国投资者发出的在零售外汇交易商或期货经纪商进行的外汇交易操作指令，也必须在CFTC进行登记注册。

除了2个诉讼外，CFTC在所有诉讼中都指出被告扮演了零售外汇交易商的角色。也就是说，他没有进行注册，就作为客户外汇交易的对手盘。另外2起诉讼中，CFTC指出被告没有进行介绍经纪人注册，就拉客户到零售外汇交易商那里交易外汇。

在每起诉讼中，CFTC都指出被告接受美国投资者的操作指令进行外汇交易。CFTC宣布暂时禁令，禁止这些被告继续从事该违法行为，直到他们遵守CEA和CFTC的相关法规。CFTC还提出了民事罚款、交易和注册禁令、追缴收益和解除中介服务合同等要求。

我强烈要求公众在投资基金之前，一定要查看外汇公司是否进行了注册。如果有公司在美国经营但不是美国期货协会（NFA）的成员或未在CFTC注册，投资者就要提高警惕，避免投资这样的公司。

虽然CFTC是在联邦政府层面对外汇公司进行监管和执法，而美国期货协会（NFA）是一个负责监督其成员的自律性组织。但在很多情况下，由NFA发起的监管行动的最终结果都可以在我刚讨论的那些CFTC行动中看到。NFA也有制裁和处罚其成员的能力。让我们来看几个案例。

美国期货协会案例一

在2010年4月，美国期货协会（NFA）将一家坐落于伊利诺斯州，注册为商品交易顾问（CTA）的外汇公司从NFA会员名单中永久除名。NFA同时还除去这家公司负责人的会员资格两年。在两年期限之后，这家公司的负责人想要再次申请NFA会员资格，必须缴纳5000美元的罚款。

这个由NFA听证会做出的决定，是基于2009年8月NFA提起的诉讼以及这家外汇公司和负责人提交的解决提议。作为解决方案的一部分，这家公司同意永久退出 NFA 会员资格，也同意对在诉讼中并未承认或否认指控的违法行为的调查结果。

听证小组发现这家公司是利用一个虚假宣传的网站和具有误导性的客户账户资料来拉客。就像诉讼中指出的那样，所有与 NFA 沟通的美国投资者对于他们选择的外汇公司不受监管，以及到底哪些公司是受到 NFA 监管都表示不解和困惑。

美国期货协会案例二

NFA 一个纽约的外汇交易成员遭到 NFA 起诉，之后该公司及负责人提交了解决提议，最终在 2010 年 10 月，NFA 责令这家外汇公司缴纳 32 万美元的罚金。NFA 在诉讼中指出，这家公司在 MT（MetaTrader）交易平台上制造有利自身的成交滑移价差，损害了投资者的利益。

诉讼还指出这家外汇公司没有对 MT 外汇交易平台进行监督，也没有对公司的操作进行管理。除了必须缴纳罚金外，这家公司还必须退还一部分资金给客户，作为对恶意成交滑移价差的惩罚。这家公司和负责人既没有承认也没有否认这项指控。

美国期货协会案例三

与此同时，在另一个案件中，一家新泽西州的外汇交易公司在遭到 NFA 起诉，并且该公司及其 CEO 提交解决提议之后，被 NFA 责令缴纳 45.9 万美元罚金。

NFA 的商业行为委员会（Business Conduct Committee）指出，这家外汇公司存在滥用保证金、强制平仓和成交价格滑移等对公司有利，但对客户不利的恶劣行为。委员会还指出这家公司没有保留某些未执行订单的记录，没有充分审查公司的未经注册的经纪人的活动和促销材料，也没有监督公司的运营活动。除了必须缴纳罚金外，这家外汇公司还必须退还客户一定的资金，作为其滥用保证金、恶意平仓和非对称成交价格滑移行为的惩罚，以及对客户的补偿。这家公司及其 CEO 既没有承认也没有否认这些

第11章 外汇的监管措施

指控。

很显然，从这些案例中可以看出 CFTC 和 NFA 非常重视投资者的利益，他们会毫不犹豫地采取适当措施以保护投资大众。请记住这一点，作为投资大众的一员，在选择外汇公司之前，一定要展开尽职调查。记住那句古话，"如果有什么事情听起来好得令人难以置信，那它就有可能真的不能相信。"

美国期货协会案例四

在 2008 年 6 月 30 日，NFA 提起诉讼，指控一个经纪商没有执行一个适当的反洗钱程序。诉讼还指出这个经纪商和负责人没有履行监督职责，也没有执行一个适当的反洗钱程序。

在 2009 年 4 月 24 日，在听证会召开之后，听证委员会的一个指定小组宣布了对这个经纪商及其负责人的判决。听证小组认为 NFA 不能证明这个经纪商未实施监督，因此法院驳回起诉。听证小组责令这个经纪商缴纳 25 万美元的罚金，并保留一个独立的审计公司进行 4 次每半年一次的审计，以审查是否遵守《银行安全法案》（Bank Secrecy Act）、实施条例、NFA 的反洗钱规定和经纪商自己的反洗钱程序。

在 2010 年 1 月 21 日，NFA 的上诉委员会（Appeals Committee）宣布了一份确认听证小组关于这个经纪商的决定的决定。此外，上诉委员会撤销了听证小组关于 NFA 没有确定这家经纪商的负责人违反 NFA 遵从规则 2-36（e）的裁定，并命令这家经纪商的负责人缴纳 5 万美元罚金。

一个更为暴利的骗局案例是瑞富公司（Refco）的衰落和最终破产。让我们来看看瑞富破产会如何影响外汇零售行业。

瑞富首次公开募股和丑闻

一个更为暴利的诈骗案例是瑞富公司（Refco）的衰落并最终破产。瑞富公司是一家专门从事外汇和商品交易的公司。这家公司实际上是芝加哥商业交易所（CME）的主要期货经纪商。在 2005 年，这家公司开始倒下。瑞富公司被迫依照联邦破产法第 11 章申请破产保护。关于公司 CEO 参与公司大规模诈骗的新闻也被报道出来，包括这个CEO隐藏公司不良债务的行为——源于奥地利第4大银行巴瓦克银行（Bawag P. S. K）的贷款。

瑞富破产的时间真是具有讽刺意味，因为刚好是在瑞富首次公开募股（IPO）之后不久。这令一些监管机构，当然还有一些瑞富的新投资者感到惊愕不已。通过召开紧急的信息披露大会，管理层显然帮助鼓吹了这次首次公开募股。

这次公开发行股票发行价为每股22美元，是通过很多家投资银行发行的，其中几家还是华尔街最大的投资银行。你可以想象他们将会遭遇多少口水和白眼，因为这些银行应该首先对这家公司的财务状况进行详尽调查。

我们来快速回顾下瑞富公司的股票表现——公开交易约2个月后，在2005年9月7日达到30.12美元/股的最高价。在同年10月，也就是最高价出现之后一个月，就发出了欺诈公告。结果，投资者陷入恐慌性抛售，这家新上市公司的2650万股股票狂跌到仅剩0.8美元/股。

很显然，这家公司的CEO通过多个子公司隐藏了这笔340万美元的不良贷款，从而虚报了公司的财务状况。这会为瑞富包括外汇经纪业务在内的其他公司制造麻烦。

在瑞富宣告破产时，瑞富外汇公司的零售客户经纪账户刚好超过17000个。在破产程序中，美国银行（Bank of America）与其他债权人使破产法院确信这些客户实际上都是无担保债权人。因为瑞富并没有将客户资金进行分离——即使它告诉客户它对资金进行了分离，导致这些客户成为无担保债权人。

由这些大债权人发起的法律行动基本上改变了瑞富外汇投资者的命运。他们现在被当作无担保债权人来对待，所以必须等到有担保债权人拿回投资后才有机会获得清偿。在今天这种监管环境下就可能不会发生这样的事。但是你永远都不知道会不会。

有其他外汇公司试图进来接手瑞富的客户，但是并没有成功。因为这些客户存到账户上的所有资金基本上被洗光光了，即便还剩那么一点，也就是那么几分钱。

瑞富的债权人亏损总额约24亿美元，最终只拿回了那个数字的一半。

第 11 章　外汇的监管措施

最新案例

让我们来看几个在本书写作时才发生在这个零售市场的诉讼案件。

佛罗里达的一家大型律师事务所对一个著名的外汇经纪商提起了集体诉讼，指控这个美国最大的外汇交易商存在欺诈行为。

这起诉讼是在纽约曼哈顿南区地方法院进行的。诉讼指出这家经纪商利用欺诈和不公平交易等行为，欺骗了数千个客户数以亿计的资金。这家经纪商的欺诈行为中包括将其外汇交易平台虚假地描述为一个公平、透明和可靠的外汇交易平台，但事实上它是一个"作弊游戏"（rigged game），目的只在于系统性地"窃取"客户的资金。

原告代表自己和其他所有具有相同遭遇的投资者提起了这次诉讼，指控这个经纪商通过宣称其交易平台不受交易商干预或操纵，对客户进行虚假宣传。原告称，这个经纪商实际上利用了大量诡计和卑鄙手段，包括运用专门用来干扰客户交易的软件等。

诉讼进一步指出这个经纪商还从事一种诈骗活动，他与其软件开发员和程序员勾结，开发出一种可以提供大量旨在干扰客户交易的工具和系统指令的软件。比如，当客户想要获利出场时，这个软件就会把客户指令递到延缓执行的服务器上并发送虚假的"错误"信息。

最后，原告还在诉讼中指出这个经纪商还通过"模拟账户"促销，把数千名客户诱骗到他的交易平台上，美其名曰为客户提供一个真实的市场交易体验。但是，一旦客户开通了"实盘"账户，他就会用专门开发的软件来操纵客户的交易。

这家律师事务所认为这对于加强这个从诞生之初就基本不受监管的行业的问责制，迈出了重要的一步。正如在诉讼中指出的那样，他们还认为这个经纪商利用客户的信任，致使客户遭受重大经济损失，他们要力图挽回这些损失。

还有很多针对这种不良外汇经纪商的诉讼。我建议你密切留意一下这方面的信息，包括什么人在什么时间做着什么事。你可以登录网站www.jdfn.com，了解外汇市场最新的诉讼案件。

第三部分

外汇经纪商的诡计

第 12 章　后台软件诡计

在你读到这里的时候，你应该开始意识到大部分外汇经纪商都会使出各种招数来"窃取"你账户里的资金。但是作为一个交易者，要识别出你经纪商用来对付你的各种工具可能存在难度。经纪商有非常复杂和专业的软件，都是特别开发来干扰你的交易的。在这一章内容中，我们将深入了解你的经纪商对你做了些什么，你将很快意识到你的经纪商不仅仅是作为你的对手盘这么简单。

经纪商拥有的这种先进的软件，让他们可以在你眼皮子底下就把你的钱"偷走"，但是你根本就不知道。你有想过为什么在你交易练习账户或者模拟账户时，似乎从来没有亏损吗？你有想过为什么经纪商会如此热情地向你推销他们的练习账户或模拟账户吗？

这些都是有理由的，至少从经纪商的角度来看是这样。这正好就引入了下一个问题。现在，你已决定开始实盘交易并向账户中注入了资金。开始交易后，为什么你看不到盈利，即使你和之前在经纪商为你提供的练习账户或模拟账户中的交易方式没有任何区别？

这是怎么回事呢？在模拟或练习账户中，你获得的是"直通式价格"（straight-through pricing），加上你经纪商的佣金或利润，就是你最终获得的买报价和卖报价。这是非常明确的。当你在模拟或练习账户上下单时，你看到的价格就是你获得的价格。但是，如果换成是实盘账户，情况就不一样了。经纪商有很强的动机搞鬼，因为只要他们作为你交易的对手盘，你亏钱，他们就赚钱。你亏得越多，他们赚的也就越多。所以，让我们讨论几个你的经纪商用来对付你的可恶工具。这些工具可以让你亏损，让你的经纪商捞一笔意外之财——当然来自于你的账户。

虚拟后台插件

我想从虚拟后台插件（Virtual Dealer Plug-In）开始讲起。这个东西听起来完全无害，是吧？这种虚拟后台插件有很多种利用毫不知情的客户获利的方式。它让经销商与你竞争，通过操纵交易，从而完胜于你。

虚拟后台插件实现了许多功能，可以让交易者相信他们正在下合理的订单。但是，经纪商可以延迟你的订单执行时间数秒钟，为的是等待市场价格在你下单后朝不利于你的方向波动，然后再执行你的订单。这种插件还会检查你限价单、止损位和账户保证金冻结水平，让经纪商可以针对你的情况采取相应的策略。虚拟后台插件还可以激活未执行订单，故意触及止损。这让经纪商可以将市场价格刚好推到触及你止损位的水平，让你止损出场。

这些插件还可以以可调整的滑移比率立即执行客户订单，也就是在你所有的入场价和出场价上增加预定数量的滑移点，从而增加经纪商的利润。这个虚拟后台插件还会根据预设的新闻事件和时间，利用自动移动参数来移动限价单、止损位和保证金冻结水平。并且在新闻事件发布期间，它还会禁止客户设置、更改和取消之前挂的订单，这让客户在市场最活跃时段完全无能为力，常常遭遇重大亏损，甚至彻底打爆账户。

成交滑移价差

这个虚拟后台插件让经纪商可以对你的订单做手脚。所有的经纪商都会从他们的大银行那里获得很多个报价。但是，他们只会向你提供一个汇总的或者平均的报价。利用成交滑移价差，你的经纪商可以在市场提供的最差价上执行你的订单，在市场提供的最优价上执行他自己的订单，并且作为你的对手盘和你对赌。这对经纪商来说是快速盈利，而且几乎没有风险。经纪商只是在执行订单时进行最差价和最优价的区别选择，就赚得了价差——本质上讲，这都是经纪商的意外之财。

第12章 后台软件诡计

价格缺口

虚拟后台插件降低了市场价格缺口对经纪商产生不利影响的概率。如果出现价格缺口或者价格波动超过经纪商之前设定的点差范围,经纪商就会对交易者进行重新报价,让你之前下的订单无效。但是,如果价格跳空幅度在这个点差范围内,这个价格就会被采纳。

消息行情交易和急剧波动的市况

经纪商可以在市场波动率较高时把点差扩大——通常是在发生重大新闻事件或者发布重要决定或经济数据时。当市场可能剧烈波动时,经纪商就会设置虚拟交易插件来扩大点差,以惩罚在市场剧烈波动时交易的交易者,并增加经纪商的利润。

最重要的是,很多经纪商拿你的资金来与你交易!这是怎么一回事?很简单!经纪商把所有客户的资金存到他们的总经纪账户中,让你进行保证金交易。但是,采用经纪商提供的财务杠杆,你永远只动用了存入总资金的一部分,让大部分资金都躺在经纪商的账户里不动。当你在市场上建仓时,经纪商会动用总经纪账户中剩下的资金来作为你的对手盘与你交易,有可能就是用你自己的钱和你对赌。他们永远不需要动用自己一点资金,就可以系统性地从你的交易中汲取利润。

在不久前,我的一个在一家大型外汇经纪商那里工作的朋友向我吹嘘他的公司每天在外汇市场的交易资金有多大。这家公司实际上是在拿客户的资金进行交易——我觉得这是一个大胆的想法。这家公司可能会拿出一部分自有资金,但是事实上他只是在和客户进行对赌。如果经纪商采用对赌平台(dealing desk),经纪商就会针对客户的订单进行反向操作,也就是说经纪商自己就消化了你的单子,并不将单子递到市场上交易。如果经纪商没有采用对赌平台,经纪商也有可能进行这样的对赌交易。即使经纪商采用直通式交易平台(STP),他仍然可以动用客户除开保证金后的所有资金。

这些只是经纪商花了数百万美元购买和开发,用以对付客户的其中一小部分工具和自动系统。正如你看到的，即使你的经纪商宣称没有采用对赌平台，但在今天技术驱动的环境下，经纪商也不再需要交易者在另一端下订单。他们可以依靠复杂的计算机算法、交易界面和软件插件，近乎完美地完成这些工作。

第 13 章　缓慢的服务器和错误

第 13 章　缓慢的服务器和错误

在这一章——本书最重要章节之一，我不仅要跟你分享我在经过两年大范围的调查后了解到东西，还要跟你分享我个人的一些交易经验。不幸的是，我发现这些狡猾的行为不仅仅存在于个别经纪商，而是存在于很多经纪商。我们其实都知道经纪商或多或少在使用这些伎俩。

虽然如此说，但我还是要先声明一点——不是所有经纪商都是坏的。不过通过我自己的交易经历，我发现大部分经纪商都是这么可恶。正如上面提到的那样，我在两年里花了大部分时间调查外汇行业的经纪商。这是一次个人行动。我之所以花这么多时间去了解真相，原因很简单。我想知道为什么一个非常完美并且经过测试的交易策略，会突然"掉链子"，并且与不断变化的市场状况无关。我曾目睹我的账户在无特殊原因和任何意外情况下不断缩水。

在我调查期间，我发现了经纪商是如何利用"延迟"来牟利的。延迟，或者说延迟执行订单，对经纪商来说非常有利，对我们交易者来说当然是不利的。但是当我们创建自己的交易系统时，我们要确保我们能尽可能与银行进行最直接的接触。

这意味着你选用的每一个服务器，包括你的台式机或笔记本，以及你选择的每一个经纪商，都会造成延迟交易的时间。只要经纪商介于你和银行之间，事情就会变糟。问题就是我们无法轻易地直接接触银行。大部分大型银行，比如美国银行，对直接与他们交易的机构的最低金额要求很高。这些大型银行作为你的第一层级提供者，使得你可以直接与他们交易，不过他们的最低开户金额高达 1.5 亿美元。

还有其他一些银行可以提供临时的或初级水平的解决方案。他们对于资金的要求低很多，有的只需要50万美元，之后再把客户的资金合起来在大型银行开一个账户。这会有助于你交易，但是最终你必须知道究竟发生了什么，这样你才能在银行和经纪商的游戏中打败他们。

"缓慢的服务器"是经纪商最常采用的一个用于对付你的工具。他们想要延缓你订单的执行，是因为他们想要在执行你的订单之前，进入市场找寻一个对他们来说更有利的价格，不管是建仓还是平仓。只要你的订单被延迟执行了，你就应该立即猜到是发生了什么事情。

当你的交易资金量很大或者你的账户已经盈利了一段时间时，你就会频繁遇到这种问题。你可以做一件事情来保护自己，就是不断将账户中的利润取出。只要你的账户增长达到你预期目标，你就把利润全部取出。

有时候你可以用银行的钱而不是自己的钱来交易。如果你想让你的利润保持复合增长，就在其他经纪商那里另外开一个账户吧。这样，你就可以躲开经纪商的"雷达"和"探测"，赚很多钱。

在我调查期间，我还看到了经纪商内部交流的多封邮件，主要讨论向不同等级的客户提供不同服务器的问题。不同的服务器有着不同的设置。仅仅MT（MetaTrader）交易平台至少就有5个服务器。如果你对MT平台的交易很熟悉，你就知道你可以在上面看到很多个不同的服务器。

对我而言，当我在交易我最成功的一个账户时，就是采用MT交易终端。大约在连续9个月每个月都盈利之后，我收到了一封电子邮件，邮件上说我的经纪商担心我的订单没有得到最好的执行，所以他们决定把我的账户移到另一个服务器上——据他们说，是一个更好、更快的服务器。好笑的是（其实一点都不好笑），在我换到新服务器之后，我再也没有一个月是盈利的。我被大量"errors"（错误）、订单延迟执行和执行失败包围。这种延迟执行是非常可恶的。几乎我的每一笔交易都发生了成交价格滑移。

另外，从我获得的这几封邮件上，我发现不仅这个采用MT交易平台的经纪商拥有多个MT交易平台服务器，他们实际上还有专门的服务器来延迟执行订单。此外，我还发现这些服务器不仅可以延迟执行订单，还拥

第13章 缓慢的服务器和错误

有大量，有时甚至多达数千种的设置来帮助经纪商"窃取"你的资金。

如果你问这些经纪商为什么有这么多服务器以及多达数千种的设置时，他们会告诉你所有的服务器和设置都是风险管理的需要。有可能是这样，但是他们所说的"风险管理"指的是管理你赚钱他们亏钱的风险。所以他们必须消除这种风险，于是你就成了牺牲品。我之所以知道这些，是因为很多经纪商就是这么对待我的，并且当我质问他们为什么频繁出现订单延迟执行、"errors"（错误）和成交价格滑移等问题时，他们也是这么对我说的。

所以，请密切留意你的交易。如果你按下"TRADE"（交易）按键，但你的订单没有在多少毫秒内被执行，那么一定是哪里出了问题。要立即告诉你的经纪商。利用电子邮件，找出问题的根源。如果你发现无法避免"缓慢的服务器"这一问题，那就换一个经纪商吧。

把电子邮件当作你的信息链，并将它们保存起来作为证据。我发现当你在电话上与你的经纪商沟通时，他们说的是一件事。但是当你通过电子邮件与他们沟通时，他们更愿意表明立场并坚持下去。请记住，经纪商都被要求保留通话记录。

重新报价（off-price quotes）

你会发现这种重新报价错误主要出现在 MT 交易终端上，但是我在其他经纪商的交易平台上也看到过这种错误信息。这是另一种扼杀你赚钱机会的方法。这种重新报价错误常常出现在快速波动的市场，这时经纪商很难处理你的订单。

当你看到这种错误信息，就知道经纪商正在"处理"你的订单。我曾经在入场后想要出场，只点击"CLOSE TRADE"（结束交易）键，就得到这种重新报价错误信息。更糟糕的是，我在头寸是盈利的情况下，想要结束交易也会遇到这种情况。有时在我最终平仓出场前，要反复操作 10 到 20 次——每次都会得到这种错误信息，最后终于出场时竟然发现我的交易是亏着出场的。但是，我敢打赌经纪商绝没有在我的交易上亏钱。

你可以查询你电脑上的记录，看看他们在玩什么样的把戏。你使用的软件交易平台通常会留下你的交易记录。MT 交易平台当然也会。你可以仔细查看这些记录，看看那些错误信息的情况以及发生的时间。坦白地说，事后再看这些记录是非常有意思的。你可以清楚地看到经纪商特别"针对"你都是在什么情况下。你可以登陆www.jdfn.com，上面有关于如何查看你交易记录并从中发现问题的更多信息。

交易后台繁忙

这种错误在使用 MT 交易平台上的智能交易系统或交易"机器人"（Robots）时更容易遇到。如果你使用交易"机器人"，并且碰巧在同一个货币对上使用了几个这种"机器人"，你就会遇到这种错误。基本上，你会遇到你的几个"机器人"试图同时访问服务器情况，不过是有的想进场有的想出场。你的"机器人"一次只能做一笔交易。在 MT 后台程序中，还有一种众所周知的设置——利用交易插件来拒绝任何经纪商不想其出场的客户订单。

"订单处理中"

嗯，"订单处理中"，这是一个多么荒谬的错误！我甚至不确定我的经纪商是否知道这是一个交易终端错误。我曾经多次遭遇了这种错误。事实上，这种错误来自于一个经纪商的软件交易平台，他的员工向我发誓他们公司绝对没有对我的订单做手脚。

我曾经不止一次试图建仓或平仓，在点击"TRADE"键后，等待很久，但是单子仍然躺在那不动。交易终端会显示"订单处理中"。说真的，你能相信订单屏幕上一直显示"订单处理中"，有时候要显示 1 分钟订单才会被执行吗？我敢说经纪商在这期间获得的价格一定比我好。

你看，经纪商这样处理订单，只不过是为了获得一个更好的价格，然后提供一个更高的价格给我。在订单被执行之前，经纪商会在交易的点差上加上他提供给我的价格的差价——真是太过分了！

请记住，只要你遇到了这种问题，你就可以打经纪商的客服电话，找他们的麻烦。大部分客服会表示歉意，这个价格都是优先成交的价格，但

第 13 章　缓慢的服务器和错误

是如果你坚持，你最终会得到一个合理的结果。

最后，经纪商不希望你向美国期货协会（NFA）投诉。这只是一个小小提示啊…不要对这种垃圾忍气吞声。所有经济商都有一种软件，可以精确地告诉他们任一时刻的价格是多少，包括在特定时间提供的点差是多少。

"服务器忙"

这是你会在经纪商处理你的订单时，遇到的另一种问题。基本上，所有这些问题都可以归结为服务器缓慢的问题，因为这些都是经纪商想要延迟执行你订单所使用的招数，最终目的都是为了赚钱。

我曾经就遇到过多次这种"服务器忙"的问题，给我造成了巨大麻烦。有一次，我持有了好几个头寸，然后市场开始朝对我不利的方向波动，我就开始平仓。我不断收到"服务器忙"的信息，拒绝执行我的订单。最终，结果是我的头寸被了结了，但是经纪商执行了双份订单，于是我又持有了相反方向的头寸。但是我的"交易管理"中没有显示这次建仓记录，直到第二天我才发现我竟然还在市场中，并且持有相反方向头寸。幸运的是，我的单子竟是盈利的，所以我不打算去暴揍经纪商办公室的任何人。

第 14 章 成交滑移价差与猎杀止损

成交滑移价差

让我们来谈一个我们最喜欢的话题之———成交滑移价差。我认为每个交易者都或多或少在交易中遭遇过成交滑移价差。嗯，外汇市场当然也很容易出现这种情形。由于外汇市场经常有大的波动，经纪商很容易制造成交滑移价差，所以，你需要留心那些道德低下的经纪商。

美国期货协会（NFA）对其外汇零售公司成员进行了大量的调查，并且这种调查也在继续进行着。你可以到 NFA 的网站上查看当前已注册的外汇公司名单。NFA 会查看这些公司是否利用从客户下单到订单被执行这段时间的小幅价格波动，也就是成交滑移价差获利。我知道 NFA 就曾多次因为这种行为，对这个行业的很多经纪商提起了诉讼。对于数量不断增长的个人外汇交易者来说，他们的经纪商在和他们对赌——这并不是什么司空见惯的事情。

外汇经纪商通常是作为对手盘接下客户的单子，所以让成交价格出现一定程度的滑移，对经纪商非常有利。即使经纪商把你的单子直接递到流动性提供者那里，让成交价格滑移一点，对经纪商来说也是有利的。这个成交滑移价差就作为交易的利润，直接落入了经纪商的腰包。通常在股票市场，经纪商会优先以最好的价格为他们的客户买入或卖出股票。

最糟糕的地方在于：当你开户时，你会在客户申请书的底部发现一些很小的字，基本上都是说经纪商承认有交易冲突。另外，这些小字还会继续说经纪商有可能建与客户相反的仓（对赌）。这基本上就是说经纪商可以在任何时间提供任何他们选择的价格。你还会看到一些消息说经纪商甚至会向不同的客户提供不同的价格。

随着外汇零售市场日益发展壮大，这将成为一个越来越严重的问题。现在外汇零售交易一天的成交量约为 3000 亿美元，这还可能是一个较为保守的数字，实际成交量有可能远远大于这个数字。现在，整个外汇市场的日均成交量超过 3 万亿美元，有人估计已接近 4 万亿美元。从 2003 年——我的第一本书出版时，外汇零售市场的日均成交量仅约为 1.9 万亿美元——到现在，外汇市场的增长不可谓不显著。

外汇经纪商会设法让你相信他们是严格按照法律法规操作的。而这些监管法规是最近才由 CFTC 和 NFA 制定和修改的。但是，这些监管机构已经开始加强对外汇零售行业的监管，并且进行了大量调查和研究，这一切都是为了给外汇零售市场创造一个公平有序的环境。让我们祝他们成功。

NFA 的发言人拉里·德克曼（Larry Dyekman）最近就这一问题对个人外汇交易者说到，"如果他们想交易，就必须接受这一风险。" NFA 是期货行业的自律性组织，所有外汇零售经纪商必须受其监管。德克曼先生继续说道，NFA 的法规要求经纪商尽可能以最接近卖报价的价格执行客户订单。但是那个卖报价只是经纪商提供给交易者价格，并没有要求这个价格是基于从其他交易商或银行那里获得的价格。

我对这种成交滑移价差当然并不陌生。有很多经纪商都滑移了我订单的执行价格。观察这种现象是很有趣的。我会一天内下很多单，然后观察。经纪商会在什么时候多大幅度地滑移你的成交价格，要取决于市场的波动有多快。他们不会每次都将成交价格滑移。了解了成交价格滑移的问题，加上缓慢执行订单问题，你应该开始明白经纪商真正是从哪些地方赚钱了。我以前曾遇过 30~40 点的成交滑移价差。

当你交易时遇到这种成交价格滑移，最好的办法就是给屏幕截图，将图保存起来。然后找你的经纪商投诉。经纪商都有后台工具，可以查看过去成交的价格和点差。如果这种方法不奏效，那么你可能需要找 NFA 投诉。

第 14 章　成交滑移价差与猎杀止损

MT 后台插件

之前提到过，如果你通过经纪商采用 MT 交易平台，就一定要小心。有些经纪商会安装后台运行的"插件"。我就曾在一个经纪商朋友那里看到过这种插件。你可能会对这种插件的作用感到吃惊，或者愤怒。

它有一个下拉菜单，经纪商可以选择在你的账户，或者经纪商想要增加滑移价差的任何客户的账户上，自动制造成交滑移价差。只要打开这个菜单，点击你想要市场价格滑移的点数，然后经纪商就获得了这种即时利润。

不是所有经纪商都使用 MT 后台插件。但是，如果你问你的经纪商有否使用这种插件，我敢肯定他们不会告诉你实话。但是，经纪商会使用它们是因为，他们有能力有条件使用它们。我在 www.jdfn.com 上有一张表，列出了可能有能力使用这种插件的经纪商的名字。这张表不是 100% 准确，也不是要告诉你经纪商实际上在使用 MT 后台插件。这张表想告诉你的是哪些经纪商有这种插件。

有一个在这个行业口碑不佳的第三方 MT 交易平台提供者。这个第三方提供者基本上允许经纪商从提供者的访问点使用 MT 交易平台。这个提供者支持这个软件并提供后台访问路径和报告给外汇经纪商使用。这个第三方提供者是使用 MT 后台插件最多的人。我网站上有一张表列出了一些使用第三方 MT 交易平台的经纪商名字。如果你的经纪商名列其上，他就很有可能利用 MT 后台插件来对付你。我们在第 12 章的《后台软件诡计》中对这一问题进行了更详细的讨论。

如果你是采用 MT 交易平台做交易，那么你有可能发现入场订单界面发生了一些变化，具体变化要看你是哪个经纪商。采用 MT 交易平台的经纪商几乎可以用无限多种设置来构建软件。这种交易服务器有一种设置就是用来控制执行你订单的方式。经纪商可以让你选择立即执行还是市场价执行。

立即执行

图 14.1 显示了第一种方法，立即执行。在"Type"（类型）右边的选

项框中，你可以看到已选择了"Instant Execution"（立即执行）选项。现在，请看图片的最下面。你会看到有一个复选框及说明"Enable maximum deviation from quoted price."（允许成交价与报价的最大偏差）。在这个选项下面还有另一个选项，让你选择成交价与报价的"最大偏差"点数。这让交易者可以选择为了订单被立即执行，他们愿意接受的最大成交滑移价差。

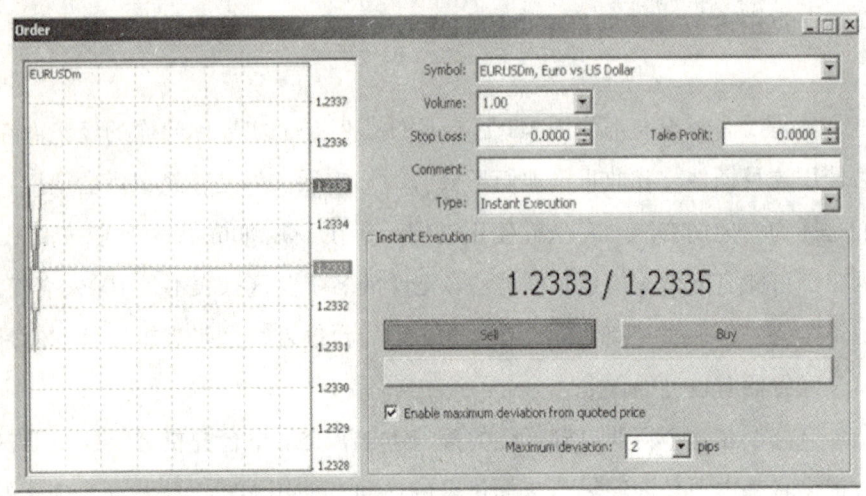

图 14.1

在本例中，选择的点数是"2"。交易者允许的成交滑移价差越大，订单被执行的可能就越高，遇到重新报价或订单被拒绝的可能就越低，而这两种情况最终都会推迟订单的执行。使用这个交易平台多年的交易者，有可能会记得这是经纪商最常采用的一个设置。

市场价执行

经纪商可以在 MT 交易平台上使用的第二种订单类型是"市场价执行"。在图 14.2 中，就像你在上一幅图中那样，寻找"Type"右边的选项框。在本例中，选项框中选择的是"Market Execution"（市场价执行）。这里就没有选项框让交易者选择允许的成交价与报价的最大偏差，当然也不能选择他们愿意承担的滑移价差点数以让订单被立即执行。现在，订单将

第14章 成交滑移价差与猎杀止损

被经纪商以市场价执行。不过在图下面有一个 Notice（提示），提醒你以市场价执行的订单，将由经纪商进行报价。

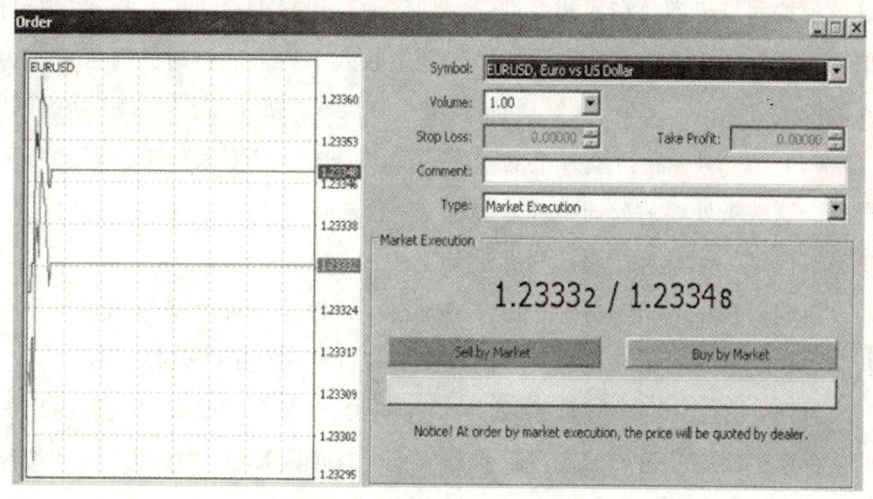

图 14.2

这种类型的订单将大大降低订单被拒绝或者出现成交滑移价差的概率。但是，现在你不能控制你愿意承受的成交滑移价差幅度。经纪商只是在下一个最优的价格执行你的订单。在我看来，在这种类型的订单中，你会发现订单的执行被延迟得更长。现在，经纪商可以对你的交易动更多的手脚，这意味着他们在执行你的订单之前，会到市场上他们的流动性提供者那里获得一个更好的价格。请注意，这个过程是通过电子平台完成的，所以当我说"到市场上"时，只是一个形象的说法。经纪商只是通过后台软件程序，到他们的流动性提供者那里寻找最好的价格——比你获得的价格更优的价格。

在我刚开始采用这种类型的交易时，我发现我对成交滑移价差的控制是从我愿意接受的滑移幅度到完全没有控制，通常每笔交易的成交滑移价差是5到10点。有时候，成交滑移价差会更大，执行的时间延迟得更长。我曾经有些这种模式的订单花了30到40秒才被执行。

经纪商通常把这种订单模式称为"STP"（直通式价格）。有些经纪商则把这种模式称为"ECN"（电子通信网络），他们利用这种营销手段是为了宣称他们只是作为中间人并只收取你少量的佣金。我认识一个采用这种订单模式的经纪商，在我调查经纪商如何通过成交滑移价差、拒绝执行订单和重新报价等手段，赚到比他们的佣金收入多得多的钱时，有了一些惊人的发现。

CFTC 和 NFA 曾经就外汇交易中的操纵行为，对多家外汇公司进行了处罚。这些被处罚的公司中，至少有一家公司在使用这种 MT 后台插件。

下面是一个具有代表性的诉讼案：

诉讼：在 2010 年 6 月 30 日，NFA 对一个涉嫌保证金交易和强制平仓行为，包括制造对某些客户不利的成交滑移价差的经纪商提起了诉讼。

判决：在 2010 年 10 月 27 日，NFA 的 BCC 发布接受该经纪商提出的解决办法的决定。该经纪商既没有承认也没有否认 NFA 的指控，同意按照以下方式解决问题：经纪商同意把客户在 2009 年 5 月 1 日到 7 月 31 日期间，因经纪商在其机构和散户服务器上使用虚拟后台插件，导致负面成交滑移价差而造成客户亏损的资金归还客户。

结果：经纪商同意在今后，所有用于判断客户的订单是被执行还是重新报价的成交滑移价差参数，将会被对称设置。这样，对客户和经纪商来说，既不会有利也不会不利。

猎杀止损

如果你曾在外汇市场或者其他任何金融市场交易过，你就有可能遇到止损单被触及的情况。你发现市场运行方向对你不利，并且不可思议地，价格刚好触及你的止损位，让你止损出场后，又回到你之前认为的价格方向。

你是那些认为市场在特别针对自己的交易者中的一个吗？认为一定是哪里出了问题，因为你每次下单后，市场就和你作对？我就有这样的感觉。大多数情况下，这只是你交易计划中的一个瑕疵。你的交易计划需要改一改，停止追涨杀跌，并等待适当的时机入场。这就将减少市场与你作对的次数。

第14章 成交滑移价差与猎杀止损

当然,这不能完全阻止猎杀止损这种不道德的行为。让我们更深入地讨论一下这个问题。

我们来看一个典型的案例:

你认为美元/瑞郎将上涨。于是在0.8732的价位进场做多,并把止损设在0.8632的价位——一个略低于明显的双重底的价位。你把最初的目标价格设在0.8932。这样,你的风险报酬比就是2:1。不幸的是,市场开始与你作对,价格下跌穿过了支撑线。你的止损被触及,从而被迫离场。这就是我们要运用良好的资金管理的原因。在这次交易中,你犯了一些错误,你不要追涨杀跌,或者更糟的是向下摊平成本(浮动亏损后继续加仓同向头寸),这样做只是过度采用财务杠杆,然后看着你的账户被打爆。

最糟糕的情况是:你24小时不睡觉,一直盯着价格动向,希望它能回来。你尝试了一切办法,最终认输,让价格触及止损然后出局。就在这之后,价格立即掉头,回到你期望的方向,也就是你最初认定的方向。你心痛地看着价格逐渐超过0.9000。这时,不要后悔并怀疑自己。我知道这种感觉很难受,并且你们中有人会说,"如果我把止损稍微设低一点就好了。"事实上,我也这样说过,也这样做过,最终结果只是亏得更多而已。提前制定你的资金管理计划,知道你心里止损价位在哪里,然后下单。永远不要修改你的止损位。在重新入场前,要等待价格平稳并掉头。

请记住,你的止损被触及很可能不是巧合。市场上有很多猎杀止损者,经纪商会运用各种软件和技术来自动寻找你的止损位。

这些猎杀止损者和软件都可以轻微地移动市场价格。通过移动市场价格,他们可以轻易地触及大量止损单。我曾经就遇到一次止损幅度高达150点的止损单被瞬间触及的极端情况。通常情况下,你可以看到经纪商移动市场价格15~20点,以触及客户的止损。大型银行为了触及客户的止损,可以把价格向上或向下推动更大的幅度。

大部分业余交易者的止损位都可以预测。他们会选择一些关键的价格水平,比如0.8700或0.8750这样的整数位。在股票市场,我们总是强调要远离5美分、1毛、25美分的价位,也就是0.05、0.10、0.25、0.50和0.75这样的价格水平。我们应该在这些价位上加减几个点。如果你认为止损应该设在某个特定的价位上，想想其他有多少人也是这样想的。一定要远离这些价位，不要盲目从众。

有很多方法可以避开猎杀止损者和他们的工具继续交易。其中一种方法就是利用一个把止损当作市场指令的交易"机器人"。交易机器人会接受你的止损单，并将它储存在你的电脑上。当市场价格到达这个止损位时，机器人会自动将这个止损单作为市场指令递给经纪商。这样操作会有帮助，但是你很可能会遭遇成交滑移价差或者订单错误，你的订单得不到正确执行。

另一种方法是不用设止损，但是这个账户里的所有钱应该都是你亏得起的钱。如果你选择这种交易方式，就一定要搞清楚自己愿意承受多大的亏损。你可以在一个经纪商或多个经纪商那里开多个账户。采用这种交易方式，你就可以将追加保证金通知作为你的止损位。

你可以一直交易规模这么小的账户，这样你的账户就可以采用较大的止损。经纪商会发现你的止损设得那么远，远得让他们束手无策。你需要为这种交易方式制定一个长期的交易策略。有时候，你一笔交易可能长达数周时间。

NFA 对经纪商的营销材料，以及经纪商代理人（APs）可以针对成交滑移价差和价格变化说些什么，都有具体的规定。

NFA 的规则 2-29 和 2-36 就规定了 NFA 的成员或经纪商代理人与公众沟通可以采用的形式。

没有一个成员或代理人可以声称他们提供"无成交滑移价差"的交易，或者保证订单在客户指定的价格被执行。除非：

·他们可以证明所有客户的所有订单都是以交易平台上最初的报价（客户下订单时的报价）执行的。

·依照合同、协议或者其他条款，不存在权威以直接或者间接手段改变成交价格，进而调整客户的账户。

第15章　外汇经纪商保证金骗局

用"骗局"这个词可能不太准确——当你上网搜索时，你会发现人们在推销他们的服务，尤其是外汇时，喜欢使用"骗局"这个词，因为这会让他们的产品和服务排名更高。我总是喜欢那些揭露所谓的大师和骗子的网站。为什么？大部分抨击这种骗子的公司和个人，卖的东西其实与骗子无异。

毫无疑问，你需要调查你的经纪公司和经纪人，并查证他们所说的话。你可能不需要吃一堑，就可以长一智。但是一定要保持一个开放的心态。虽然是有一些"老鼠屎"在这个市场里面，但不是所有的经纪商都存在这种欺诈行为。此外，随着新的监管条例实施，大部分这种欺诈行为都不再像以前那样猖獗。

但是，用知识来武装自己，将有助于你识别自己是否陷入了麻烦。

一如既往地，经纪商通过提供高倍杠杆来吸引潜在客户参与交易。诱人的地方在于，只需要拿一点点钱冒险，就可获得巨大的潜在回报。但是，过度采用杠杆将导致你的账户更快地被打爆。对于这一点，经纪商是知道的，或者也可以说是早就知道的。通过提供高倍杠杆，做市商鼓励交易者交易特别大的头寸。因为成交量上去了，经纪商的收入也跟着上去了。与此同时，投资者亏损的风险也上去了。

大部分机构，比如大型银行和公司，会采用最小的杠杆，比如10 :1左右。而个人交易者这边获得的杠杆可高达400 :1。至于杠杆是100 :1还是200 :1，要取决于你的账户类型，但是最近颁布的监管法已经大大降低了这些杠杆水平，不过具体多少要看你交易什么货币对。

作为外汇市场的一个自律性组织，NFA 警告交易者在外汇交易中存在大量风险。NFA 指出在场外进行的外汇交易有着极高的风险，可能并不适合所有的投资者。可以用于外汇交易或者其他任何高度投机性的投资的资金，应该都是风险资本——换句话说，就是即便你亏完了，也不会影响你财务状况的钱。

在 2009 年 7 月，NFA 发现一个经纪商存在有损客户利益的滥用保证金、恶意平仓和成交滑移价差等行为。此外，NFA 还发现这个经纪商没有保留 2009 年 5 月之前所有未执行订单的记录。

NFA 在 2009 年对这个经纪商进行的审计中，发现这家公司存在有损客户利益的杠杆和保证金行为。例如，这个经纪商有一个规定，即每逢星期五，就把包括微小账户在内的所有客户的财务杠杆从原来的 200∶1 降低到 100∶1。这个每周一次调整的影响就是，把这些账户的保证金要求从 0.5% 增加到 1%。经纪商这一做法导致很多客户的账户突然达不到保证金要求，虽然他们在杠杆调整之前，这些账户的保证金是足够的。

为了使低于保证金要求的账户达到更高的保证金要求，经纪商会强行了结这些账户中最大的亏损头寸。但是，有时这些亏损的头寸包括多个合约，只要了结其中一部分亏损头寸就足以达到新的保证金要求。

然而，经纪商会武断地将所有亏损头寸都了结。这不仅导致客户账户的保证金盈余，而且让客户有些没必要了结的亏损头寸失去了重新盈利的机会。

经纪商不会在开户文件、公司的网站或通过其他任何方式，告知客户他们的账户是否采用 200∶1 的杠杆交易，是否受到每周一次杠杆调整的限制。

经纪商声称他们会在每周五用 E-mail 通知其客户将要进行杠杆-保证金调整。但是，经纪商无法举证所有遭受影响的客户都收到了这些电子邮件。经纪商每周五调整保证金要求，主要是为了降低那些采用 200∶1 高倍杠杆的账户经历周末所遭遇的市场风险，当然就像上面提到的，也包括所有的微小账户。

另外，在向小投资者推销微小账户，并且这些微小账户享有的 200∶1

第15章　外汇经纪商保证金骗局

的高倍杠杆时，经纪商没有充分告知微小账户客户200∶1杠杆伴随的风险——经纪商每周五会对采用这种高倍杠杆水平的账户进行杠杆水平调整。除了经纪商每周定期调整那些采用200∶1杠杆水平的账户的杠杆水平外，当经纪商预期市场会因周末的一些重大事件或潜在变化而发生大幅剧烈波动时，经纪商还会进一步调整这些账户的杠杆水平，有时会将保证金要求提高到2%。

这在2008年和2009年发生了3次：在2008年12月19日的星期五，预期美国通用汽车公司（GM）有可能在周末宣布破产；在2009年3月13日的星期五，由于G20峰会将在周末举行；在2009年6月12日的星期五，由于G8峰会将在周末举行。在这三种情况下，经纪商都有充足的时间来通知客户将进行保证金调整，但是经纪商都没有这样做。

由于预计市场将在周末发生大幅反向运动，经纪商在上述3个日期强行了结的大部分头寸，如果一直持仓到下周开盘，而不是被强行平仓，还有可能获得小部分盈利，至少是很小的亏损。但是，由于在这3个日期被强行平仓，致使客户的总亏损近42.5万美元。

这个经纪商的一个外汇客户在2009年6月12日星期五——周末的G8峰会之前，账户的保证金要求被提高到了2%。随即，经纪商了结了这个账户中亏损超过25000美元的最大亏损头寸。但是投资者没有得到任何关于经纪商将在6月12日提高账户保证金要求并强行了结一部分头寸的通知。

如果这个投资者提前获得将提高保证金的通知，她将注入额外的资金以达到经纪商更高的保证金要求，这样，也不需要了结账户中的头寸。

还有另一个美国的客户，在2008年12月19日星期五，因为通用汽车公司有可能在周末宣布破产，也遭遇了账户保证金要求从0.5%提高到2%的情况。经纪商随之了结了该客户的一部分头寸，以达到提高了的保证金要求，而没有提前通知这个客户他将采取强行平仓这一行为。

由于经纪商的这一武断行为，这个客户的账户遭受了近15000美元的亏损。不管是定期的做法还是因为特殊情况而采取的临时措施，经纪商在星期五提高保证金要求的这一做法的另一个可恶地方在于，经纪商会等到这天交易日快结束时才进行调整。因此，客户会在星期五早时段获得一个杠杆水平，然后在几小时，有时在几分钟之后，要持仓过周末的头寸的保证金要求就被悄悄提高。

经纪商在每周五调整杠杆和保证金要求，并且不提前通知有关客户的做法，剥夺了客户注入额外资金以继续持有头寸，或者至少选择了结哪一部分头寸的权利和机会，导致这些客户遭受了重大亏损。同样，这个经纪商也违反了坚持高标准商业信用的义务和公平公正的交易原则。

这是 NFA 的一个真实案例，你也可以到网站 www.jdfn.com 上了解更多关于这个案例的信息。在这个网站上，你还可以了解到更多保证金要求会如何影响你交易的方式的信息。你可以用于保护你的资金的一大方式就是实行良好的资金管理。请一定记住，当你采用杠杆交易时，杠杆水平就成为你整个资金管理计划的一部分。这样，你就可以把你愿意冒多大的风险，以及最大亏损幅度等因素考虑在内。

第 16 章　模拟账户的诱饵调包法

模拟账户的风险警告

关于这个话题，我可以说几天几夜不停嘴，特别是在我这几年深受其害之后。在经过大量时间的测试和调查之后，我开始明白经纪商背地里到底在搞什么鬼——可以这么说。

交易者应该注意到因为经纪商用于市场的一些诱骗调包策略，NFA 颁布了相关的规定和监管法则。我听说最近的诉讼案中就指出了这一违法行为。

在外汇市场，经纪商会向客户提供这种模拟账户，或者说练习账户，以帮助交易者树立交易信心。你可以到经纪商那里注册，开通你的模拟交易账户，然后开始交易。这个过程没有什么不对，从模拟账户开始也是制定你的交易计划的一个好方法。通过大量交易，从你的错误中汲取经验教训。

我当然也是这样做的，也被灌输了这样的概念。各个经纪商那里的业务员都告诉我交易模拟账户与交易实盘账户是没有区别的。不过，他们没有告诉我全部。他们没有告诉我经纪商不会浪费时间在模拟账户上。他们只是帮你把模拟账户开通了而已。也没有专门的服务器来操纵你的模拟账户订单。从某种程度上说，模拟账户交易的市场更像是一个理想的外汇市场。而真实市场的交易将与你在模拟账户上的交易大相径庭。

主要的原因是经纪商没有必要像在实盘账户上那样，在模拟账户上搞那些小动作。在你投入资金开始实盘交易之前，经纪商不会跟你玩什么花样。你只有在开始"实盘"交易之后，才会进入经纪商的秘密"雷达"扫描范围。

诱饵

这当然不是个别经纪商的行为，虽然我也不认为这种行为比过去有所收敛。经纪商开始都宣称模拟账户与真实账户无异，以此吸引客户。你可以开通模拟账户，一旦开始模拟交易，就会一发不可收拾。

有些经纪商允许你选择模拟账户的类型：迷你账户或者标准账户。有些经纪商还允许你自行决定模拟账户的规模，以及你想采用的杠杆水平。不管差异如何，这些都是有用的，也是你想试试的。

你在模拟账户中的交易结果是否与你开始实盘交易后的结果差不多，要取决于你的经纪商在实盘账户上玩些什么花样。如果你的经纪商是个正规合法的经纪商，那么你确实可以大致估计你的实盘交易结果。

我无法告诉你到底有多少人跑来告诉我他们的模拟交易做得有多好，以及他们的盈利单达到几百几百笔且没有一单亏损。当然，这是令人振奋的消息，但是当我下一次再见他们时，我听到的都是他们在开始实盘交易后，亏了多少多少钱。

也有个别交易者解释他们亏损的原因是他们改变了在模拟交易时采用的方法。他们告诉我他们无法在实盘账户上做和他们在模拟账户上做的同样的事。

如果你想制定一个交易计划并测试你的计划，临时改变策略是不明智的选择。你要确保你前后使用相同的方法交易。

不管怎样，在大部分经纪商那里，你想在实盘账户上复制你模拟交易时获得的成功，是有困难的。大部分经纪商不会操纵模拟账户的服务器，或者在模拟账户上玩本书提到的那些招数。但是实盘账户就不是这么一回事了。

NFA 制定了一些特别规定来管理经纪商利用模拟账户进行误导性推销的行为。

NFA 的规则 2-29 和 2-36 规定了 NFA 的成员或经纪商代理人与公众

第 16 章　模拟账户的诱饵调包法

沟通可以采用的形式。其中规则 2-29 规定了成员在招徕客户参与期货和期货期权交易时与公众沟通的方式,而规则 2-36 规定了成员在招徕个人客户参与外汇交易时与公众沟通的方式。

这就是你现在看不到经纪商过去采用的那些老戏法的主要原因。他们知道他们现在在做什么,只是不会告诉你你的模拟交易将会做得多么出色。你仍然需要提高警惕。

调包

所以现在进入"调包"环节。毕竟经纪商费尽心思吸引你进来开模拟账户,最终只是为了让你开实盘账户并投入资金。其实这也没有什么错,但是黑心的经纪商不会就这么简单。当你开通实盘账户以后,你会遇到一些匪夷所思的情况,这都是你在模拟账户中没有遇到过的。

有些现象将开始出现——你的订单不会像以前模拟交易时那样被有效执行。现在,交易平台会注意你的交易,即便你的经纪商没有自己的交易平台,电脑也会注意你的交易。你会在下订单时遇到一些错误,也会遇到一些无效价格、订单延迟执行等情况。这将改变你交易计划执行的方式。

如果你交易非常成功,你将登上经纪商的"麻烦客户名单"。上了这份名单,就等于上了黑名单,你的订单将得不到有效执行,而且这份名单会把你的账户移到一个缓慢的服务器上。这样,经纪商可以延迟执行你的订单,让你的订单执行非常不顺利,当然还有大幅的成交滑移价差。

在我写作本书时就有一起诉讼揭露了我讨论的经纪商的这种行为。原告称这几年在经纪商那里亏损了逾 15 万美元。这起诉讼针对的是模拟账户,经纪商用来吸引客户的模拟账户实际并没有模拟真实的市场状况。当客户开始实盘交易之后,他们获得的是完全不同的交易执行状况。这起诉讼的焦点放在交易的执行上,指出经纪商实际是一个追踪盈利客户的市场做市商。主要内容摘录如下:

为了进一步提高客户的交易信心,经纪商怂恿客户开通练习账户或模拟账户(在下文中都统一称为"模拟账户")来熟悉平台并累积交易经验。但是这个模拟账户,就像无数广告中宣传的那样,误导了客户对于平台的本质、功能和表现的认识。一旦被鼓惑开了实盘账户，客户就落入了一系列经纪商精心策划的策略和陷阱中。有些利用基于复杂算法和高速电脑的极端复杂的电脑软件，让客户误以为他们的交易是受到正常的市场力量影响，但实际上是经纪商在与他的客户对赌。

而这所谓的"模拟账户"——经纪商说服潜在客户投钱开户的必备工具——其实是最狡诈最可恶的谎言。通过"模拟账户"交易不需承担任何财务风险，客户可以获得直通式市场价格，也没有经纪商的干预或操纵。一旦客户开通实盘账户并开始用真实资金交易，经纪商提供的交易环境的转变，无异于现代被称为"三张牌"骗术⑧（Three-card Monte）的经典街头骗局。一旦开始实盘交易后，直通式市场定价就会被经纪商干预和交易操纵所取代。

练习账户

一个注入资金的练习账户基本上就是一个实盘交易账户。你在这个账户中投入真实资金，就可以开始测试你的交易策略。现在还有一些经纪商允许你交易迷你合约。这类经纪商大部分都是离岸公司。总之，重点就是找到一个可以做很多笔小额交易，而不需要担心风险的账户。

所以如果你投入1000美元到一个允许你交易迷你合约的小账户里，你就可以做我称之为"动手实践"的活动。不像模拟账户里面的都是虚拟资金，你现在是在用真实的资金在市场上交易。

当你用真实资金交易后，交易的变化之大，简直令人咂舌。无论你是1美元还是10000美元，都是实实在在的钱，不是虚拟的。当用真实资金交易时，你会开始注意自己想要赚多少钱，以及需要赚多少点。然后突然有一笔交易对你不利。

---

⑧ 是一种常见的街头骗局，比如，"庄家"手持3张扑克牌，两张黑牌一张红牌，不停地移动3张扑克牌，让押注者猜哪张是红牌，猜中便可赢钱。骗子有时故意露一角给旁边者看，引诱旁观者下注。骗子凭着倒牌的速度，通过障眼法骗人。——译者注

第16章　模拟账户的诱饵调包法

现在，你必须告诉自己——我需要坚持我的资金管理，我需要砍掉我的亏损。不要害怕亏损。当你开始交易更大的账户后，不要把注意力放在钱上面。如果你一直盯着钱不放，那么当你的钱处于危险之中时，你会很难熬。

百分数就是百分数，不过无论出于什么原因，10万美元的10%就是和1000美元的10%不一样。所以，如果你开始习惯于用百分数而不是多少美元来计算盈亏，你将会顺利地进入交易的下一步骤。你也可以用"点"来替代百分数或美元，这样，你就只是看着你的账户往上或往下波动了多少点。我个人比较喜欢用百分数来计算。

运用只有小资金的练习账户或者模拟账户来熟悉这个过程，是不错的选择。虽然练习账户的交易与模拟账户的交易是不同的，但是在你开始赚钱之前，经纪商不会在你的账户上耍什么花样。

第 17 章　经纪商的 B 账簿

在外汇市场，经纪商和你对赌并不是什么秘密。但是这对作为交易者的你意味着什么呢？这意味着只要你亏钱，作为你对手盘的经纪商或银行就会赚钱。由于经纪商作为你头寸的对手盘，所以他们会追踪你的交易。

我要在本章讲的内容是你很难在 Google 上搜索到的，都是些内部信息。如果经纪商们看到了这些内容一定会大为光火的。事实上，如果你去问经纪商这些问题，你会发现大部分经纪商都不会理你或者逃避你的问题。大部分经纪商都是通过公司日记簿（the book of business），或者说 B 账簿（B-book）来赚钱的。银行除了这种方式外，还有其他一些赚钱的渠道，这是普通经纪商所不具备的。

B 账簿是一个过程。它是做出所有决策的交易清算室的会计部分，基本上就是你的经纪商看你和你账户中存款的方式。B 账簿会显示你是否是盈利的客户。请注意，这个"盈利"是对经纪商而言，不是对你而言。如果你正在赚钱，那么你每赚一次，你的经纪商就亏一次。所以，你的经纪商会密切留意你是如何交易的，以及你是在为自己赚钱还是在为经纪商赚钱。

外汇是一个零和市场。这从经纪商的 B 账簿上的亏损和盈利项目就可看出来。当你的账户赚钱或亏钱时，你的对手盘就会亏钱或赚钱，结果刚好是相反的。当你外汇账户的盈利亏损净值与你的对手盘的盈利亏损净值加总起来结果为零，就被称为零和博弈。

但是，当你将佣金和点差考虑进去后，它就变成了负和博弈，这意味着你对手盘的 B 账簿显示的收益有可能比你的实际存款额大。我在调查中得知，通过海外的外汇经纪商运行 B 账簿，一个账户通常可以产生存款金额 120% 的回报。至少经纪商认为你的存款具有这个价值。所以如果你投入 10 万美元，经纪商会认为你的账户价值 12 万美元——如果你把账户打爆的话。

当你上了经纪商的 B 账簿以后，你交易的对手盘会用很多公式、策略、计划和软件程序来让你几乎不可能从外汇市场赚钱。当所有环节都公平的时候，你一笔交易有 50% 的机会赚钱。你的头寸要么赚钱，要么亏钱。就是这么简单。

这意味着从统计学上讲，你的账户每亏损一次，就自动会盈利一次。现在，让我们把技术面分析和基本面分析纳入这个方程。再次假设所有环节都是公平的，并且你知道如何运用技术面分析和指标来制定一个技术交易策略，这样你就大大提高了你盈利的概率。

通过基本面分析来帮助确定市场的方向或趋势，将进一步提高你成功交易的概率。基本面事件就是驱动市场的新闻事件。它们是每只货币波动方向的背后驱动力量，是它们决定了每只货币的趋势和趋势内波动。

当你把技术面交易策略、基本面分析以及 50% 的盈利概率加起来时，你每一笔交易成功的概率应该接近 70%。虽然任何成功的外汇交易者都会告诉你，资金管理是外汇交易获得成功的关键要素，但是这对你交易获胜的概率没有太大帮助。

根据 CFTC 最近的研究，普通外汇交易者会在整个外汇交易过程中亏损 1.5 万美元。随着我们更深入研究经纪商的 B 账簿，我们可以推断对于每一个开通外汇交易账户的新客户，经纪商都会让他几乎不可能从交易中赚钱。

这是通过经纪商的风险管理部门实现的。风险管理部门为经纪商或银行承担的风险设置参数——假设是在 B 账簿中。为了系统地将客户账户中的资金"窃取"过来，经纪商的基本策略是从许多以特定交易者为目标的简单策略开始的。

风险管理部门也会用概率来判定风险。就像你的交易账户中那样，过去的绩效表现会左右对未来绩效的预期，经纪商的风险管理部门深知这一

第17章 经纪商的B账簿

点。他们在概率模型中运用各种的策略和技术，来估计你在外汇交易账户中亏钱的可能性。

这些风险管理部门采用的一些基本策略包括（但是并不仅限于此）：作为其B账簿中资金少于5000美元的账户交易的对手盘，并假设这类客户交易的风险。风险管理部门知道，那些只投入5000美元或更少资金的客户通常都是交易新手，比起那些有更多风险资本投入市场的投资老手，经验要少很多。一个只投入5000或更少美元的交易者，他的误差容许量也很低。如果一笔交易只发生了很少量的浮动亏损，你的账户被平仓或止损的概率就很高。

这些风险管理部门也会留意那些杠杆水平很高的账户。如果你采用高倍财务杠杆，那么你的账户被平仓或止损的概率会高于那些采用低倍杠杆或者不采用杠杆的账户。这些只是风险管理部门实行并用于判断风险，或者说判断你外汇账户亏钱概率的一少部分策略。

如果你的经纪商或银行是你交易的对手盘，他们就会评估作为你交易对手盘的风险。这意味着当你的交易账户盈利时，你的经纪商或银行就在亏钱。为了阻止B账簿出现亏损，你的对手盘会通过一个对赌平台来处理你的交易。所有经纪商都有一个对赌平台，即使他们也有直通式价格（STP）模型。对赌平台为交易者提供流动性并处理交易，但是是作为风险管理部门的一系列行为的最后一个环节。对赌平台，或者类似的交易平台，被你的银行或经纪商视为利润中心，而这些利润都来自于你的亏损。

经纪商的B账簿都是严格保密的。这就是你在上网时，没有看到太多与之相关的信息的原因。不过随着市场监管不断升级，相关信息将变得更加公开。毫无疑问，经纪商的B账簿是经纪商挖掘与客户"对赌"的机会的最大领域。

请记住，这并不一定就是骗局或者坑人的行为。我个人就不认为经纪商想要平衡账目有什么问题——这表示如果你做多欧元/美元而我做空欧元/美元，经纪商的账目就平衡了。但是，有些不良经纪商还是会采用我们之前讨论过的一些策略。他们会向两边滑移执行交易，以制造更大的点差和更多的利润。他们会延迟执行你的交易，以从他们的流动性提供者那里获得一个更好的价格，从而创造额外的收益。

　　然后，你遇到经纪商与你对赌的情况。经纪商会留意他的账簿是否平衡，如果不平衡，他就会做出是否进入市场对冲风险的决定。大部分大型经纪商会选择自己承担风险，而不是到公开市场上进行对冲。经纪商都有能力部分或全部抵消风险。所以要提防经纪商的骗局，知道背后有个B账簿在与你对赌。

第 18 章　对赌平台

经纪商是否在用对赌平台,是很多外汇交易者问了多年的一个问题。在不久前,个人交易者(不是经纪商的交易员)开始把各种蛛丝马迹拼凑起来,以判断外汇经纪商是否通过对赌平台来窃取个人交易者的资金。这些年来,我遇到了很多为一些大型外汇零售经纪商工作的交易者,他们就是在对赌平台上工作。

当我刚刚参与外汇交易时,选择了一个新的外汇经纪商。我记得在这家公司乔迁新址后,去了趟这家公司。可以说,这家公司的搬迁是一次升级,因为这家公司的新办公地已变得非常豪华气派。我在参观公司的新设施时,我的"导游"向我展示公司的对赌平台(也可以说交易平台,或者你想怎么称呼都可以)。这个平台很有意思,至少可以这样说。它就像美国航空航天局的控制中心,有着众多的电脑显示屏和工作人员。

这些工作人员是经纪商的交易员,在经纪商的对赌平台上工作。可以说,每个交易员都有他自己的 B 账簿。这些交易员的目标明确,专门与经纪商的客户进行对赌。当然,这些经纪商的交易员配备了各种各样复杂精密的工具和软件来打败个人交易者,当然就出现了经纪商和客户之间的利益冲突。

随着最近监管方面发生改变,很多大型外汇零售经纪商都声称他们没有对赌平台。唉,不要被他们骗了。他们是有的。他们可能不会称之为对赌平台,但是他们有与对赌平台功能相似的其他平台,并且运算速度只会更快。有些经纪商将他们过去的对赌平台称为管理交易平台,有的则不作任何声张,只是悄悄将其自动化,当你下单时,它们就自动接下你的单子。

　　大部分经纪商都有办法使交易偏向有利于自己的一方。要想在外汇交易上获得成功，你必须机警精明，先于经纪商采取行动，并懂得如何在经纪商的游戏里打败他们。这是可以做到的，并且每天都有人做到。还是有很多外汇交易者赚了很多钱。但是如果你不用适当的知识和工具来武装自己，你就不可能打败这些经纪商。

　　经纪商的交易员在对赌平台上盯着你的一举一动。他们是专门雇来为经纪商赚钱的。他们为经纪商赚钱的方式就是促使你亏钱。经纪商的交易员会使用他们的交易终端来查看他们的流动性提供者的报价。经纪商的交易员都有一本他们负责的 B 账簿。当客户的交易显示在经纪商的终端上时，经纪商的交易者——后面我们将称其为"戴夫"（Dave）——就开始采取行动。

　　戴夫决定在 1.4022 买入欧元/美元。他会迅速查看从经纪商的流动性提供者那里获得的买报价和卖报价。戴夫在撮合交易时，为经纪商寻找的价格要优于提供给客户的价格。交易中的这种套利或者说点差的差值，是经纪商收益的来源之一。现在再加上一些成交滑移价差，经纪商就可以赚到更多。

　　让我们再进一步讨论这个问题。假设经纪商想要赚更多钱。对经纪商来说，最好的办法就是持有与客户交易相反的头寸。当客服下单时，代表经纪商的戴夫只需要接下这笔单子，不需要将其递给经纪商的流动性提供者。戴夫将作为客户交易的对手盘。客户买入，代表经纪商的戴夫就卖出。

　　经纪商会一直持有头寸，直到客户出现亏损。经纪商也会采用其他一些手段来确保自己的收益。这些手段包括成交滑移价差、重新报价和扩大点差等，而且这些只是经纪商采用的手段中的一小部分。在运用这些手段时，经纪商脑子里只有一件事，就是把你手里的血汗钱捞过来。

　　我在本书中已经提过，在最近的一次民事诉讼案调查中，我看到了一个外汇经纪商的交易员写的一封电子邮件。这个交易员就在经纪商的对赌平台上工作。在这封电子邮件中，这个经纪商的交易员说，"我已经确定

第18章 对赌平台

这个客户在使用什么交易策略。我肯定可以打败这个客户。"这个交易员还说,"我可以找出其他客户并打败他们。"如果你正运用简单的交易方法,经纪商早晚会发现,然后用相同的方法来和你对赌。

自动化对赌平台

不要仅因为经纪商告诉你他们没有使用对赌平台,你就相信他。其实大部分经纪商都只是将这一过程自动化了。他们不再需要对赌平台或交易员。事实上,比起电脑和服务器来,人类的运算速度太慢了。经纪商会使用复杂的软件和程序来交易,速度远远高于其客户。经纪商会延迟执行交易,制造成交滑移价差。大体上,经纪商可以神不知鬼不觉地采用他们想用的任何手段。

我想一定要指出的是,经纪商必须赚钱,因为这是他们从事这项工作的原因。正如你看见的,虽然很不幸,为了提高他们的收益,他们太容易做这些坏事。怎么样才是公平的做法?对经纪商来说,为他们的客户提供服务的最聪明和最公平的方式是,采用直通式价格模型(STP)。经纪商只需要将你的订单,与他们的流动性提供者以最好的价格进行撮合,然后适当提高差价就可以了。

专业的对赌平台

专业的对赌平台——我想这是一种矛盾修辞法。有一个经纪商声称他们在以一个专业的方式运行对赌平台。这个经纪商作为你交易的对手盘,这意味着他用你的钱来与你对赌。你卖空,他就做多;你做多,他就卖空。在我看来,这似乎一点都不专业。

我想让你打电话问问那些经纪商,看谁有专业的对赌平台。当你找到有这种专业对赌平台的经纪商时,请记下来。他们就是上面提到的那些内部电子邮件的罪魁祸首。这些邮件指出经纪商在使用缓慢的服务器和其他工具来导致客户交易亏损,手段包括识别客户的交易形态,然后用这些形态来与客户对赌等。

相比之下,我熟知的另一个经纪商则扮演了市场做市商的角色,也就

— 163 —

是说这个经纪商在运行一个对赌平台。这个经纪商也说这个平台的运作是100%自动化的。它只是加了一点点差,并自己接下了每一笔单子,没有将单子递到市场上。这个经纪商处理客户交易的过程是,自动从经纪商的流动性提供者那里寻找最好价格,然后以这个最好的价格,再加上一部分点差执行客户的订单。

真正的电子通讯网络技术

未来将看到真正的电子通讯网络(ECN)技术在外汇个人交易中普及。外汇个人交易者需要有参与整个外汇市场的机会和能力,通过提供增加的流动性和更多的外汇货币价格。

与20世纪90年代中期的一种Ⅱ类型技术相似的技术将发挥作用。如果客户能够在他们自己的价格提供货币对,就将创建一个更大的流动性池。交易者将有更多的价格选择,不会遭遇任何操纵。过去就曾做出过这方面的努力,但是收效甚微。有些经济商宣称自己的是ECN,但在我看来,他们并不是真正意义上的ECN。

现在,允许个人交易者作为外汇交易对手方的一个问题就是监管。法律规定只有经过注册的公司才能作为交易的对手方,所以个人交易者要像市场做市商一样向市场提供货币对,存在很大难度。但是这种局面会很快得到改观。

这些宣称自己是ECN,并且是第一个将真正的ECN技术带给外汇零售行业的经纪商,简直是胡说八道!这种经纪商的诚信令人怀疑。我认识这种经纪商以前的一个老板,他曾向我吹嘘他通过和客户对赌从客户身上赚了多少多少钱。他随身带着他的笔记本电脑,只需要打开电脑,开启他的后台运行软件移动市场价格或延迟执行客户订单——他还有其他很多卑鄙的伎俩可以选择,就可以每天赚到成千上万的钱。客户无法获得真正的ECN技术。

最后总结一句,你需要用上所有的策略和技术,这样你才能在经纪商的游戏里打败他们。

第 19 章 打败经纪商的交易策略

第 19 章　打败经纪商的交易策略

在这一章内容开始时，让我们花几分钟时间来搞清楚在我们知道了经纪商背后耍的花样后，如何在外汇交易中获得成功。

不是所有外汇经纪商都会偷窃你的资金，也不是所有外汇经纪商都是坏的。只不过你事先一定要进行详尽的调查研究，然后开一个模拟账户看看经纪商的报价和订单执行情况如何。请记住，模拟账户不能代表你用真实资金开的实盘账户。但是，开通和操作模拟账户将使你明白在操作实盘账户时应该注意什么。你开了实盘账户后，要从小笔资金开始交易，并留心观察你得到的是什么样的订单执行方式。

在过去 12 年里，我留心观察了很多经纪商。有些经纪商很可恶，有些经纪商就很不错。只是我还没有找到非常好的经纪商，不过我会继续寻找下去的。但是，要在这个市场交易，必须通过经纪商。怎么办呢？我想有必要提一句，随着最近颁布了很多针对外汇市场的法律法规，大部分大型经纪商已经开始规范操作循规蹈矩了。他们不会再像过去那样无法无天了。

外汇市场的整体情况，与股票市场走向自动化（纳斯达克）时发生的情况没有什么区别。在很多年里，个人交易者被蒙在鼓里并且永远慢一拍，在股票市场通过经纪人买卖股票与外汇市场没有什么不同。你仍然需要小心谨慎，并密切留意你的订单执行情况。

有很多交易策略可以帮助你领先于经纪商。其中很多策略会要求你远离你经纪商的"雷达"监视屏。这里有一些建议：不要让你的经纪商看到你的止损位和止盈位。不要让你的经纪商发现你持有大量利润。要定期取出你的利润，让你的账户规模一直保持相对较小的状态。你也可以选择较大的止损和止盈，只要处于你的资金管理计划内就行。

在消息发布之前交易的策略

在任何交易中，先于价格波动入场都是交易赚钱的关键，但关键的关键在于知道交易的准确时间以及市场的波动方向。对于任何外汇波动来说，关键要素之一就是新闻事件，我喜欢称之为"交易的基本面"。我们可以用基本面来确定市场的波动方向，然后用我们的"技术指标"来确定精确的入场和出场时间。

驱动市场波动的最大新闻事件之一就是发布利率决议。我会告诉你一个简单的数学计算方法，可以在利率决议发布之前判断任何一个央行是否将提高利率、降低利率或维持利率不变。

让我们来看一个交易者经常用来预测各个央行的短期目标利率的公式。这个公式是约翰·泰勒（John Taylor）在1993年提出的。今天，泰勒规则已经作为一个通过当前经济状况评估利率水平的方法，被经济学家广泛使用。我们可以通过真实通胀率或真实GDP与目标通胀率或潜在GDP的差距，预测一个央行将多大幅度改变短期利率（如果有的话）。想要确定短期利率目标，你可以用央行的目标利率，与GDP增长预期和通胀数据作比较：

其中 表示短期名义利率

是中性利率减去短期利率与目标GDP和通胀率的均值

是预测的GDP增长率

是观察到的GDP增长率

是预测的通胀率

是目标增长率

当这个公式表明GDP增长率或预测的通胀率高于目标趋势水平时，短期利率就应该增加预测的通胀率和目标趋势水平之间差值的一半。如果预测的GDP增长率或预测的通胀率低于趋势和目标水平，短期利率就应该相

第19章 打败经纪商的交易策略

应降低。

你也可以考虑下面这个公式:

其中 代表短期名义利率

是中性利率

是通胀缺口系数

是实际通胀率

是目标通胀率

是失业缺口系数

是实际失业率

是非加速通货膨胀失业率

记住,在用泰勒的模型时,要结合当前的失业率和通胀数据来预测未来的利率决议。这将有助你在波动开始之前预测市场的波动方向,并让你在利率发布之前进入市场,从而使你的交易更准确和更精确。

任何交易策略的成功,都取决于一些关键要素,比如在行情开始之初或附近,精确的入场和出场择时。你要知道任何市场都有趋势,不管这个趋势是向上、向下,还是横向整理。大趋势中还有一些小趋势。你可以在较小的时间框架中看到这些小趋势。

作为一个外汇交易者,当你学会如何不被卷入经纪商的游戏中,你就掌握了打败这些经纪商的关键!如何做到这一点呢?你可能在较小的时间框架中交易,而经纪商通过各种系统性的方式从你每笔交易中窃取一小部分资金。所以,你的利润就更少了,而这意味着你的亏损更大了。最终看起来,你似乎有很糟糕的资金管理或情绪化的交易习惯。所以,个人交易者应该如何对付经纪商的这些可耻手段呢?首先,要实践良好的资金管理。

资金管理规则

这里有一个规则,是我用于资金管理的规则之一。

用账户余额乘以你接受的亏损百分比,就得到了你在每一笔交易中愿意亏损的资金数额，再用这个数额除以你止损的点数，就得到了你可以交易的合约手数。

这是一个很简单的计算过程，但是有一些简单的规则需要遵守：

1. 你愿意拿来冒险的金额。在每次交易中，要确定你愿意承受的最大亏损数额是多少，可以用你的账户余额乘以最多0.05（5%）的系数。例如：5000美元的迷你账户乘以0.05，等于250美元。

2. 你愿意承受亏损的点数。这是由你入场的价格和你止损的价格决定的。用正常点差乘以2，将两倍点差计入到总亏损点差中，预防点差扩大的情况。

3. 你可以交易的合约手数。每笔交易的合约手数，是由你愿意拿来冒险的金额和你止损的点数决定的。

注意：如果你的账户余额为5000美元，你在这次交易中愿意拿账户余额的1%来冒险，那么你愿意承受亏损的金额就为50美元（5000×0.01=50）。假设你的止损位离你的入场价25点（包括2倍的点差），用你愿意承受亏损的金额除以你的止损点数，就得到你可以交易的合约手数（50÷25=2）。（请注意，本例包含一个假设：交易品种价格波动1个点，价值1美元。——译者注）

5000×0.01=50/25=2

如果你将良好的资金管理纳入你的交易策略，将有助于提高你交易不仅赚钱而且非常赚钱的概率。在经纪商的游戏里打败经纪商的一个方法就是，选择较长期的交易策略，比如波段交易或中线交易（position trade）。这类交易，你可能需要持有头寸一天至数天不等。这样，就可以利用市场的整体趋势，并将经纪商作为你的对手盘的影响降到最低。当经纪商发现了你的交易策略和风格，他们会直接把你的单子递给银行，以避免他们的账户出现亏损。

这里有一个交易策略，你可以用于波段交易。请注意，这是一种持有头寸时间长达60分钟到数天不等，直到趋势反转的交易。首先，我会查看日线图。在日线图上，我会添加50日、100日和200日的简单移动平均线。这些移动平均线常常是支撑和阻力区域，并且它们的交叉被广泛用于

第19章 打败经纪商的交易策略

识别主要趋势反转。

我也会利用线性回归通道来确认通道或整体市场趋势,确保我在支撑和阻力水平以及通道的附近,以利用市场较大规模的波动获利。如果市场正处于单边市,我会加上菲波纳奇投射线来预测市场的发展潜力。如果我在回调或价格修正时入场,我可以用菲波纳奇回撤线来判断市场的回调价位。

接下来,我会用120分钟图,也就是2小时图来确认近期趋势。这个趋势应该与日线图上确认的整体趋势吻合。在120分钟图上,我会加上线性回归通道以及支撑和阻力区域。在交易时,一定要考虑支撑位和阻力位的情况。

在确定入场时间时,可以选择60分钟图。你需要在图上添加抛物线指标(parabolic stop and reverse, SAR)、商品通道指标(CCI)和三重指数平滑移动平均线(TRIX)。你应该在这几个免费指标发出相同信号时入场。寻找TRIX交叉的同时,抛物线指标与趋势方向相反的情况。当价格在新的趋势方向穿越抛物线指标时,就可以入场交易。

你需要确认交易还有发展的空间。这时,你可以用CCI来进行确认。如果CCI指标低于100,价格就还有很大的上涨空间(可以做多);如果CCI高于100,价格就还有很大的下跌空间(可以做空)。交易要获得成功,这3个指标必须在3根蜡烛线内发出相同的指示。

最后,在15分钟图上查看成交量。你要寻找成交量上升的情况,以确认市场还有继续波动的空间。如果成交量下降,那么价格将没有足够的动量继续波动下去;如果成交量不断上升,就可以确认市场还在继续波动,并且有可能出现价格调整的情况。这将让你顺着市场整体趋势交易,也让你更精准地斩获更高的利润,并消除经纪商对你交易的影响。

不管我在本书中揭露了多少经纪商那些上不得台面的事情,外汇市场永远都有个人交易。它是一个令人激动的市场,是世界最大的金融市场,并且规模只会越来越大。如果你运用良好的资金管理并消除自己情绪的影响,那么你离成功的外汇交易就更近了一步。试着运用本书讨论的一些交易策略,包括刚刚才提到的这个策略来打败你的经纪商,成为这个外汇游戏的赢家。

第 20 章 经纪商的选择

本章的这个主题很难,至少可以这么说。关于选择哪个外汇经纪商以及选择的原因的问题很难确切回答,因为它基本上是一个移动的目标。这些年来,我在很多外汇经纪商那里交易过,而我只能猜测未来我还将在多少个经纪商那里交易。

在本章节中,我将试着提供截至本书写作时,可供选择的经纪商名单以及我了解到的关于这些经纪商的信息。如果你想第一时间知道我正在选用哪个经纪商,以及其他交易者正在选用哪些经纪商,最好的办法是去我的网站 www.jdfn.com 查看。我会不断更新各个外汇经纪商的相关信息,其中有些是我自己的调查获得的,有些是网友提供的。

随着最近法律和监管方面发生改变,大部分大型外汇经纪商的经济状况比他们以前好。由于净资本要求提高,那些小经纪商面临不是被淘汰,就是被收购的命运。

财务状况

你可以去 CFTC 的网站上查看外汇经纪商的净资本要求情况,网址是 www.cftc.gov/marketreports/financialdataforfcms/index.htm。

期货经纪商(FCM)必须在每个月月底之后 17 个工作日内,向 CFTC 的清算与中介监管部门提交财务报告。这些报告的一部分财务信息列在表 20.1 上。最近一个月的信息通常是在 FCM 提交他们的报告之后 12 个工作日进行公布(不过有时公布的时间也会被推迟)。例如,2011 年 2 月的财务报告结算的最后一天是 2011 年 2 月 28 日,提交财务报告的到期日是在结算期最后一日之后第 17 个工作日，准确地说就是 2011 年 3 月 23 日。那么发布这些数据的时间就是在 12 个工作日之后，也就是 2011 年 4 月 8 日。

表 20.1 经纪商（所有数据的单位皆为百万美元）

FCM,零售外汇交易商	注册类型	指定自律组织	截止日期	调整后的净资本	净资本要求	超额净资本
FXCM,福汇集团	RFED	NFA	05/31/2011	73,732,988	26,304,344	47,428,644
FX Solutions,环亚汇市	RFED	NFA	05/31/2011	38,509,672	20,383,010	18,126,662
FXDD	RFED	NFA	05/31/2011	24,396,671	21,382,649	3,014,022
MB Trading,	RFED	NFA	05/31/2011	24,193,173	21,333,606	2,859,567
Gain,嘉盛集团	RFED	NFA	05/31/2011	62,623,823	25,066,173	37,557,650
Forex.com（属嘉盛集团）	RFED	NFA	05/31/2011	62,623,823	25,066,173	37,557,650

这些报告将列出经纪商的注册类型（是 FCM[9]、BD[10] 还是 RFED[11]），以及其他比如调整后净资本和净资本要求方面的信息。

我会在我的网站 www.jdfn.com 上公布截至 2011 年 5 月底，我在本章中提到的这些经纪商的相关数据。我的团队在做一件事情，就是不断测试各个经纪商的交易平台，力图找到最好的一个。当经纪商声称做出改变，以求更好时，我会重新进行测试，并将测试的结果公布在我的网站上。

业务情况

除了了解经纪商的财务状况，还要分析经纪商的业务情况，这才是真正重要的东西，包括经纪商的商业模式、长远目标、客户意见等等。要自

---

[9] FCM：是指期货佣金商或期货经纪商。——译者注
[10] BD：是指 FCM 同时在美国证监会注册证券经纪商。——译者注
[11] RFED：是指零售外汇交易商。——译者注

第20章 经纪商的选择

已进行尽职调查。

细想一下你与经纪商的关系。你的期望是什么？经纪商的期望是什么？是的，我们都知道你的计划是开一个账户交易外汇，而期望是赚钱，但是这就是你全部的期望吗？当事情变糟糕时会怎么样呢？想知道美好时期是什么样子，最好的办法就是想象一下在糟糕时期经纪商会怎么对待你。毕竟，事情不会总是一帆风顺。有时候，你也需要经纪商的配合，以纠正错误。所以，你的经纪商会怎么做呢？

举个例子，要想知道经纪商会如何处理订单执行方面的问题，可以去网上看看客户的评论。虽然大部分在网上抱怨的人都是因为他们对某一情况不满，但是请记住一点——那些满意的人是很少在网上抱怨的。所以，当你在看这些抱怨内容时，要想象一下每一个不满的人背后，都有100个满意的人没有说一个字。愤怒的抱怨有时候也是不真实的，如果你有足够的信息资源，你可以看看最终解决结果并了解具体的情况如何。很多时候，我在评估一个经纪商时，会通过走势图，看客户提供的信息是否与走势图上的情况相吻合。说实话，我就发现了一些客户抱怨的情况，与走势图真实情况不符，这就很难要求经纪商对此负责。

我还见过交易者完全错误的情况，但是经纪商却按着对这个客户有利的原则纠正了这个错误，即使经纪商并没有这样做的义务。有些经纪商知道这些毫无根据地抱怨的交易者实际上知道是谁犯了错误，但是这些经纪商明白客户服务态度影响深远，特别是当它涉及口碑时——这种经纪商才是你应该寻找的。

你可以打电话给经纪商，问一些愚蠢的问题。为什么要这样做？因为优秀的业务员明白当涉及客户时，就没有愚蠢的问题。如果你因为这些小事受到了恶劣的对待，那么你就不应该期望在遇到大一点的问题时，会有多么好的待遇。

开一个新账户。没有人说你必须注入资金，不过你还是可以去开一个新账户。原因很简单，你通过开新账户，可以看到经纪商会如何对待与你的首次接触。这个经纪商是高效的吗，或者这个经纪商会一次又一次地丢失文件吗？负责接待你的人员是友善的吗，他们会因为你投入的资金可能很少而忽视你吗？他们会遵守规定了解他们的客户吗，他们会打破规则吗？

为什么这些问题很重要？你问了自己几个问题后就知道为什么了。你真的想要一个故意丢失文件以获得你的安全信息并窃取你资金的经纪商吗？你想与那些似乎对你没有兴趣或者对你态度恶劣的人打交道吗？你放心把钱交给一个随意修改或打破规则的人吗？这些都是很重要的问题，你只要提前做些工作，就可以缩小选择的范围。你与你经纪商的关系应该是互利互惠的，如果经纪商为了争取你这个客户，做出太多让步放弃太多，那么一定要小心。经纪商的目的是赚钱，所以太多的"免费赠品"可能意味着他们有把握在以后将其全部拿回来。

所以，你还能做什么来让这个竞技场变得公平？嗯，你可以做的一件事就是考虑一个介绍经纪人。

介绍经纪人（居间人）

首先让我介绍一下介绍经纪人（IBs）的概念。介绍经纪人是把客户"介绍"给一个或多个外汇经纪商的个人或机构。介绍经纪人基本上扮演了营销公司的角色，但是他们通常会为他们介绍的客户提供培训、支持和其他服务。在大多数情况下，经纪商会拿客户支付的一部分点差来补偿介绍经纪人，所以客户不需要为他们的交易支付额外的费用。

很多人认为直接找经纪商会更好，但是通过介绍经纪人也有一些好处。例如，想想我们刚刚讨论的尽职调查。介绍经纪人在决定与经纪商建立关系之前，已经做了他们的尽职调查，因为他们比你更不希望经纪商有什么问题。

另外，回想一下你在交易中遭遇订单执行方面的问题的情形。现在你不需要亲自找经纪商理论了，介绍经纪人可以作为你的代表，利用他们与经纪商的关系为你争取利益。比起单独一个客户的力量，介绍经纪人的分量要重得多，因为介绍经纪人代表了这个经纪商的很多个客户。当文件丢失时，介绍经纪人有一定的帮助。当你在下单和交易策略方面有问题时，他们也可以给你一些建议。

第20章 经纪商的选择

作为一名个人外汇交易者，你面对的将是表20.1中的那些外汇经纪商。其中有些经纪商较好，有些稍差。表中列出的那些经纪商都是非常大型的经纪商。你可能会在外汇行业中看到一些公司合并，但并不一定就是表中列出那些。

如果你真的决心从事外汇交易，并且有办法进入交易的下一步，那么在离流动性提供者越近的地方开户越好，也就是说中间层级越少越好。有些银行比如花旗银行，会提供更多的机构接入点让你交易外汇。如果你选择这种途径交易外汇，就可以绕开外汇经纪商。

请不要误会我的意思。实际上，银行也会耍同样的花样，但是是完全不同的级别。选择大型银行，比如花旗银行的问题是，大部分这类银行对你的开户资金要求很高。有些银行对于实盘账户的最低开户资金要求是2.5万美元到5万美元。在不久前一天，我在一家大型银行那里获知他们的最低开户资金要求是10万美元开一个外国企业账户，50万美元开一个个人账户。

如果你想要交易外汇，你需要有一个交易账户，并且很有可能是在零售外汇经纪商那里开账户。表20.1中列出的经纪商各有优点和缺点。在美国还有其他大型零售外汇经纪商，我没有列出来，你都可以考虑试一下。关于这些外汇经纪商，有个有趣的现象是当你看网友评论时，你会发现总是有人喜欢有人讨厌。所以，到底选择哪个经纪商，最终还是要你自己做决定。我建议你先开一个模拟账户，然后投一小笔你亏得起的资金开一个实盘账户。之后，在你的模拟和实盘账户上做了很多笔交易后，对于哪个经纪商适合你的问题，你自会有答案。

第四部分

外汇交易策略

第21章 简单的支撑/阻力价格行为策略

支撑和阻力（S/R）价格行为策略是一个主要基于价格在关键价位的行为的交易方法。这些关键价位主要是横向和斜向的支撑和阻力区域。

横向区域是由成交密集区或狭窄的波幅确认的，我也称之为"决策区域"。在这里，买方和卖方达到了一个相对均衡的状态。斜向区域是由趋势线确定的。另一个横向 S/R 区域是由菲波纳奇回撤和投射水平来确定的。

我通过观察在这些关键价格水平和决策区域附近的特别蜡烛形态，并密切关注累积、派发和趋势的周期，来分析一个货币对的价格行为。价格在突破之后，在一个狭窄的区域内波动，就表现出"累积"，并且紧随其后，通常是一段时间的"派发"，价格将在之前的突破之上一个较大的区域内波动，表现出主要趋势方向上的强劲波动。

价格试图突破支撑或阻力水平并且失败的次数越多，这些支撑或阻力水平就越强。另外，更强的支撑或阻力水平通常两边都会受到考验，价格将倾向于"尊重"这样的价格水平。如果菲波纳奇水平、日轴心点系列和趋势线同时叠加，那么这个价格区域将变得更坚固，可以做一笔赢面很大的交易。

我将这个策略作为我过去两年的主要交易策略（基本上是反向、短期的交易策略，并且目前只用于澳元/美元货币对）的一个替代，用于拓宽货币对的选择。我选择长期交易策略来做交易，是因为这种方法很简单，可以运用于任何货币对，并且交易绩效都差不多。下面列出的是用于确认交易计划的策略构成要素。

策略要素

指标

我会使用支撑/阻力水平、日轴心点系列、价格行为（走势图和蜡烛图形态）、菲波纳奇水平和趋势线。另外，我还会考虑各个关键心理价位和以 00、20、33、50、66 和 80 结尾的整数位。

交易类型

范围从日内交易到中线交易。

时间框架

我用 4 小时图和日线图来设定支撑/阻力水平。

  · 1 小时图作为主要的交易时间框架

  · 用 15 分钟图来确定入场价位

这个策略也适用于较长期的时间框架——用周线图和日线图确定支撑/阻力水平，4 小时图作为主要的交易时间框架，用 30 分钟图来确定入场点。

订单类型

限价单和市价单是最常使用的订单。有时候，当预测市场会再次测试某一关键价位时，还会使用限价单。

入场择时

在等待某个蜡烛图形态被确认，并且使用市价单时，入场点是在小时线结束时确定，并且在 15 分钟图上进行精确。在用止损单时，没有特定的择时技术。

分析时段

在伦敦市场开市到美国市场开市之间，通常是在美国市场开市之前 1 到 2 小时。

交易时段

这个策略的最佳交易时段是在伦敦市场和美国市场的重叠时段——通常是美国东部时间早上 9 点到正午这段时间。

第21章 简单的支撑/阻力价格行为策略

到订单触及价格的距离

在入场限价单上,订单距离关键价位的距离通常是5到7个点——取决于交易的货币对。

工具

我比较偏爱的主要货币对是:欧元/美元、英镑/美元、欧元/英镑、美元/瑞郎和澳元/美元。其次是日元货币对:欧元/日元和美元/日元。这个方法可以用于任何货币工具。

风险报酬率

可能的话,风险报酬率不应该低于3:1。但是如果成功的概率很高,那些风险报酬率介于2:1到3:1之间的交易也可以进行。

资金管理

高胜算交易的风险系数最高设定为总资金的2%("A"交易),低风险报酬率的交易的风险系数设定为1%("B"交易)。头寸的规模和真实杠杆水平要取决于选择的货币对和止损的幅度。下面有两个例子:

总资本=10000美元

最大风险:

A交易=200美元

B交易=100美元

欧元/美元货币对(一个点的价值=10美元/标准手)和20点止损

A交易:200美元/20=10美元/一个点的价值=1标准手头寸规模,真实杠杆水平为1:10

B交易:100美元/20=5美元/一个点的价值=0.5手头寸规模,真实杠杆为1 5

欧元/英镑货币对(一个点的价值=16.66美元/每标准手)和15点止损

A交易:200美元/15=13.33美元/一个点的价值=0.8手头寸规模,真实杠杆为1 8

B交易:100美元/15=6.66美元/一个点的价值=0.4手头寸规模,真

实杠杆为1∶4

注意：如果你打算交易几个不同的货币对，最好是用 Excel 来计算那些报价货币为非美货币的货币对的头寸规模。允许的最大头寸规模是用每一点的最大允许价值除以1标准手的一个点的价值得来的。

根据上面的例子：

欧元/美元和其他货币/美元货币对 = 10 美元/10 美元 = 1 手

欧元/英镑 = 13.33 美元/16.66 美元 = 0.8 手 等等

出场规则

这个策略的止损规则是建立在止损相对于预期收益较小的基础上。如果价格波动方向与选择的方向相反，那么这些止损位将作为主要的出场价位。

根据主要的交易时间框架和交易者积极监控交易的能力的不同，有3种出场方法可以选择：

1. 根据支撑/阻力水平和风险报酬率投射来设定目标收益水平。

2. 在重大阻力或支撑水平之上或之下进行移动止损。

3. 在最初设定的目标价格处了结一半头寸，锁定部分利润，然后把剩余头寸的止损移到盈亏平衡处。

回溯测试

这个策略已经在欧元/美元、英镑/美元、澳元/美元、纽币/美元、欧元/英镑、欧元/日元和美元/日元上进行了广泛的回溯测试（back-testing）——在2007年到2009年的3年间，在每一个货币对上进行了100笔交易。从2010年2月到2011年4月，也在一个实盘账户上进行了前向测试（forward testing）。结果显示，回溯测试和前向测试的结果相差无几。平均的盈利/亏损比率是60∶40，鉴于较高的风险报酬率要求，这个结果已经很好。一个月内，在每个货币对上都可能找到约2到3笔机会很好的交易。

第21章　简单的支撑/阻力价格行为策略

几个走势图和交易案例

图21.1显示，在2011年4月第2个交易周开始时，进行了两笔欧元/英镑交易。由于支撑/阻力水平非常明显，所以我在分析中没有使用菲波纳奇回撤水平。

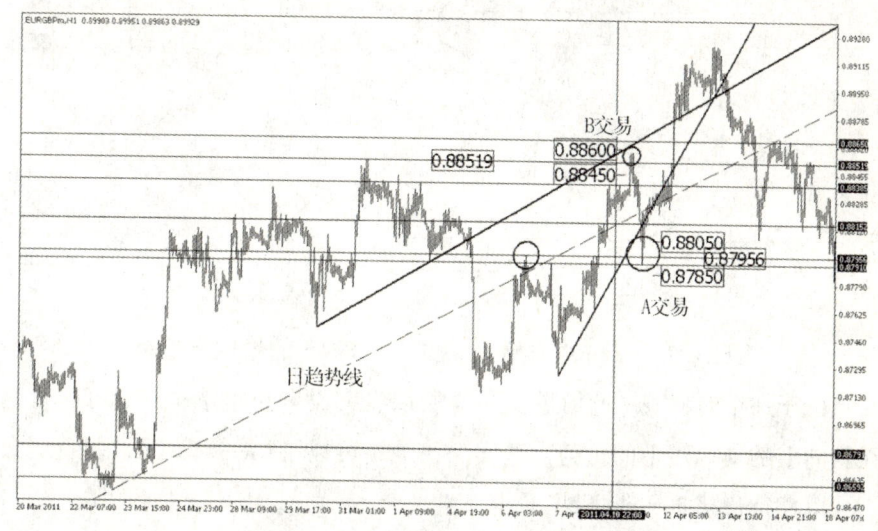

图21.1 欧元/英镑——2011年4月10日和11日

几天以前，价格已经突破两条较高的小时趋势线和日趋势线，并从这波反弹的最高点下跌到低点，再次回测了位于0.87956的这个突破价位。在周日，也就是4月10日，新一个交易周开始之后，我决定等待价格波动到之前位于0.88519的阻力位。

这个阻力位被突破。但是就像我们将在图21.2中看到的那样，价格形成了一个图钉蜡烛线之后随即下跌到阻力位之下。虽然它回落之后仍然处于日趋势线之上，但是鉴于横向阻力位和之前斜向上的小时趋势线的延长线的排斥反应，我认为存在一个短期逆向交易（做空）的机会。

在这次逆向交易中，我把止损设在入场价0.8845（低于0.8850这个关键心理价位和整数位5个点，见图21.2）之上15点的位置，这个止损幅度较窄。盈利目标设在30点以下的位置，处于第二根从4月7日最低点开始斜向上的小时趋势线上（0.8815）。

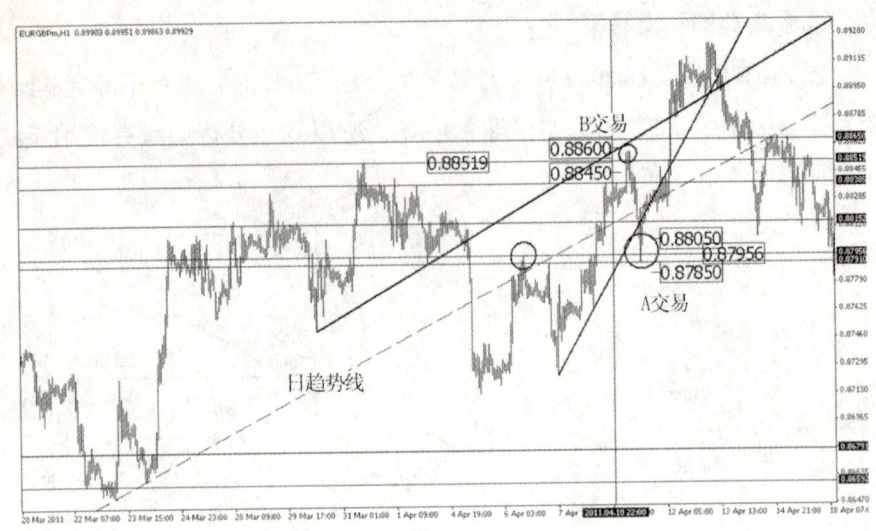

图 21.2　A 和 B 交易——位于 0.8845 的做空市价单

由于那个时候我一直盯着交易，所以没有设置止盈单，我会盯着价格在斜向上的支撑线上的行为。这样，我最终可以了结一半头寸，留着剩余头寸以期待价格进一步下跌。

在到达趋势线后，价格形成了一个图钉线。于是，我决定在最初的目标价位（0.8815）了结一半头寸，兑现 30 点利润，然后将剩余头寸的止损移到 0.8835——刚好位于前一根小时线的最高点之上。这样，风险就被一小部分利润抵消，风险报酬率高于 1∶1（相当于整个头寸还有 5 点的额外利润）。价格再次低于日趋势线，因此还有下跌的潜力。

虽然我不会用这个策略做很多逆向交易，但是这一次我认为价格很有可能在一个区间内波动，并再次造访上一周的最低点，风险很小（B 交易的风险是总资本的 1%），而潜在回报至少是承受风险的 2 倍。

价格再次穿越小时趋势线，但是受到 0.8790-0.8796 这个区域强有力的支撑。我在 0.8795 了结了另一半头寸。这部分头寸获得了 50 点的利润。整个交易的净利润为 40 点，收益率为 2.66%（B 交易的资金风险 1%×风险报酬率 2.66）。

我也可以在 0.8815 了结全部头寸，那么风险报酬率就为 2∶1。但是最后，我获得了更多的利润，使风险报酬率达到 2.6∶1。如果我第二部分头

第 21 章　简单的支撑/阻力价格行为策略

寸是止损出场的，风险报酬率就为 1.3 :1。

虽然进行逆向交易的决定有点超出了规则，但是交易是按照风险水平、头寸规模和头寸的整体控制方面的策略来管理的，它受到了严密的监控。

一旦之前的空头头寸被了结，看到价格折返后就在 0.8805 建多头头寸（位于整数位上 5 点，支撑线上 10 点），见图 21.3。这次交易的目标价位更高，位于下一个整数位 0.8900。

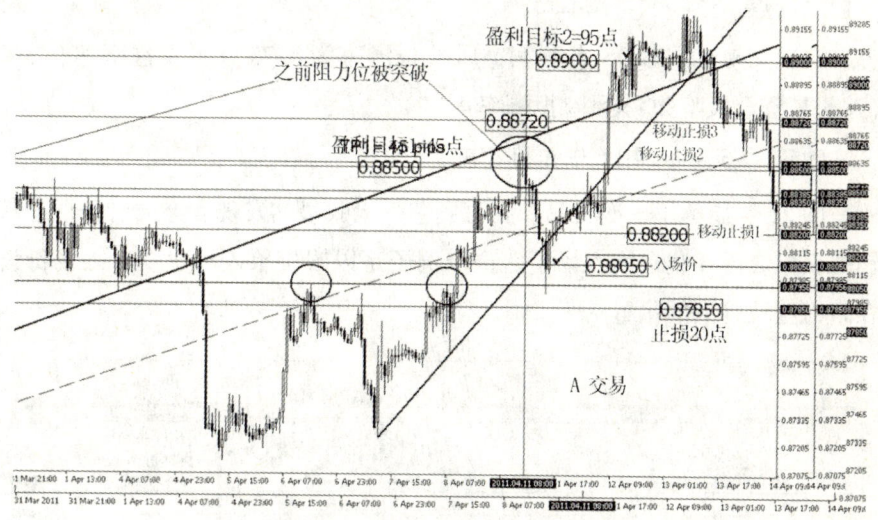

图 21.3　一次 A 交易——在 0.8805 设多头限价单

这次交易是一次高胜算的交易，因为前一个高点已经穿过了之前位于 0.88516 的阻力位，并且小时图上的整体市场行为也表现出看涨势头，尽管日趋势线被暂时穿越。前一次价格修正被证明是对位于 0.87956 的支撑线的再次试探，之后价格迅速折返。

这次交易的止损设在 0.8785，位于最近的低点 0.87912 之下约 6 个点的位置，止损幅度 20 点，资金风险为 2%。盈利目标设在 0.8900，略低于 138.2% 的菲波纳奇投射位（位于 0.8912，由前一周的低点 0.8712 到最近的高点 0.8857 这一波趋势投射而来），因为它接近整数位。

走势图上标示了盈利目标 1，这个价位不是用于了结一部分头寸的出场价，而是作为开始移动止损的标志。只要价格上涨到入场价以上 45 点，到达之前被突破的阻力位，就将止损移动到 0.8820（锁定 15 点利润）。一旦突破的那根蜡烛线收盘，就第二次移动止损，到 0.8850。之后在下一根蜡烛线收盘时，进行第三次移动止损，位置为 0.8872。

价格两次都差一点触及 0.8900 这个价位，直到第 5 根蜡烛线终于突破，交易才结束。我本打算手动平仓，但是随着目前的利润已使风险报酬率达到 3.3 :1，我决定给这次交易一个机会让它自己来结束（让市场告诉我们出场点，让利润奔腾）。

这次交易总共赚 95 点利润，风险报酬率为 4.75 :1，收益率达 9.5%（A 交易资金风险 2%×风险报酬率 4.75）。

欧元/美元——2011 年 5 月 4 日

图 21.4 显示了一次交易，在想到前一天我最初发现有趣的价格形态却错失良机之后，我最终入场了。这个例子是以限价单入场卖空，入场价设在阻力区域以下的位置。

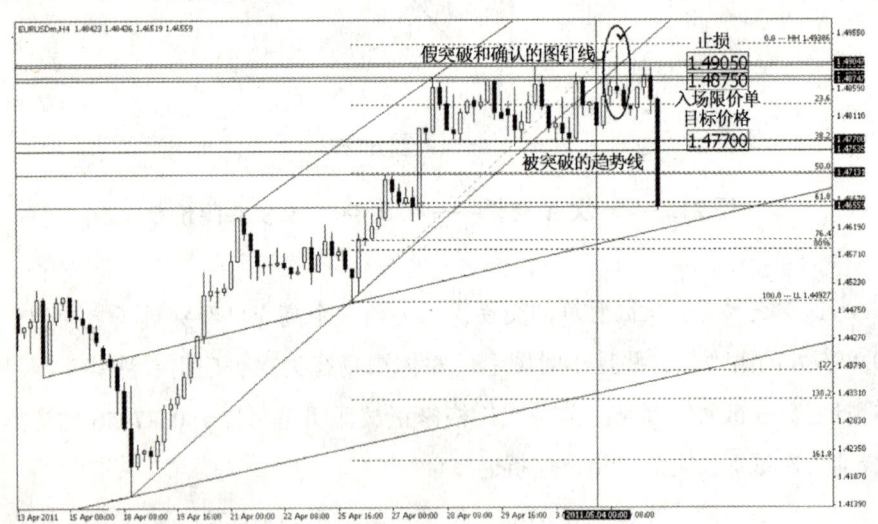

图 21.4　欧元/美元——2011 年 5 月 4 日

大约在纽约市场结束前一个小时，我在查看另一个货币对澳元/美元的交易时，在 4 小时图上发现了这次交易机会。这个货币对的交易价格已经到了 1.4825 附近，由于止损必须设在区间和阻力区域的上边界

第 21 章　简单的支撑/阻力价格行为策略

（1.4900）之上，加上价格曾飙升到 1.49386，增加了逾 30 点的风险，所以根据交易规则以及风险报酬率可能太低的情况，此时入场就太晚了。

欧元/美元已经在一个 100-120 点的区间内横向波动，并且多次在 1.4880 到 1.4900 这个区域受阻。空头的理想入场价就刚好位于这个区间之下，即 1.4875，资金风险 2%（尽管是一次逆向交易，但是之前的价格表明这将是一次高胜算的 A 交易），止损 30 点，位于 1.4905（只高于整数位 5 个点）。

如果这个价位被突破，就可能表示多头回来试图进一步将价格推到位于区间另一个边界的投射目标（即 1.4770，是 1.4753 到 1.4770 这个支撑区域的上边界）。

我在 4 月 26 日的最低点到这次向上突破的蜡烛线（图钉线）的最高点这波趋势上布设了菲波纳奇回撤线，确认 1.4770 这个价位就是 38.2% 水平的菲波纳奇回撤线，从而增加了成功的概率。在纽约市场收盘后，我在 1.4875 设置了卖出限价单，以防有另一个入场的机会，并把止损设在 1.4905，目标价格设在 1.4770。我之所以这样做，是因为交易很有可能在我睡觉的时候出现重大变化，我宁愿保守一点，虽然下一个位于 50% 菲波纳奇回撤位的支撑位也可能达到甚至被超越——因为后来证实价格确实跌穿了这个价位。

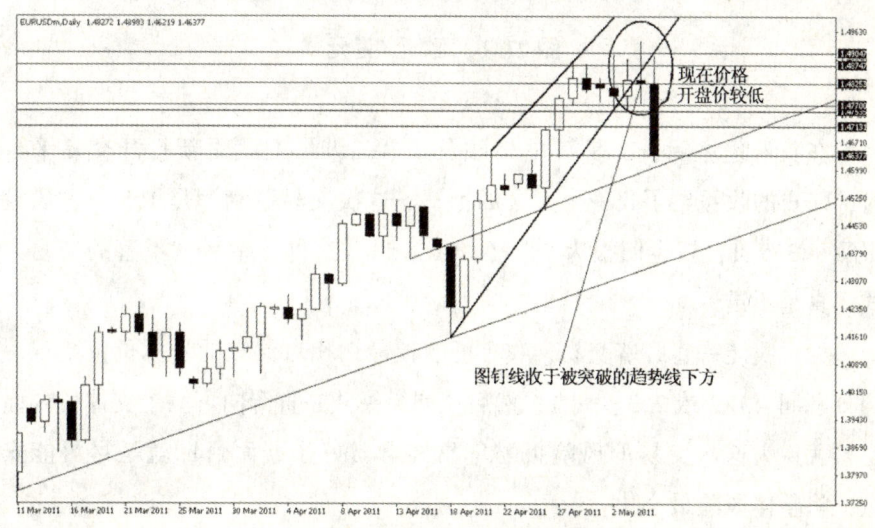

图 21.5　欧元/美元

图21.5显示了日线图上的情况——一小时后,这天的蜡烛线将收盘,我必须等待价格收在被突破的趋势线之下,以确认波动的疲软之势。5月5日的开盘价低于前一日的开盘价。

在30分钟图上(用于确定入场位置的时间框架),我们可以发现菲波纳奇关键价位与投射的入场价重叠。止损位离之前高点的距离很近。但是,正如我之前说过的那样,鉴于阻力区域的上边界位于整数位1.4900,所以选择的价位是只要被突破,整个交易就失败的价位(见图21.6)。

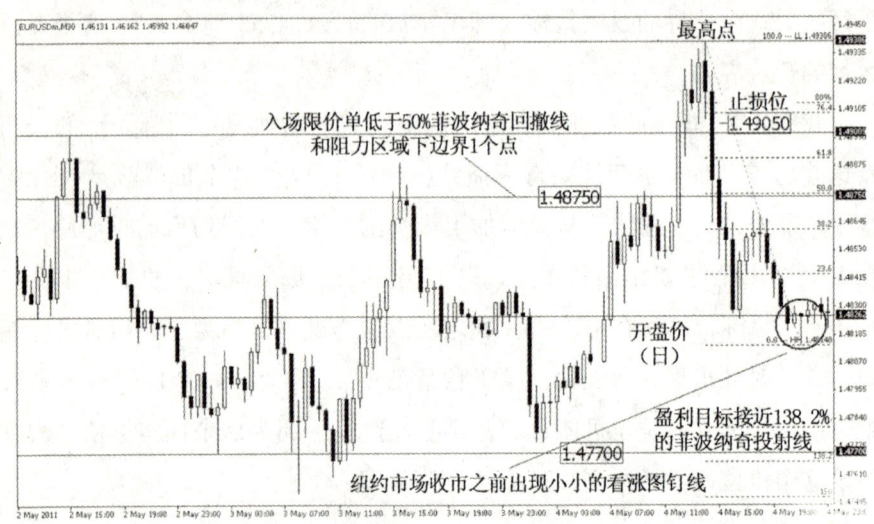

图21.6 欧元/美元

在我入睡之后,交易订单被触及。第二天早上我重新打开交易平台时,账户的收益给了我一个大大的惊喜。这次交易总利润是105点,风险报酬率3.5:1,资金回报为7%(2%×3.5)。这种下单后就不管的交易方式还真是不错。

如果我能一直盯着交易,我有可能在最初相对保守的目标价位兑现一部分利润(1/2或2/3头寸),然后让剩余头寸一直奔向下一个支撑位。但是,我认为这次交易的风险报酬率已经非常好了,而目标就是尽可能安全,将整体风险最小化。

最好不要那么贪心,如果盈利目标太高,错过了机会,价格很可能就

第 21 章　简单的支撑/阻力价格行为策略

会回去触及你的止损。在事后看来，这笔交易可以达到 8.75 :1 的风险报酬率和 17.5% 的资金回报（因为价格跌穿了前一波段 261.8% 的菲波纳奇投射位）!

纽币/美元——2011 年 4 月 27 日

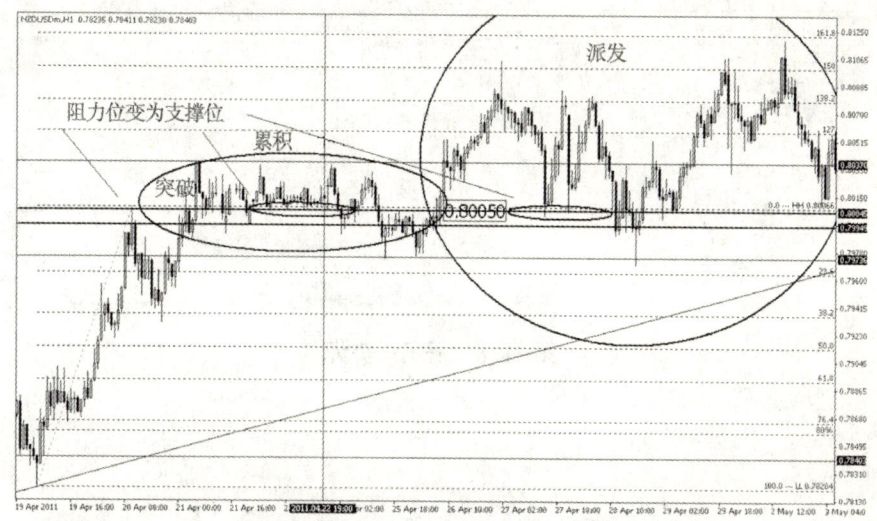

图 21.7　纽币/美元——2011 年 4 月 27 日

图 21.7 显示了这个策略的一种典型的设置模式：处于趋势市的货币对突破关键的阻力位或支撑位后，紧接着"筹码累积"（成交密集区），然后是一个较大区间的"筹码派发"过程，之后价格才恢复趋势或反转。

正如图 21.8 中显示的那样，之前的趋势时期结束于一个 V 字形态，到达位于 0.7995 的支撑/阻力区域下边界。之后，价格上涨抵达上升趋势线，并再次触及并穿越位于整数位 0.8000 的阻力区域。然后，价格在直接突破这个价位并开始累积过程之前，又走出了一个较小的 V 字形态。

让我们挪到 30 分钟图上，把之前的这个价格行为看得更清楚。

在价格累积期间，有两个强有力的支撑水平，一个位于 0.7990，另一个位于 0.8005。我认为这是一个很好的入场位置，刚好位于整数位之上，并且顺应主要的趋势方向。在看到双底形态于前一天形成之后（你可以在图 21.9 上清楚地看到），我确认了我的判断。

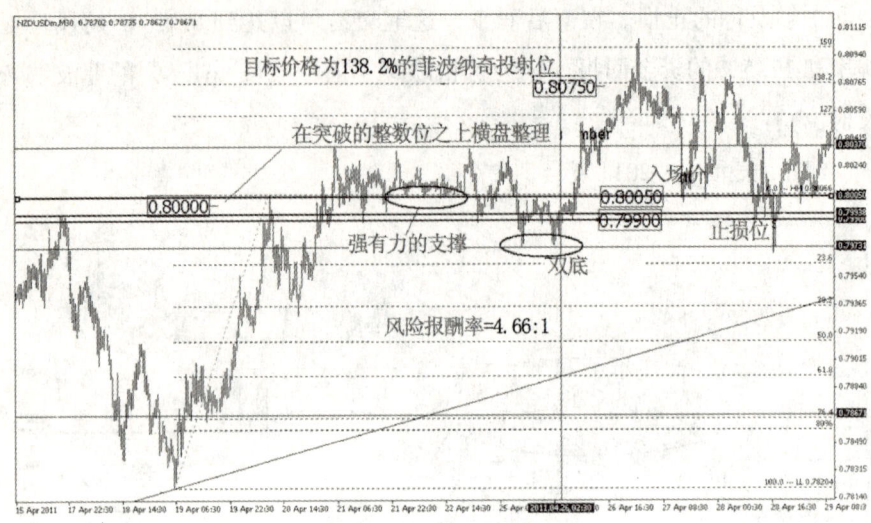

图 21.8 纽币/美元

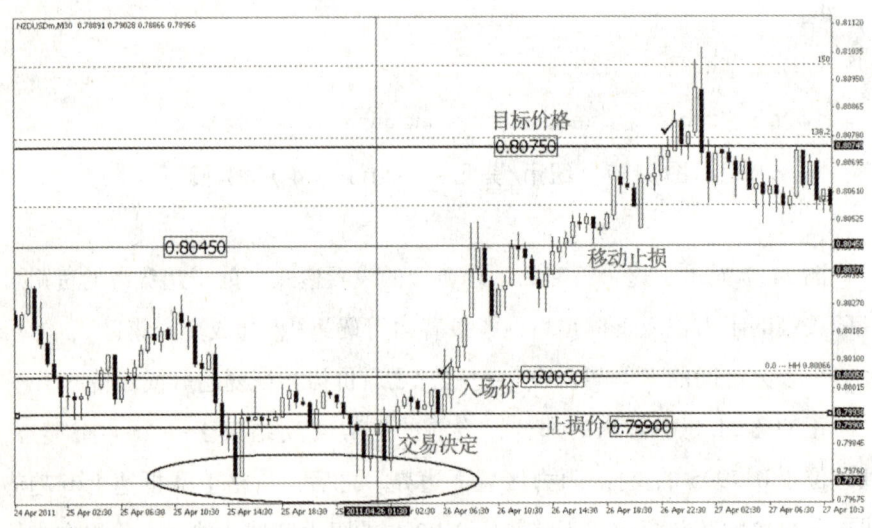

图 21.9 纽币/美元

我在整数位上 5 个点的位置，也就是 0.8005 挂了入场多单，在 0.7990 设止损，止损幅度 15 点，风险水平为总资金的 2%。目标价格设在略低于前一波上升趋势（从 0.7820 的最低点到 0.8006 的最高点）138.2% 的菲波纳奇投射线的位置，预期风险报酬率为 4.66 :1。

第21章　简单的支撑/阻力价格行为策略

订单在晚上的时候被触及，在17小时之后，价格到达盈利目标位。在纽约市场收盘之后，交易快结束时，交易已经有50点利润并到达127%的菲波纳奇投射线，我把止损移动到0.8045，锁定了40点利润，以防价格出现突然反转。最终，盈利目标达到，斩获70点利润，资金收益率达9.32%（2%×4.66）。

在试验的所有货币对中，还有其他很多交易设置。但是，我认为这最后一种是所有类型中最完美的一个。

第22章 布林带逆向交易策略

我承认在外汇市场采取逆向交易策略的核心理念是基于两个前提：一个是通常大多数人都会选错方向；一个是价格总是倾向于回归均值。

如果你仔细观察任何一个货币对的价格行为的微结构，你会注意到在通常情况下，价格会表现出相对稳定的行为，价格看起来徘徊不定并一次又一次回到精确的价位。这就是我所说的这个金融工具的"合理价值"。

投资者在短期内买入和卖出，不会大幅改变这个均值。每一个买家都需要有一个卖家，反过来也一样。然后，在某一时刻，新的外部力量加入市场，买方和卖方都变得过分兴奋或恐惧，引发一次吸引其他市场参与者的群体行为。因此，供给或需要将会过量，导致货币对价格过高或过低。

不久之后，市场回到均衡状态，价格再次回到它的"合理价值"——比起之前的价值有可能略微升值或贬值，具体是升值还是贬值要取决于货币对中两个货币的相对强弱，货币对的方向，以及之前极端市场情绪的基本面支持等情况。

逆向交易试图发现那些极端的市场波动并先于市场大众采取行动：市场开始上涨，一段时间后，每个人都疯狂地买入，这时就是逆向交易开始考虑卖出的时候。

当然，我在展开这种"玩火"的行动之前，必须发现市场力量耗竭的微妙迹象，因为有时候这种极端的市场波动会持续较长一段时间。但是，每个货币对的波动都具有周期性，只要我们花一些时间对某个货币对进行详细研究，这些周期还是很容易测量和理解。

这个策略被证明是一个非常好的短期震荡市交易策略，因为在两个方向上都可以进行成功的交易。趋势交易策略需要较长时间，以等待价格达到适当的买入或卖出区域。

策略要素

指标

- 3 条 20 期的布林带（BBs），标准差分别为 1.5、2 和 2.5。
- 34 期、100 期和 200 期简单移动平均线
- 日轴心点
- 菲波纳奇回撤线
- 趋势线
- 支撑/阻力线
- 关键心理价位（以 00、20、33、50、66 和 80 结尾的价位）
- 价格行为（走势图和蜡烛图形态）

我也会在 1 分钟图上使用参数为 5，3，3 的随机震荡指标（stochastic），以发现可以用于短期交易的背离。

交易类型

我的交易类型基本上是日内交易和短线交易，最后还有一些"刮头皮"（scalping）交易。

时间框架

短线交易（短于 1 天）和极短线交易

- 日线图上识别主要趋势方向
- 30 分钟图上识别较短期的趋势
- 5 分钟图作为交易的主要时间框架
- 1 分钟图上识别随机震荡指标背离和确定入场价位

波段交易（1 天到 1 周）

- 日线图上识别主要方向
- 4 小时图上识别较短期的趋势
- 30 分钟图作为交易的主要时间框架

第 22 章 布林带逆向交易策略

- 5 分钟图上确定入场价位

这个策略也适用于更长期的时间框架。用周线图和日线图确认支撑/阻力位，4 小时图作为主要的时间框架，30 分钟图确定入场价。

订单类型

主要是限价单，特别是在较长期的交易设置中。市价单和限价单都可以用于短期交易。在"刮头皮"交易中只使用市价单。

入场择时

在入场时，我等待较小 3 个时间框架走势图（短期趋势、主要时间框架和入场价）上的信号吻合，并且价格从 2.5 个标准差的布林带回来，穿越 1.5 个标准差的布林带。在入场之前，我会等待蜡烛线收盘于中间区域（在 1.5 个标准差之内），并且下一根蜡烛线开盘在同一个区域（在较小的"入场"时间框架上）。

在"刮头皮"交易中，当 1 分钟走势图上的随机震荡指标出现明显背离，就发出了入场信号。

根据具体的支撑位、阻力位和菲波纳奇回撤位，以及所有指标定义的"路线图"来设置限价单。

分析时段

我每天都是在纽约市场收市后进行分析。在周末时，我会查看日线图、周线图和月线图，以确定最关键的支撑位和阻力位。我还会在纽约市场开市前 2 小时，作进一步的分析和评估——取决于之前的价格行为以及是否还有未平仓合约。

交易时段

澳大利亚/亚洲时段的价格波动比较平缓，适用于短线交易。我会选择 3 个小时的欧洲/伦敦和伦敦/美国重叠时段，具体什么时段还要看我什么时候有时间。整个交易时间被分割为 2 到 3 个部分。

到订单触及价格的距离

限价单将设在关键价位 5 个点以上（多头交易）或者 5 个点以下（空

头交易）。利用以 00、20、33、50、66 和 80 结尾价位作为关键心理价位。

工具

这个策略只在欧元/美元和澳元/美元货币对上用实际参数进行了测试。虽然我一直在其他货币对上用它来进行综合分析，但是较短期的移动平均线的设置以及 3 条布林带的时期和标准差都需要略微调整，以符合其他货币对的特性。

风险报酬率

风险报酬率从 1:1 到 3:1。较低的风险报酬率可以通过较高的胜率来弥补。

资金管理

高胜算交易的风险系数最高设定为总资金的 2%（A 交易），低风险报酬率的交易的风险系数设定为 1%（B 交易）

头寸规模和真实财务杠杆要取决于选择的货币对和止损幅度，而止损幅度则要取决于主要的交易时间框架（见第 21 章中"资金管理"一节的详细案例）。

出场规则

止损设于 2 个标准差的布林带轨道线之下，在关键的心理价位和整数位上与入场价的设置类似。

根据主要的交易时间框架和交易者积极监控交易的能力不同，有 3 种出场方法，与 21 章的出场方法相同：

1. 根据支撑/阻力水平和风险报酬率投射来设定目标收益水平。
2. 根据指标给出的"路线图"、重要心理价位和菲波纳奇关键点位，在重大阻力或支撑水平之上或之下进行移动止损。
3. 在最初设定的目标价格处了结一半头寸，锁定部分利润，然后把剩余头寸的止损移到盈亏平衡处。你应该只考虑在高胜率交易中使用这个工具。

风险管理

在长期高胜率交易设置中，可以分 2 到 3 批入场以便降低平均成本。

第22章 布林带逆向交易策略

整个头寸的风险（允许的最大风险）还是保持不变，但是在选择的方向上出现明确的动力之前，可以根据波幅内的价格波动周期，分多次入场。

出场和亏损管理

当一笔长期的、分3次入场的交易出现暂时性亏损，第一批头寸已经亏损100点以上时，可以部分了结第一批头寸（减少1/10头寸）。同时，其他的交易用盈利来平衡亏损，试着保持至少2∶1或更高的风险报酬率，直到最初的趋势方向恢复，所有头寸都可以完成最初设定的盈利目标。

止损设在总风险为2%的位置。

案例

让我们做如下假设：总资本10000美元，允许的最大亏损2% = 200美元。

我的第2部分头寸通常设在离第一个入场价位50点的位置，第3次入场也是按照这一规则。

当市场价格朝与我交易相反的方向波动50点时，我入场建第2部分仓位。如果价格在这个方向继续波动另一个50点，我就入场建第3部分仓位。此时就是第1部分头寸亏100点，第2部分头寸亏损50点。这就是两部分头寸的最大亏损，分别为100点和50点。整个头寸的止损设在离第3个入场价15点的位置（总风险=115+65+15=195，大约为200点）。

要达到风险要求，我的交易每1点的价值必须为1美元。

第3部分头寸有30点浮动盈利，但是价格又折返。我在第3部分头寸盈利20点时兑现了利润，回吐了1/3的利润，并了结了第1部分头寸1/10的头寸［也就是8个点亏损=（100−20）/10］。

净盈利=12点

我准备在相同的价位或者至少优于之前出场价的位置重新建第3部分仓位。入场订单被触及，价格朝我交易的方向波动了60点。于是，第2部分头寸有了10点的盈利。我了结了两个头寸，获利70点。现在，第1部分头寸亏损40点。

净盈利=12+70=82

我会重新等待机会，在之前的价位或者距离第 1 个入场价 10 到 15 点的价位重新建第 2 部分仓位——总之，一定要优于之前的出场价。

在这个过程中，关键价格水平一直在移动，只要价格没有回到第 1 次入场的价位，就可以用来判断适当的出场价位。

第 2 部分仓位的入场订单在低于之前入场价 10 点的价位被触及。第 1 部分头寸亏损 60 点。价格小幅折返之后，朝我交易的方向波动了 30 点，在较小时间框架上，距离另一个关键价位有 20 点。价格继续波动，我了结了第 2 部分头寸，获利 40 点，并寻求再次建仓的机会。就像之前一样，要在相同的价位或者至少优于出场价的价位入场。现在，第 1 部分头寸浮动亏损 10 点。

净盈利 = 12+70+40 = 122

价格折返 20 点，低于之前的出场价，并触及一个关键的价格水平。我再次入场建第 2 部分仓位，入场价离第一个入场价 30 点。价格继续朝我交易的方向前进，越过第 1 个入场价，并奔向最初的目标价格。在第 1 个入场价那里，我的第 2 部分头寸已经盈利 30 点。我把第 1 部分头寸的止损移到盈亏平衡处，由于之前了结了一些头寸，我现在盈利大于 122 点。加上每天还有一个利差收益。

现在还有 2/3 头寸还未平仓。我已经获利 142 点，这代表总资金 1.42% 的回报（1 个点价值 1 美元）——并且交易才刚刚开始发展。目标价格被设在一个关键价位，风险报酬率 2∶1。

让我们与最初 2% 风险，平均 50 点止损的交易策略做个比较。

第 1 部分头寸 50 点止损离场，第 2 部分头寸 50 点止损离场，第 3 部分头寸波动到 1 部分头寸入场价获利 100 点。整个交易保持盈亏平衡：−2%−2%+（2×2%）= 0。但是如果采用这个变化版本的策略，由于市场价格存在周期特性和利差收益，所以多次入场存在优势（当交易方向完全正确时）。如果交易完全错误，亏损也就是 2% 或更少（因为可以通过盈利部分抵消亏损和止损出场），符合风险管理原则。

回溯测试

这种策略以及它的变种，已经在 2008 年末 3 个月，在欧元/美元和澳

第22章 布林带逆向交易策略

元/美元货币对上进行了广泛而深入的回溯测试。鉴于非常优异的测试结果，我决定在我的实盘账户上进行前向测试。从2009年2月开始到现在（2011年5月），我一直把它当作我的主要交易策略。它的平均赢/亏比率大约是80∶20。每天在较短的时间框架上，存在大量的交易机会。

走势图与交易案例

基本设置：指标组

顾名思义，指标就是在路上的一个指示牌，在某个时间某个价位提醒你注意。

价格以波段或周期的方式发展，并且大部分时间在一个区间内来回震荡。这个区间可以是水平的（市场横盘整理），也可以是斜向的：略微上升（看涨）或下降（看跌）。在观察数千个小时走势图（实盘交易或者利用模拟平台的图表工具）之后，我注意到在抵达或接近这些特别"路标"（指标）时，价格行为表现出一种周期性。

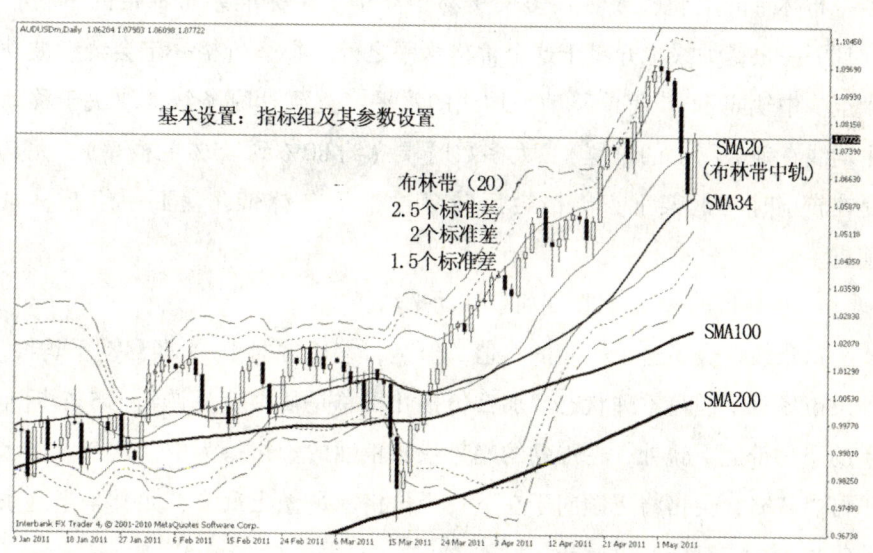

图22.1 基本设置：指标组及其参数设置

整个方法会使用多个时间框架，因为我还注意到当一个较短时间框架上的一个关键价位被突破时，价格会在下一个较长的时间框架上继续突破（见图22.1）。

定义价格循环的指标组

以下大致列出了价格在每个指标关键水平上可以预期的行为。

1. 布林带，20期，2.5个标准差

价格来到它的一个极值，可以突破这个价位到布林带之外（表明当前价格方向有极高的可能会继续），也可以接近极值后折返回较小标准差的布林带轨道以内。

2. 布林带，20期，2个标准差

这是布林带的标准设置。它并不一定非要出现在走势图上，但是把它留在走势图上，可以作为其他两个标准差的布林带行为的参照。

3. 布林带，20期，1.5个标准差

这是表示价格将朝中轨反转甚至一路波动到布林带另一条轨道线的关键价位。当一根蜡烛线收盘于这个价格水平之外（空头交易中低于1.5标准差布林带的上轨，或者在多头交易中高于1.5标准差布林带的下轨），并且下一根蜡烛线也开盘于这个价格水平之外，那么价格一定会继续波动到至少中轨或34期简单移动平均线的水平（先到达哪条线，取决于移动平均线在走势图上的位置）。大多数时候（约80%到85%的概率），尤其是在较小时间框架上，价格会反转穿过整个布林带，朝下一组布林带前进。

4. 布林带的中轨（20期简单移动平均线）

这条线代表了这个区间的均值。但是，它通常弱于34期移动平均线。如果市场处于横盘整理状态，那么价格几乎总是从中轨反弹到1.5个标准差的布林带上下轨处。在强劲的趋势或修正性的价格行为中，这个价格水平可以忽略，价格将更倾向于在下一个价格水平做出反应，尤其是当这条线领先于34期移动平均线时。

5. 34期简单移动平均线（SMA34）

对于欧元/美元和澳元/美元货币对来说，这是一个关键的价格水平，特别是在趋势市中。当与其他指标搭配使用时，这个指标必须进行调整，

第22章 布林带逆向交易策略

以适应其他指标的特点。

价格到这里几乎总是会折返，要么再次去测试布林带的中轨（第2次碰到到这个价位），要么回到1.5个标准差的布林带轨道线，并且这种折返与趋势的方向无关。我通常将这个价格水平作为逆向交易的出场点，因为价格通常会缠绕这个价格水平，好像它就是一条趋势线。当突破发生时，这个价格水平也几乎一定会被再次试探至少1次。

在这些案例中使用了较为模糊的价格水平，它是位于布林带中轨和34期移动平均线之间的区域，而不是指标的精确价格水平。为了做出更精确的判断，我需要查看其他指标的情况，比如支撑/阻力水平、轴心点和菲波纳奇关键价位。

6. 100期简单移动平均线（SMA100）

在价格明确穿越并再次试探34期简单移动平均线之后，这几乎就是下一个总是被试探或穿越的关键价格水平。然后，价格遇到这个价格水平受阻。如果这个价格水平曾被穿越过，那么价格之后就会回来穿越这个价格水平。我会用于判断进一步价格行为的其他要素是关键心理价位（以00、20、33、50、66和80结尾的价位）和菲波纳奇回撤区域，以及关键的支撑位和阻力位。

7. 200期简单移动平均线（SMA200）

这是判断趋势反转的关键价格水平，尤其是在较长期的时间框架上（4小时或更长）。这个价格水平在被有效穿越之前，通常会被试探1到2次。因此，我们可以预期价格行为会折返，进行大幅的修正，而这在较长时间框架上，折返幅度将非常显著。

在多重时间框架上进行分析

多重时间框架评估通过两种方法来进行。我会从较长时间框架的走势图分析到较短时间框架走势图，看整体趋势并在最优的价格入场。然后，在交易进行中，我会仔细留意从较短的时间框架（1分钟走势图）到较长的时间框架上，价格在上述的时间框架或指标组上如何表现。多重时间框架分析的关键是观察价格在34期简单移动平均线和布林带中轨附近的行为。

当 1 分钟走势图上的这个区域被明确穿越时，我会切换至 5 分钟走势图上进行观察。要是还在 34 期简单移动平均线之上（或之下），我就会切换至 15 分钟图，再到 30 分钟图等，评估当前价格行为（波段中的波段）发生在哪个时间框架上。

我曾经创建了一个多重时间框架布林带指标来进行分析。在这个策略的 4 个主要时间框架上都有 3 个不同标准差的布林带，但是生成的走势图看起来很凌乱。不过，只要看一眼就知道价格处于全局的哪个位置，还是很有意思的。

图 22.2 显示了这个指标的简化版本。4 小时走势图上只显示了 3 个时间框架（1 日、4 小时和 30 分钟）的布林带（2 个标准差，20 期）。

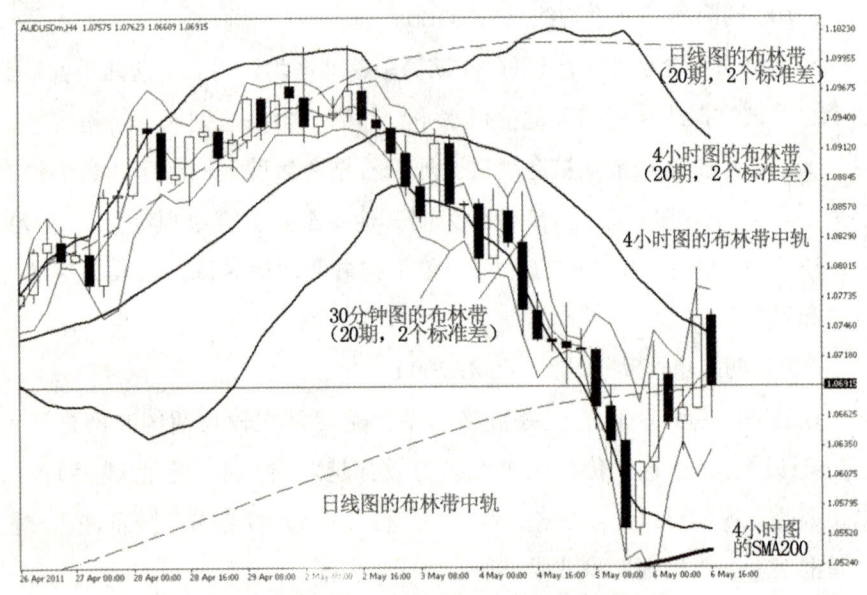

图 22.2　多重时间框架走势分析图

短期时间框架设置

对于任何交易类型（短期交易，日内交易或更长期的交易），日线图都是分析的主要时间框架。另外，周线图和月线图都可以用于判断关键的支撑/阻力水平，但是它们的设置方式并没有考虑在内。

如果查看图 22.3 走势图上的设置，我们可以看到以下几点：

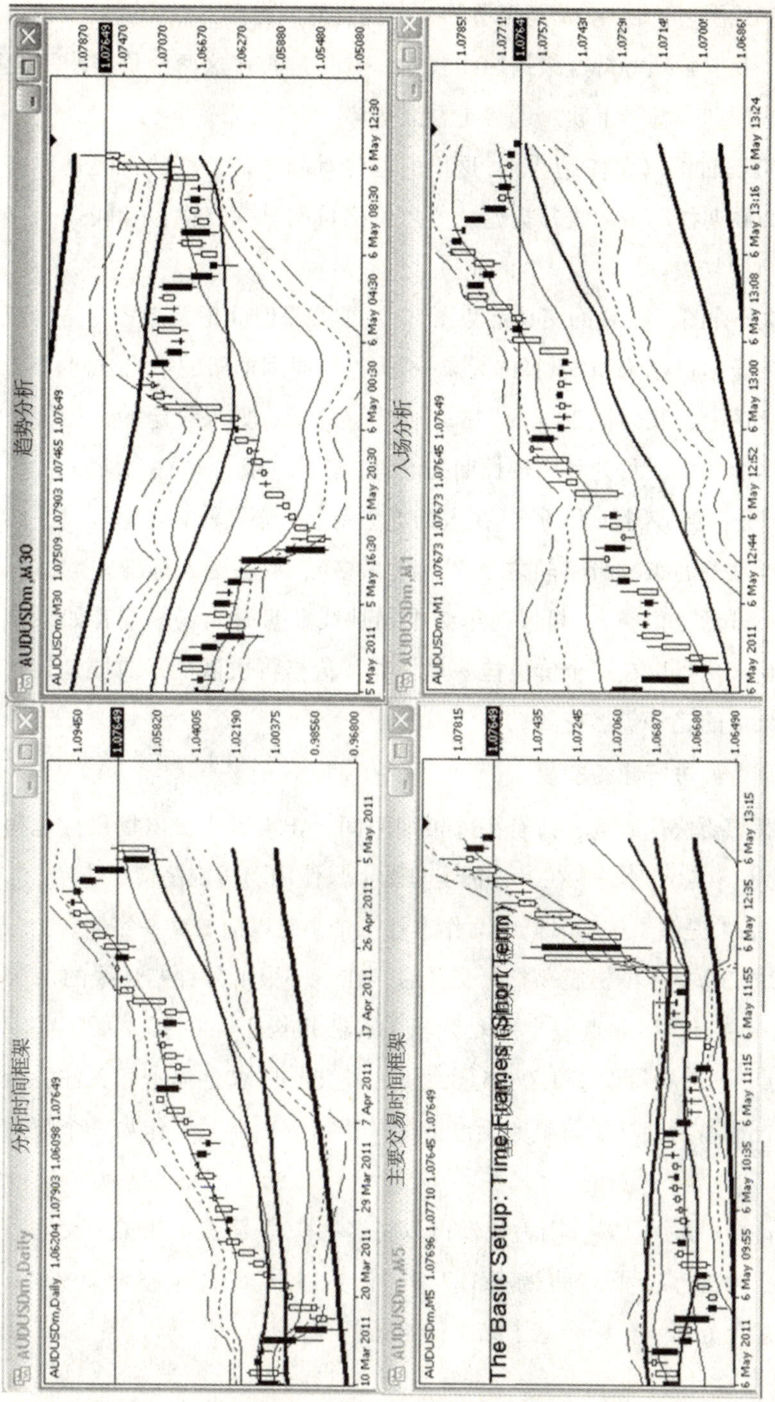

第22章 布林带逆向交易策略

图22.3 短期时间框架设置

・日线图。价格在34期简单移动平均线受到支撑，然后返回穿越布林带中轨。我们必须等待这根蜡烛线收盘，看其是否在这两个价格水平之间整固，或回到布林带上轨。趋势是看涨趋势。

・30分钟图（整体趋势）。这里的趋势看起来是上涨的，但是价格已经抵达200期移动平均线并折返。留意价格再次试探支撑位和较短期移动平均线组的收敛。

・5分钟图（主要的交易走势图）。主要交易时间框架走势图是用来计算适当的止损目标位和盈利目标位（根据这个时间框架的平均波幅）。在5分钟走势图上，我会把20点到25点作为最大值。如果设定的目标价位需要大于这个数值，我会利用较长期的设置参数来重新评估整个局面。

・1分钟走势图（入场）。在入场走势图上，必须等到价格收盘，然后在1.5标准差的布林带下轨之上开盘（做多），或在1.5标准差的布林带上轨之下开盘（做空）。可以在第2根蜡烛线开盘时入场。或者如果价格上涨太快，也可以在那个价位挂一单，等待价格再次试探，前提是较长期时间框架上的趋势仍然有效。

使用背离进行超短交易

当我想要快速入场，持有头寸极短时间，止损极小，出场目标也很窄（约10到15点）时，我在1分钟走势图上只使用随机震荡指标背离。

图22.4提供了一个大概在写作本章1个小时以前的交易实例。

这次交易是在随机震荡指标交叉后，在下一根1分钟蜡烛线的1.0668（1.0666买报价+2点点差）手动入场的，止损设于1.0658（低于前期低点2个点），出场价设于1.0685。由于这种交易要求全程密切关注，所以实际的止损离场会早于简单地让价格触及止损，止损只是作为一个应急保护措施。

允许的风险为1%，因为我们可以将这些头寸考虑为B类型交易。交易的收益为17点，风险报酬率1.7:1，资本回报1.7%。整个交易持续5分钟，加上分析1分钟，这个结果还不错。

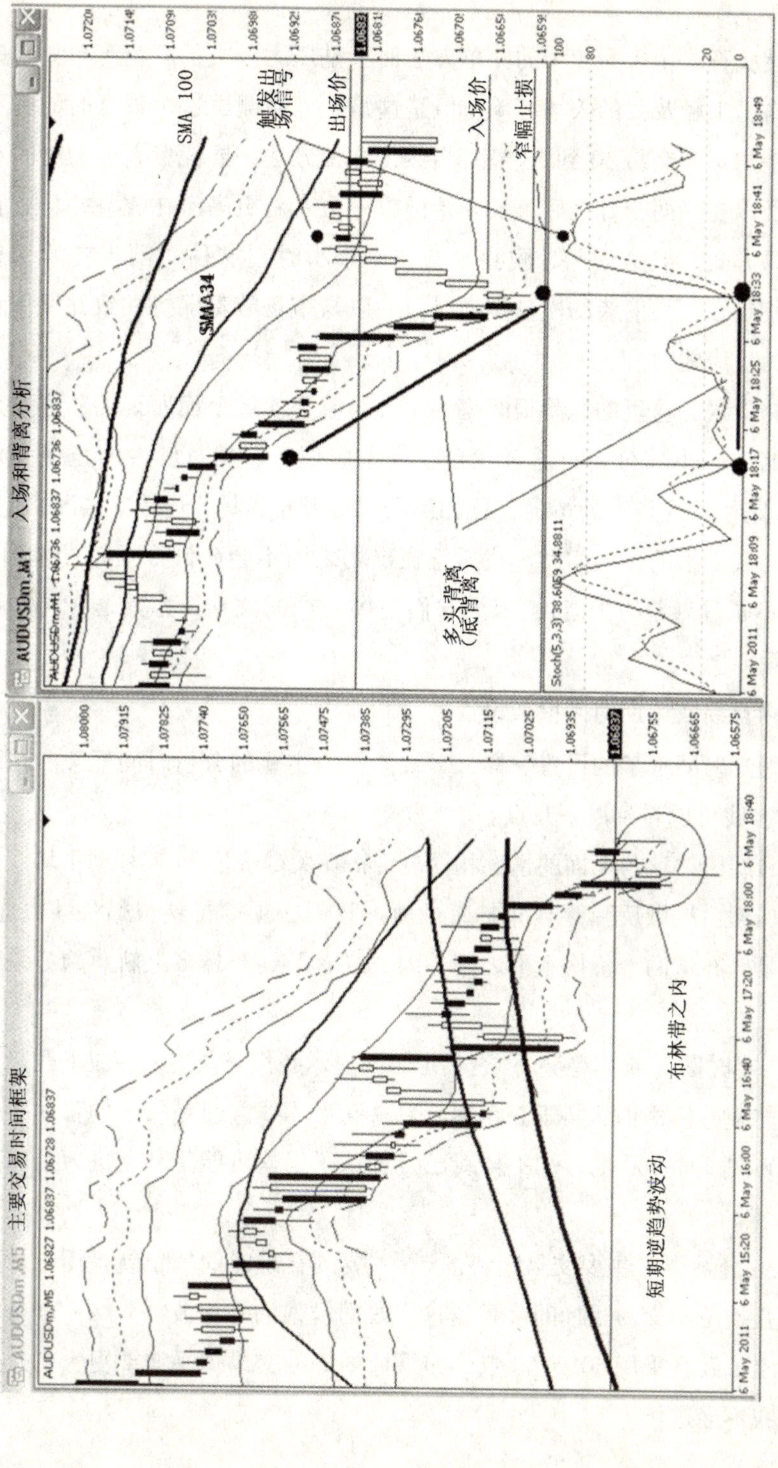

第22章 布林带逆向交易策略

图22.4 基于背离的超短交易

虽然我喜欢用压力较小的挂单方法而不是压力较大的盯盘下单，因此让市场自己来触及我的入场订单，但是这是我开始测试这个策略时的基本设置，平均每天交易50到70笔。当然，这种方法需要耗费大量的时间和精力，所以在一两个月之后，我开始设想一个有着更高潜在收益并且更省心的交易方式。但是，有时候我也会花一个小时在这种"刮头皮"交易上，特别是在交易清淡的横盘整理时段，以与市场节奏保持一致并评估和提高我的反应能力。

严格地说，这里的风险报酬率为1:1，但是就像上面所说的，这只是整个策略的一小部分，只适合我自己的反应训练。相对较大的止损（10点），只是用以提防意外情况（比如停电、与服务器断开连接等情况）。如果价格与我交易的方向相反，我通常在出场之前不会允许亏损超过4到5个点（不超过点差的2倍），因为它们是极短期的波动，尤其是在与趋势方向相反时。

日内交易或中期时间框架设置

与短期时间框架的设置一样，日线图作为主要的分析时间框架。在图22.5中，我可以看到以下几点：

·日线图。这与上面的情况相同。价格在关键价位34期移动平均线受到支撑，然后轻微反弹穿越布林带中轨。我们必须等待这根蜡烛线收盘，看价格是否在这两个价格水平之间整固，或者回到布林带上轨。趋势是看涨趋势。

·4小时图（整体趋势）。这幅走势图显示我们正在进入一波下跌趋势后的调整期。价格仍然高于200期简单移动平均线，但是较小的移动平均线已经转向，而100期移动平均线已接近水平。这可能是马上进入整固阶段的信号。

·30分钟图（主要交易走势图）。主要的交易时间框架就是用来计算适当的止损位和交易目标的（根据这个时间框架的平均波幅）。在30分钟走势图上，我会采用50到60点。如果计划好的交易似乎需要更大的止损幅度，我不会进场。

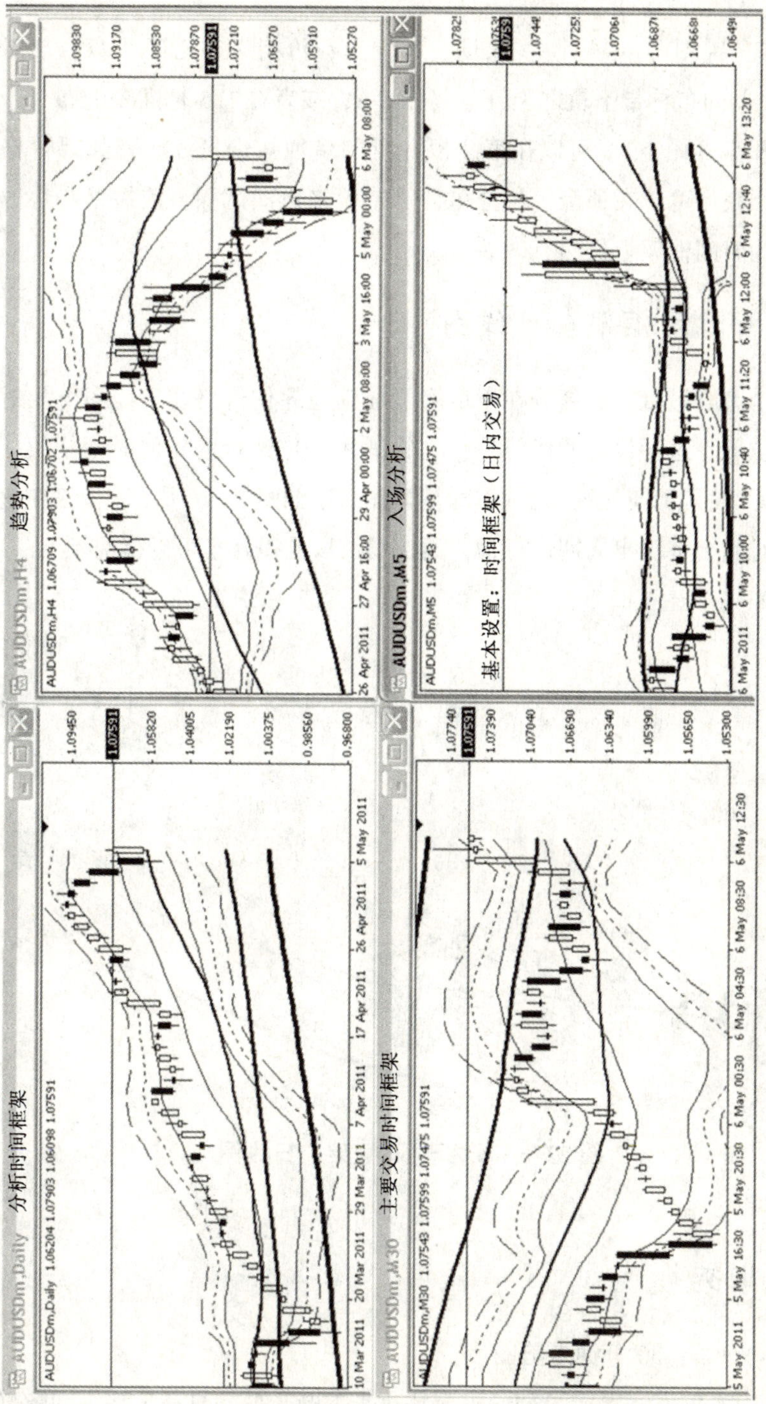

第 22 章 布林带逆向交易策略

图22.5 日内交易或中期时间框架的设置

·5分钟图（入场）。在入场走势图上，价格必须已经收盘，然后在1.5标准差的布林带下轨之上开盘（做多），或者在1.5标准差的布林带上轨之下开盘（做空）。可以在第2根开盘的蜡烛线进场。或者如果价格上涨太快，我们可以在那个价位挂单，等待价格再次试探，前提是趋势方向在较长的时间框架上仍然有效。

分析时间框架：日线图

这个策略最重要的部分在于尽可能准确地评估价格在日线图上相对于指标的位置。这种设置的优势是，它将适用于你选择的任何时间框架——至少欧元/美元和澳元/美元货币对是如此。正如图22.6所示，价格在超过80%的时间会呈现出周期性行为，而市场波段变得几乎可以提前预测。

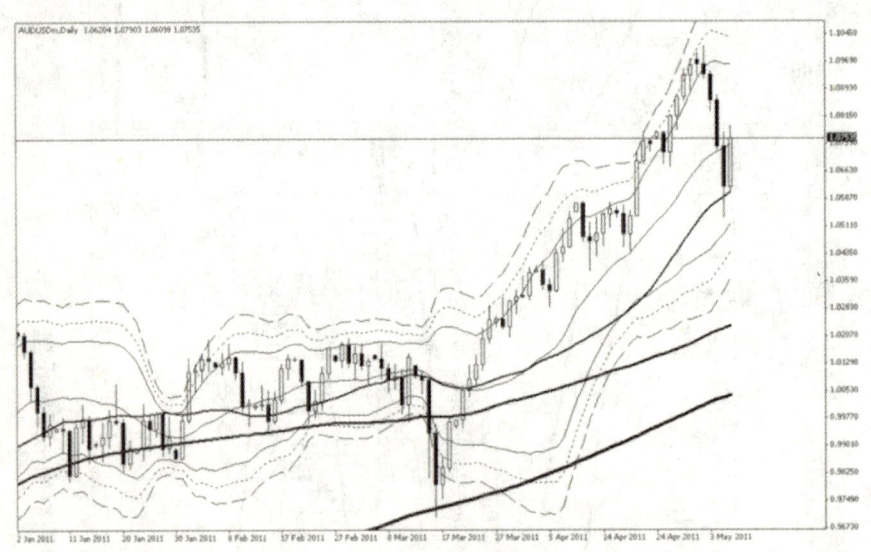

图22.6　分析时间框架：日线图

短期交易

趋势分析：30分钟走势图

你可以从图22.7中看到，主要趋势为下跌，但是目前正处于调整型波

第22章 布林带逆向交易策略

动中。但是，它仍然处于200期简单移动平均线之下。我预期价格会再次试探最近被突破的阻力位，并且较小移动平均线将与布林带中轨会合。我们要留意布林带的另一边，因为价格有可能再次造访低点。

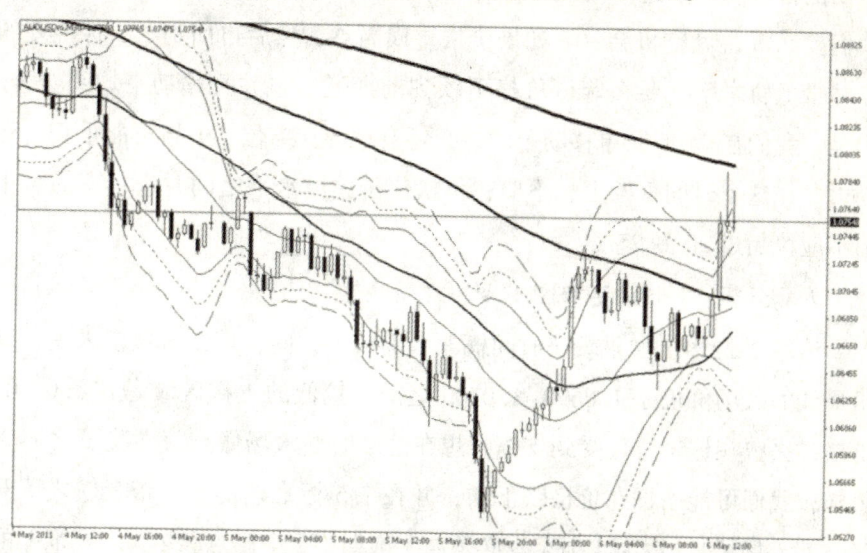

图22.7 趋势分析：30分钟走势图

主要交易时间框架：5分钟走势图

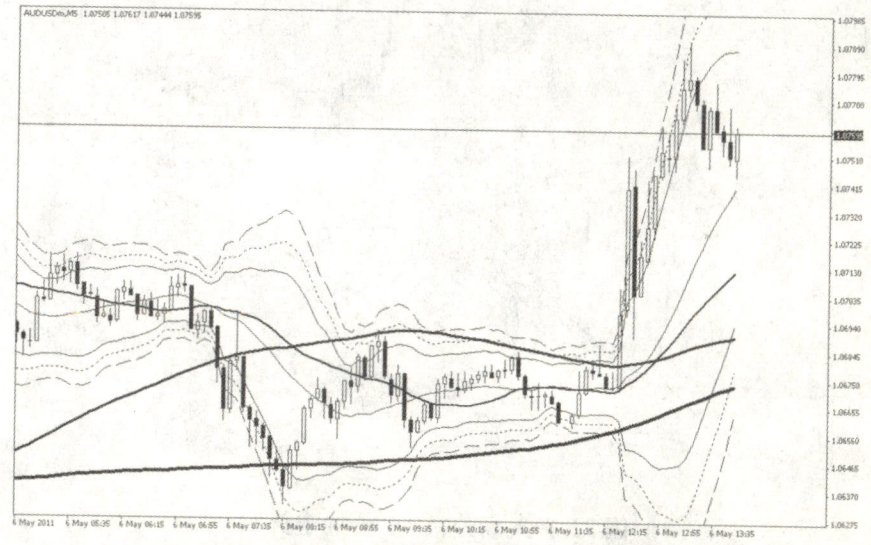

图22.8 主要交易时间框架：5分钟走势图

在图 22.8 中，我们会等待价格再次试探布林带的中轨，并最终上涨到更高的价位。对于这个时间框架来说，止损幅度显得太大了一点。因此，我们要么等待做空机会——如果价格重回高点，然后再回到 1.5 标准差的布林带上轨之下，要么等待价格下跌到前期低点，并且移动平均线会合。但是，我们在 34 期简单移动平均线上还有一个支撑位，价格可能重获上涨动力。在这个时间框架上，不要在价格位于关键水平之间时进行交易。止损不应该超过 20 到 25 点。

入场分析：1 分钟走势图

请看图 22.9。如果较长时间框架上确认了方向，那么对做多来说，这里最佳的入场价位于 1.0690-1.0700 之间。较低的支撑区域是在 1.0670，价格过去曾在这个价位受到支撑。想在这个时候入场做空就太晚了（不管怎样，我们可能已经在价格跌下来，并在 1.5 标准差的布林带上轨之下开盘时就入场了），因为止损至少必须高于前期第 2 个高点和 2.5 个标准差的布林带上轨，而下一个位于 100 期简单移动平均线的支撑位距离较近，导致风险报酬率低于 1∶1。

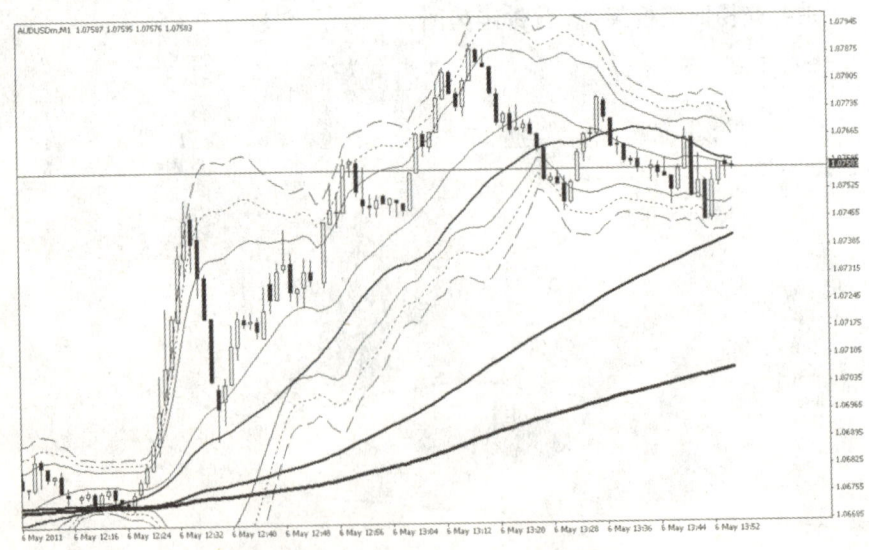

图 22.9 入场分析：1 分钟走势图

第22章 布林带逆向交易策略

日内交易或中线交易

趋势分析：4小时走势图

你可以从图22.10上看到，价格刚刚进行了调整，跌到了200期简单移动平均线附近，但没有穿越，然后又上涨回34期移动平均线，并且收盘于布林带中轨之上。这里有一个强大的阻力区域，价格曾经受阻于这个区域。

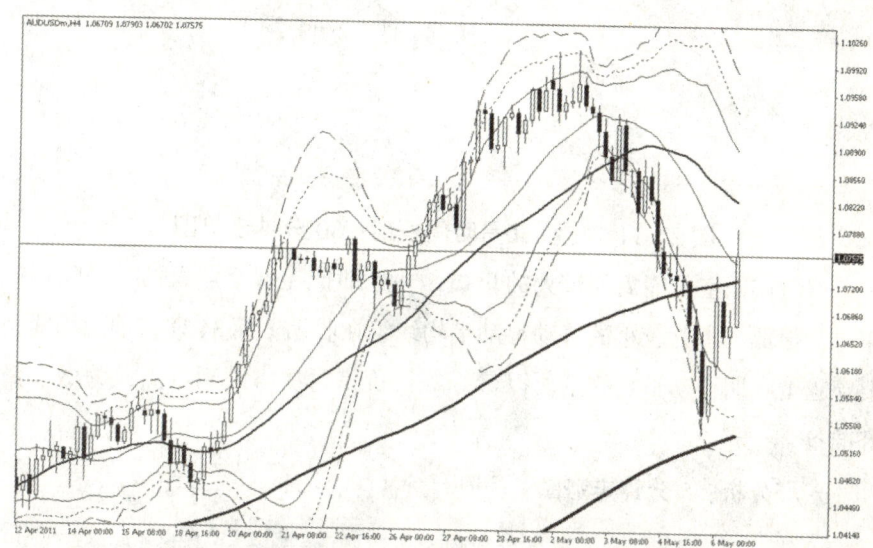

图22.10 趋势分析：4小时走势图

趋势仍然是看涨趋势，但是我们还是需要密切关注价格行为，以防其到达布林带上轨，因为它可以突然飙升，再次去试探位于布林带上轨的高位区域，然后再急剧下跌回来。看起来，在当前价格水平可能有一个窄幅的波动，因为布林带在开始收缩。

主要交易时间框架：30分钟走势图

在图22.11中，价格正在上涨，并且几乎到达200期简单移动平均线，之后价格折返，但是仍然处于布林带上轨之内。这种情况看来是上涨的，但是我们正进入下跌趋势的反弹波动中。由于价格可能再次试探1.0800-1.0830这个被穿越的区域，并且200期移动平均线还没有被穿越，所以我们可以预计价格第一次试图突破会失败。

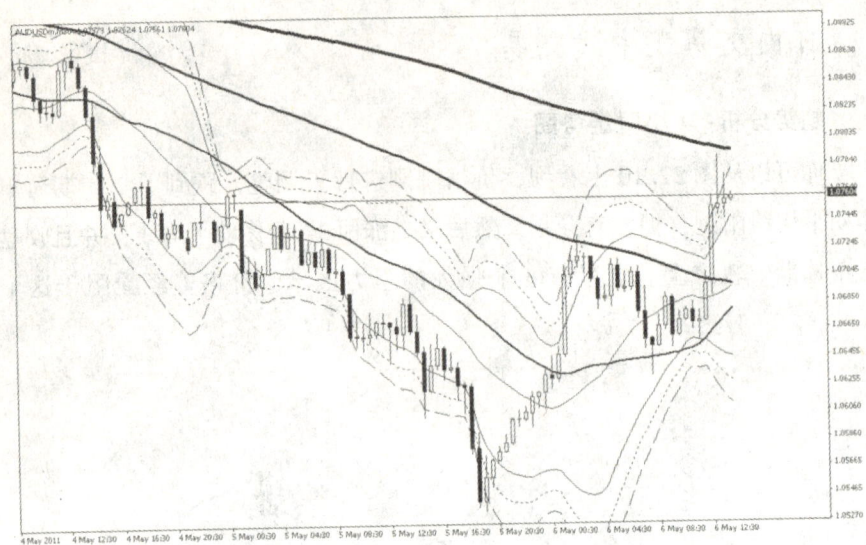

图 22.11　主要交易时间框架：30 分钟走势图

这时候做空可能需要较大的止损，并且即使在这个点入场，风险报酬率也会很低，因为较小的移动移动平均线组在收缩，而 34 期移动平均线正要穿越 100 期移动平均线。所以最好等待价格再次下跌到低点，为做多做好准备。

入场分析：5 分钟走势图

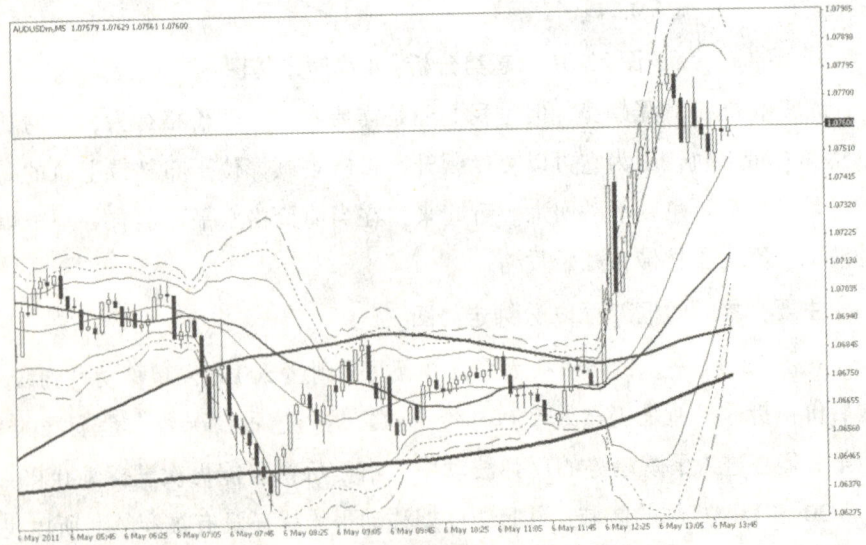

图 22.12　入场分析：5 分钟走势图

第22章 布林带逆向交易策略

在看图22.12时，我们要等待价格至少回到1.0670-1.0690区域才进场做多，止损50点，低于图上可见的最低点几个点。如果价格上涨回1.5标准差的布林带上轨，并且保持在较大标准差的布林带上轨之下，就可以进行卖空的逆向交易。要注意这些价格水平附近的价格行为。

另外，可以尝试一种变化版本的多头交易——利用相同的止损位（低于1.0630），在1.0735入场，这个价位刚好高于34期移动平均线和5月初的阻力位。无论如何，价格将很可能朝着34期移动平均线下跌。而那个时候的价格行为将决定哪个是最好的选择。

真实的交易案例

这个真实的交易案例是从2011年1月12日，纽约市场收市之后开始的。

日线图上出现了一根强劲的看涨吞没线，从100期移动平均线反弹一直到达34期移动平均线。趋势是看涨趋势。但是，在这个时候入场就太晚了。100期移动平均线在0.9860附近，并且一直在上升。我决定看看下一根蜡烛线的行为。在1月13日，我看到34期移动平均线被穿越，并且价格收盘于这个价位之上。从这根蜡烛线看来后市是下跌的（纺锤线看跌信号）。

在大约中午的时候，4小时图上出现一个锲形顶形态（倒V字顶），并且价格似乎在一个宽幅内震荡。1.0000价位也已经被击穿。

在主要交易时间框架上（30分钟走势图），我看到价格已经在这天早上再次试探了0.9920-0.9930这个已经被穿越的价格水平，以及200期简单移动平均线，然后强烈反弹并穿越所有的移动平均线，到达了1.0000价位之上。200期移动平均线变为水平，而其他两条移动平均线的斜率正在上升。

在入场时间框架上（5分钟走势图），这个价位对于直接入场来说仍然太高了（0.9978），它正处于几乎水平的移动平均线会合的地方。

日线图上，1.5标准差的布林带下轨在0.9885处于水平状态。由于1.0000价位已经被超过，并且之前出现强有力的看涨吞没线，所以我认为价格会显著上涨，我把目标价格设在布林带上轨的水平，也就是整数位 1.0200，低于前期的高点。鉴于价格在 4 小时图和 5 分钟图上的震荡行为，我决定采用那个变化版本的交易策略，因为价格有可能出现一些震荡，即便没有出现震荡并且只有一笔订单到达目标价格，风险报酬率仍然接近 1.5 : 1。

正如图 22.13 所示，我在布林带下轨之上 20 点的价位，即 0.9905 设置了一笔限价单，这个价位高于整数位 5 个点。我又在 0.9855 和 0.9805 分别设置了第 2 和第 3 笔限价单。止损都设在 0.9790，这个价位低于第 3 个入场价 15 点，低于前期低点（0.9802）12 点，这是个可以证明交易方向错误的关键价位。总风险为 2%。

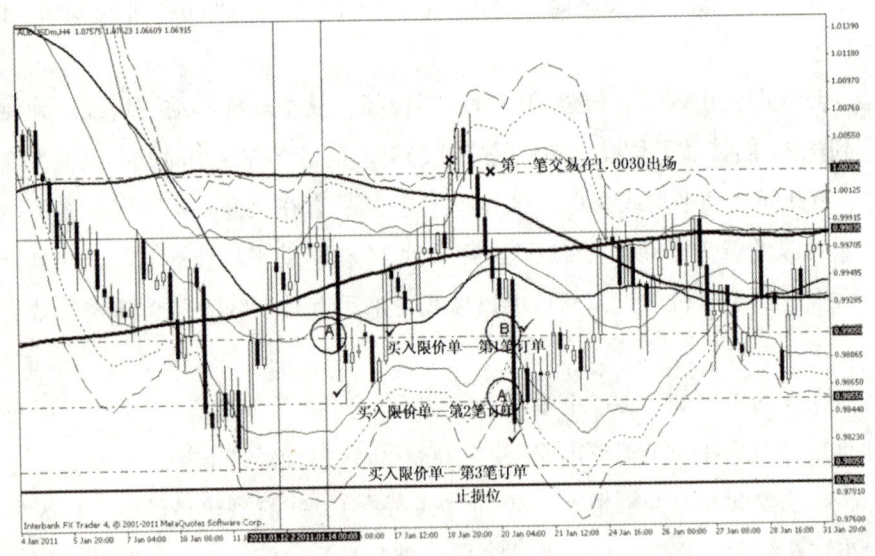

图 22.13 澳元/美元

第 1 笔订单在 1 月 14 日纽约市场开市前几小时被触及。价格下跌 30 点多后回升，接近盈亏平衡水平。之后，价格再次下跌，但是仍然高于第 2 个入场价，所以第 2 笔订单没有被触及。价格在那个价位获得支撑，之后在星期天的开盘价出现小幅跳空高开，高于星期五的收盘价，然后又回头朝着第 2 个入场价下跌，创出一个较高的低点，并穿越所有移动平均线

第22章　布林带逆向交易策略

进入布林带的另一边。我决定在 19 日早上的 1.0030 平仓，这个价位低于重要心理价位 1.0033 并接近 2.5 标准差的布林带上轨。我之所以这样做，主要原因是价格似乎会震荡一段时间，并且移动平均线指向不明，几乎是水平的。

交易结果：净盈利＝125 点，等于总资金的 1.25%（就这些货币对和止损水平而言，这种分 3 批入场的交易方式的头寸规模永远是 1 :1 的真实杠杆）。

我又在相同的价位（0.9905）挂了一单，同时设置了另外两笔限价单。第 1 笔订单再次在 20 日被触及。在 4 小时图上，价格穿越了所有布林带的下轨并在约 2 小时后触及第 2 笔订单。

我在 2 月 2 日，价格于 1.5 标准差的布林带之外（1.0115）开盘后了结了两个头寸（见图 22.14）。

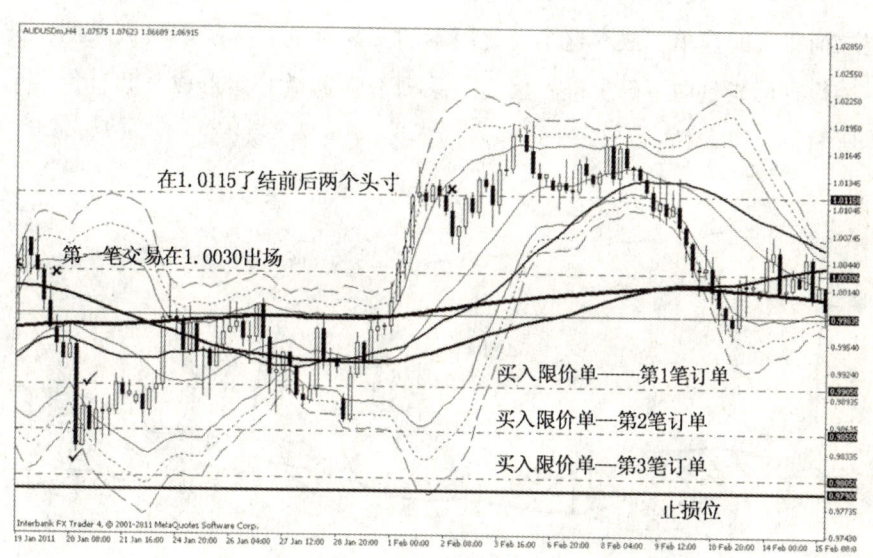

图 22.14　澳元/美元

交易结果：净盈利＝第 1 笔交易 210 点＋第 2 笔交易 260 点，总共 470 点，资金回报为 4.7%。

这个变化版本的交易策略的总盈利现在上升为 125+470＝595 点，资本回报为 5.95%。

我现在是远远高于盈亏平衡水平，风险报酬率接近3:1。我把这个变化版本的交易当作是较长时间内在特定价位多次入场的单笔交易。

这个方向仍然有效，我一直注意着这几个入场价位和目标价格，以等待下一次交易机会，因为4小时图和日线图上的价格现在正处于狭窄的布林带内震荡。

鉴于随后的价格行为和日波幅范围，以及一个新的阻力位在接近我目标价格的地方形成，并且价格已经受阻，跌到了波幅的另一边，于是，我等着看价格将在之前未跌穿的支撑区域和重大心理价位（在0.9866和0.9833之间）附近如何表现。

你可以从图22.15上看到，价格并没有突破1.0200，也没有试图到达之前的历史最高点1.0255，而是创出了一个较低的高点和一个双顶（4小时图上1.0189到1.0199的阻力区域），形成了一个对称的三角形态。我决定取消所有的挂单，放弃这个变化版本的交易计划，等待即将到来的突破——很有可能是向下的突破，因为一系列下降通道开始形成，并且每一个都比前一个更陡峭。

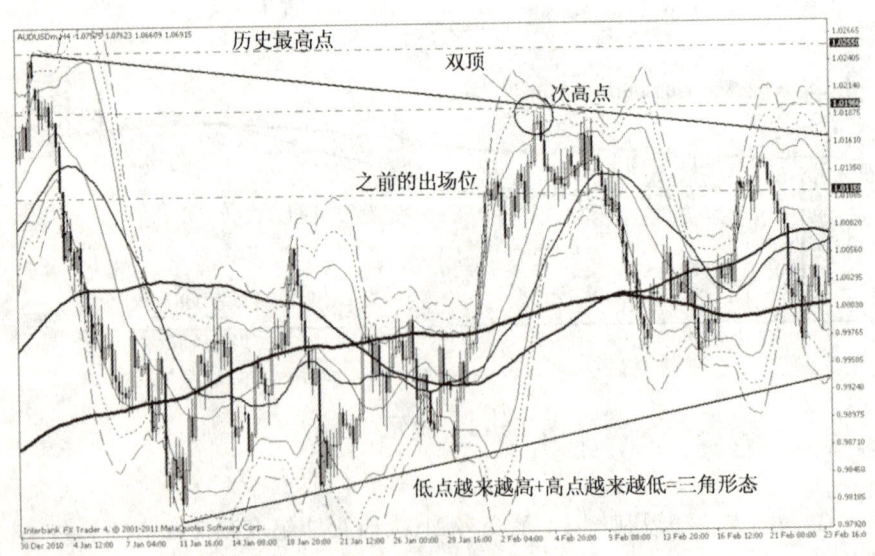

图22.15　澳元/美元

第22章 布林带逆向交易策略

图 22.16 显示了接下来发生的情况。价格在跌穿 200 期移动平均线并进行宽幅的锯齿形运动之后,终于跌破了三角形。之后,价格跌破 1.0000 水平的支撑位,然后继续跌破关键价位 0.9950,最后跌破 0.9866(我一直关注的一个价位),并且下跌的气势好像一场永无止境的雪崩。

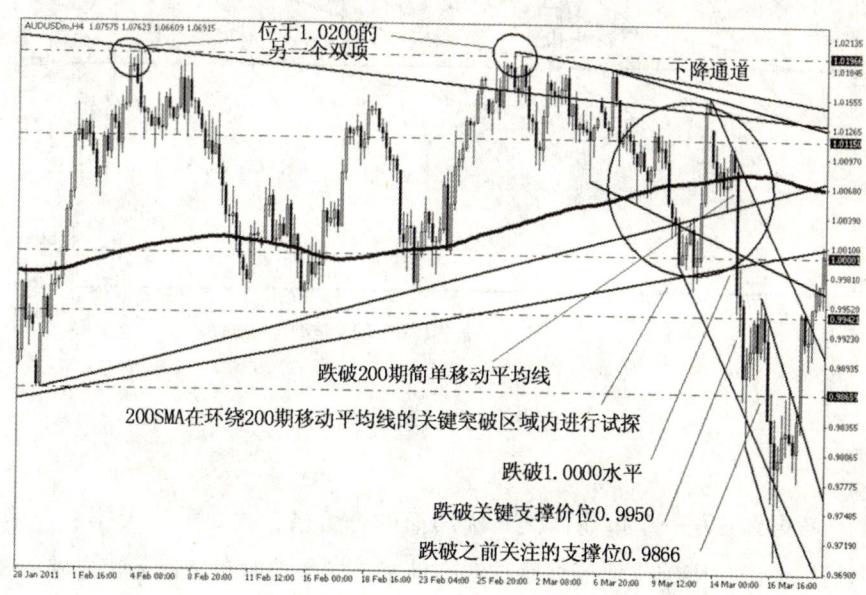

图 22.16　澳元/美元

你可以从图 22.17 中看到,我后来(3月16日)在4小时图上布设了菲波纳奇回撤/投射指标,测量从1月底到2月初的三角范围的水平。我注意到最近的低点(0.9702)低于 138.2% 的菲波纳奇投射位,并且创出低点之后价格强劲反弹。我决定再等待一段时间,等待价格再次试探这个低点,走出布林带区域之外。

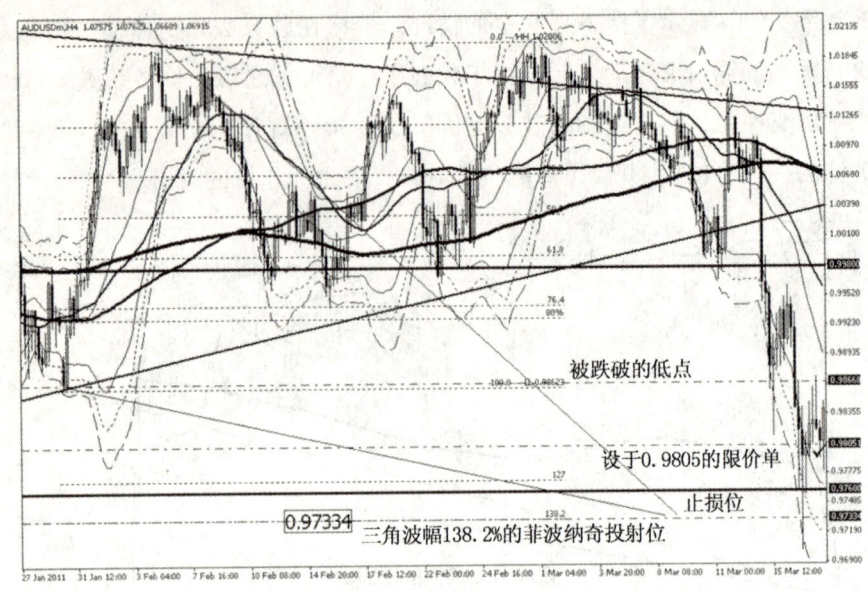

图 22.17 澳元/美元

考虑到这是一个市场回到看涨局面的好价格,我在第二天挂了一单,入场位设于 0.9805(高于整数位和之前 1.5 标准差的布林带下轨之外的蜡烛线低点 5 个点)。止损设于 0.9760(低于 1.5 标准差的布林带轨道线 10 点),止损幅度 45 点,总风险 2%。目标价格相对保守,位于 0.9980(略低于 1.0000 水平,以防万一),风险报酬率 3.88 :1。我在星期五把止损移到 0.9930(锁定 125 点利润),让头寸过周末。在下周一的时候,目标价格达到,实现利润 175 点,资金回报 7.75%(2%×3.88)。

其他分析工具

最后,我要提一下,我曾好几次在外汇未平仓合约上运用交易员持仓报告,来进一步评估趋势在持仓极值反转的可能性。

第23章 对冲交易策略

每个交易者的投资组合里都应该有几个起保护作用的交易工具。它们之中，资产多样化是至关重要的，并且还允许一种做法：将对冲作为锁定账户利润或减少亏损风险的一种方式。

在我自己的交易中，我会使用多种交易方法。在最近监管规则改变之前，交易者可以从两个方向对同一个工具进行对冲。我的意思是你可以做多欧元/美元，同时还可以做空欧元/美元。这会给你一个完美的对冲。但是现在，你必须找到相关货币对来进行有效对冲。我们将在这一章中进行讨论。

什么是对冲

让我先解释对冲不是什么吧。很多交易新手认为对冲只是在相同货币对上，下合约数相同但方向相反的订单。其实，这并不是最有效得对冲方式。要不了多久，你就会陷入无法平仓的绝境，你的整个账户都遭遇风险，更糟糕的是还可能收到追交保证金通知（账户被强制平仓）。在同一个交易品种上进行所谓的对冲，只不过是锁定亏损而已。

我认识的大部分交易者在使用完美的对冲策略时，通常会在持有对冲头寸时创造利润，直到他们可以结束对冲。

让我们简单地了解下外汇交易中大部分交易者所熟知的基本对冲。这是交易者在监管法规变化之前用以降低风险的主要方式…至少他们是这样认为的。

之前曾提过，交易者买入欧元/美元，同时卖空欧元/美元，从而进行了完美的对冲，这意味着不管价格如何变化，交易者已经锁定了收益或亏损。有些交易者会在周末的时候采用这一策略。这样，当市场重新开市时，他们可以保护头寸不受反方向跳空的影响。有些交易者会使用这个策略来对冲他们的未平仓头寸，这样他们就不需要一直守在电脑面前。

交易者非常坚持这个策略，在某些时候，他们甚至会考虑将他们的交易账户从美国转移到其他交易者仍然可以在相同货币对上进行对冲的国家。不过，这个策略也并不是那么好。让我们来了解一下原因并看几个案例。

- 如果你的交易正在盈利，你想对它进行对冲，那么你就要锁定你的利润，当然还要减去你建相反方向头寸所导致的新点差。如果你的头寸正亏损，但是你想在重大消息发布或者周末之前锁定亏损，也同样适用。你可以锁定你的亏损，不过会遭致更多的亏损，因为你必须支付新开仓产生的点差。

很多采用这个策略的交易者常常陷入这个策略而不能自拔，只是建反方向的头寸，或者说好听点，做更多的交易。让我们来看这种情景。我们假设你建了10手欧元/美元多单和10手欧元/美元空单。不管你锁定的是亏损还是利润，或者只是盈亏平衡的状态，都没有关系。但是，如果你已经接近盈亏平衡状态，你可能只想结束交易兑现亏损或盈利，直到周末或者消息发布之后。

交易者通常会建一个"核心"头寸。你在对冲之前，你认为欧元/美元将上涨，于是你进场买入。你买入1手合约后，价格就与你作对开始下跌，然后你买入更多。随着欧元/美元不断下跌，你不断摊平成本。最终，你持有了10手欧元/美元的多单。突然，货币对进一步下跌，这时你不是选择进一步摊平成本，而是反手建了10手欧元/美元空单。现在，你进行了对冲，锁定了你的亏损。

理论上讲，你可以一直待在交易里，不会再遭遇其他亏损。这个时候，你可以做点不同事情：

你可以在交易的任一方向上加仓——意思就是你现在是做多或者做空，而不是对冲，然后一路赚钱直到缩小你锁定的亏损——然后平仓。

或者你可以等待，直到货币对，也就是欧元/美元到达支撑位并开始上涨。这时，你可以先了结你的10手欧元/美元空单，留着10手欧元/美

第 23 章 对冲交易策略

元多单。很多交易者会在这个时候加仓。所以假设你增加了 10 手欧元/美元多单,那么你现在共持有 20 手欧元/美元多单。

现在,你只需要价格波动你最初盈亏平衡处的一半。这种办法比较有用,我就认识好多只采用这种策略的交易者。但是,这种方法风险较高,因为货币对有可能继续下跌,这样你就制造了双倍的风险敞口。更糟糕的是,你可能没有运用适当的资金管理,所以你现在可能过度采用杠杆了。如果你想采用这种交易策略,一定要考虑到你有可能让头寸加倍。你不要过度采用杠杆。

让我们来谈谈如果你处于那样的境地会怎么样,因为它未必就是好事情。这个案例是一个真实案例,来自我认识的一个采用这种对冲策略的交易者。

这个交易者做多欧元/美元,并且浮动亏损非常巨大。在我看来,这个交易者实际上已经过度交易了,而第二天将有一个重大消息发布。这个交易者不断向下摊平(亏损后加仓)——顺便说一句,如果你不知道自己在做什么,这会让你陷入大麻烦。所以,在重大消息发布之前,这个交易者在反方向建相同头寸(卖出欧元/美元)进行对冲。

现在,这个交易者已经将亏损锁定,进行了完美的对冲,直到消息发布之后——至少他是这么想的。但是,这个交易者将看着惨剧上演。你看吧,银行不是傻子,他们可以看到你的交易并发现你的账户保证金并不充裕。银行知道如果稍稍改变价格,你的账户就会陷入被强行平仓的境地。

是的,银行会试图赚走你的钱。所以结果就是:消息出来,并且银行在一个方向上持有这个货币对,意味着不是两倍点差,银行会把点差扩大到足够大,导致你的账户陷入被强行平仓的境地。

所以,买报价保持不变,而卖报价移到 150 点外。银行确实会这样做,尤其是当你交易投入很多钱,或者你已经赚了很多钱,再或者你的保证金不足时。好一个手段啊!导致账户被强行平仓的巨大点差,将导致另一个外汇账户暴赚。如果你运用良好的资金管理,并且在计划向下摊平策略时将这种情况考虑进去,就可以避免这种情况。你必须事先将所有情况考虑在内,这样,你才知道你可以交易多少手合约。

在我的《外汇交易秘密》（Forex Trading Secrets）一书中，我介绍了一种外汇交易者非常常用的对冲策略，这个策略是运用一篮子货币对或者仅两种高度相关的货币对。这种真正的对冲是一种非常有意思的交易策略。但是，货币对之间相关的程度会有区别，并且永远不会完美，因此，增加了错误配对的风险，也增加了复杂程度，需要密切监视货币对的相关性，一个点的价值以及展期利率。

现在，我们试着利用相同的基准货币，比如使用期权或者相同的货币对。让我们来看一些用于实现真正意义上的完美对冲，以保护你的外汇交易的交易工具。它们都是建立在外汇期权的基础上。

对冲可以看作是预防负面结果出现的保护手段。它不会完全消除风险，但是市场在遭遇意外事件后出现负面反转的影响可以大幅降低。但是，通过其他投资来保护最初的投资，将相应地降低投资的收益。

一定要明白一点，通过自身来进行对冲并不是一种赚钱的策略，而是一种消除亏损可能的工具。风险降低也意味着收益降低。即便你最初的投资亏损了，但你进行对冲的决定也有助于将亏损大幅减少。

期货和期权这种衍生品都是可以用于支撑你外汇交易的金融工具，这多亏了那些让你可以通过衍生品获得的利润来抵消你交易亏损的策略的发展。

外汇期权可以作为止损订单的补充，甚至可以完全取代止损的需要。当你买入一份期权后，如果价格在触及你外汇交易止损后，继续朝这个方向波动，那么你的盈利潜力就是无限的。反之，如果你的外汇交易已经盈利，只要买入外汇期权，你的盈利就被锁定了。并且，如果价格继续朝这个方向前进，期权的费用可以看作预防价格反转的保险费。

外汇期权交易最突出的问题在于其风险报酬率变化非常大，因为权利金的变化取决于履约价格和到期日。

在尝试用外汇期权对冲外汇交易之前，如果预期收益大于或者至少等于成本时，你需要进行仔细评估。因为这个策略的主要目的是保护你免受亏损，而不是赚钱。成本不可避免，但你可以消除一部分情况的不确定性。

第23章 对冲交易策略

用货币期货进行对冲

买入澳元/美元，买入澳元看跌期权

在本章节出现的走势图中，你可以注意到澳元在全球电子交易系统（GLOBEX）上的货币期货价格与澳元/美元货币对紧密相关。下面这个假设的案例将显示我们将如何从这种相关性中获利——运用一个保护性的期权来锁定已经获得的利润。

案例：

假设我决定在2011年3月23日，澳元/美元在200期SMA（简单移动平均线）获得支撑，随后突破布林带中轨之后，下一个交易日的蜡烛线在1.0128开盘时进场做多。

如图23.1所示，货币对向上突破之后开始走单边市，在到达1.1010的高点后就开始掉头修正。这时候，我可以选择结束交易兑现882点的利润。但是，由于我设定了较长期的价格目标，位于1.1200，所以我希望继续持有头寸获得更大的收益。

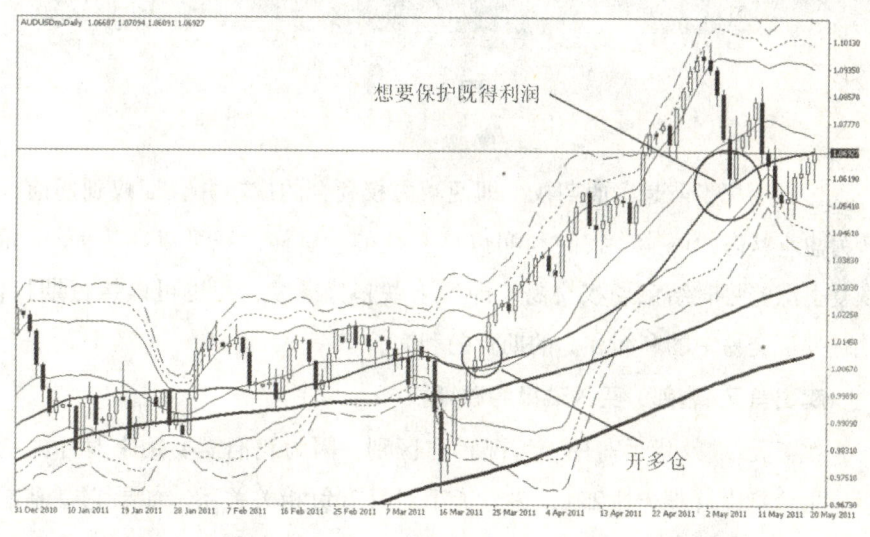

图23.1

在5月5日，货币对跌破布林带中轨并穿越了100期SMA，也跌破了位于 1.0680 到 1.0702 的支撑区域。我想继续持有头寸度过可能出现的更大调整期，同时把风险限定，所以我决定买入澳元期货的看跌期权，履约价格位于 1.0800，一个月后到期（见图 23.2）。

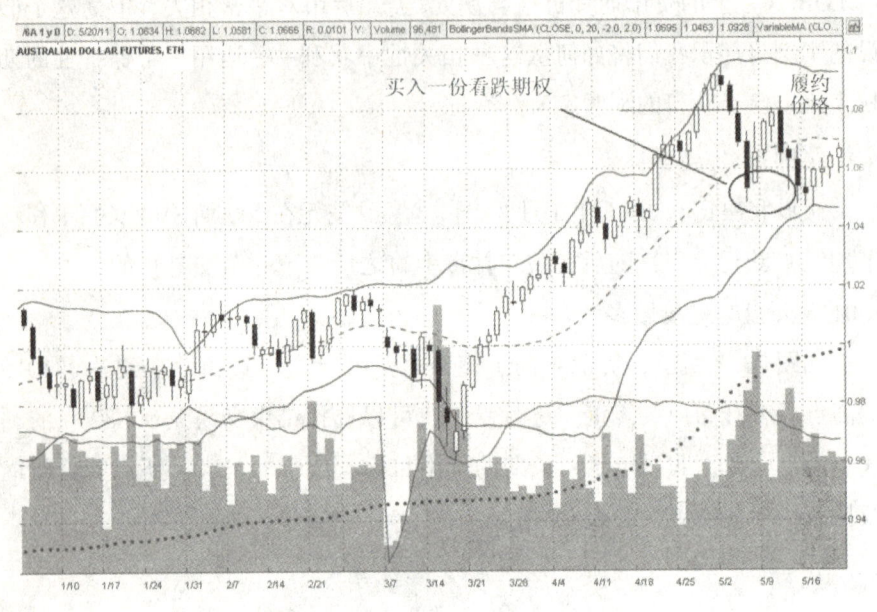

图 23.2

这份期权当前是实值期权。即便减去权利金的成本并且期权到期前有转为盈利状态的可能，我的利润也是安全的。这样，我可以在澳元/美元恢复上涨趋势时结束期权交易。即便下跌趋势继续，我也可以执行期权，兑现外汇交易中的利润和标的期货的利润。

卖出美元/瑞郎，买入瑞郎看跌期权

在美元/瑞郎货币对中，情况稍有区别，因为我们需要用来对冲的货币是报价货币（瑞士法郎），它与货币对具有负相关关系。如果它是基准货币，我们可以通过买入看涨期权来保护空头头寸，但是在这里，我们需要再次买入看跌期权，只不过这一次货币换成瑞士法郎而已。

第23章 对冲交易策略

案例：

在美元/瑞郎价格跌破位于 0.9340 的支撑位后，我决定进场建立空头头寸（见图 23.3）。我等待价格再次试探布林带中轨和之前被跌破的价位，所以我将限价单设于 0.9340。这个入场订单在 2011 年 3 月 8 日被触及。

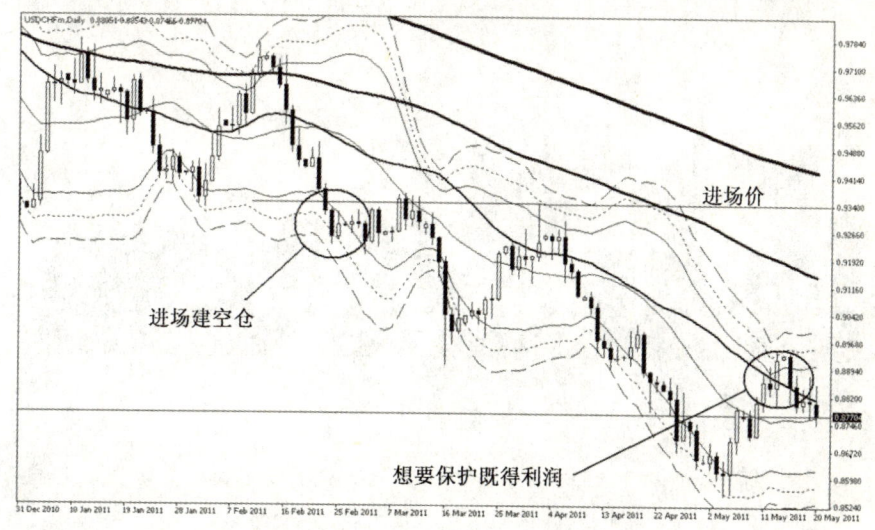

图 23.3

价格继续下跌趋势，中间进行了几次调整和对关键价位的再试探，直到在 2 个月之后到达 0.8555 的价位（跌幅 785 点）。这时候，美元/瑞郎发生了大幅反弹，向上穿越了布林带中轨并到达最近的支撑/阻力位和 34 期 SMA 之上。

在 2011 年 5 月 15 日，看到瑞士法郎期货仍然处于明显的上升趋势中，于是我决定通过买入看跌期权来对美元/瑞郎交易进行对冲。这次的履约价格还是较高（位于 1.1600），属于实值期权（ITM），见图 23.4。

这个选择与之前的对冲相似。外汇交易的利润受到了保护，如果美元/瑞郎趋势反转，瑞郎期权合约的实值性进一步提高，期权价值提高。

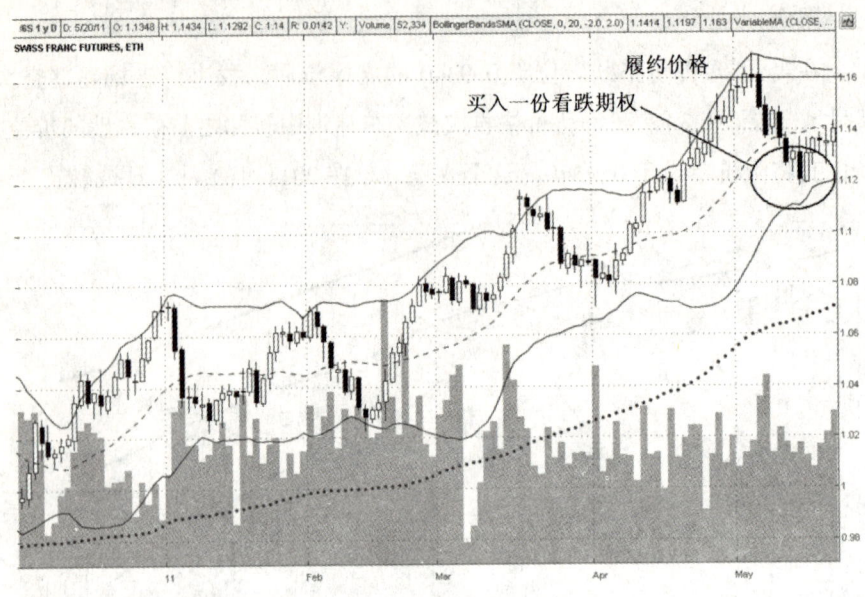

图 23.4

用外汇普通期权进行对冲

持保看涨期权（covered call）

这个策略是通过卖出看涨期权来对冲多头头寸。它基本上是用于锁定外汇交易中已经获得的利润。

如果趋势变为下跌，风险就是无限的，而你可以预期的最大收益是卖出看涨期权获得的权利金。这种策略通常允许交易者在强劲牛市中持有头寸的同时，从卖出期权中定期获得收益。

（这个策略的变化版本是保护性的持保看涨期权：这涉及在上面的基础上再买入虚值看跌期权。这种策略的目的是限定价格下跌的风险，以防货币对价格出现大幅下跌。）

让我们来看一个真实案例。

第23章 对冲交易策略

案例：

图23.5 持保看涨期权交易案例

订单		订单日期(GMT)	工具	到期日	买入卖出	资产类型	订单类型	数量	履约价格	执行价	执行金额	费用	总费用	盈利/亏损净值
38391	0.9682	5/19/11 4:37pm	美元/加元	6/11	开仓卖出	看涨期权	市价单	1	0.96000	0.01448	1492.12	0.00	1492.12	1492.12 美元
38683	0.9797	5/23/11 3:24pm	美元/加元	6/11	平仓买入	看涨期权	市价单	1	0.96000	0.02295	-2342.35	0.00	-2342.35	-2342.35 美元
结果														-850.23 美元
38392	0.9684	5/19/11 4:39pm	美元/加元	6/11	开仓买入	看涨期权	市价单	1	0.97000	0.00975	-1004.71	0.00	-1004.71	-1004.71 美元
38681	0.9802	5/23/11 3:18pm	美元/加元	6/11	平仓卖出	看涨期权	市价单	1	0.97000	0.01537	1568.71	0.00	1568.71	1568.71 美元
结果														564.00 美元
38393	0.9684	5/19/11 4:39pm	美元/加元	6/11	开仓买入	看涨期权	市价单	1	0.97500	0.00774	-797.58	0.00	-797.58	-797.58 美元
38679	0.9802	5/23/11 3:18pm	美元/加元	6/11	平仓卖出	看涨期权	市价单	1	0.97500	0.01215	1240.07	0.00	1240.07	1240.07 美元
结果														442.49 美元

净盈利=564+442.49-850.23=156.26

2011年5月16日，我在分析澳元/美元的1小时走势图时，看到位于1.0620到1.0635的阻力区域已被显著突破。于是，我决定在回调时卖出看涨期权（见图23.5和图23.6）。我在1.0602买入1手澳元/美元，同时卖出一份履约价格为1.0000的看涨期权进行保护（获得的权利金非常高，因为这份看涨期权为深度实值期权）。

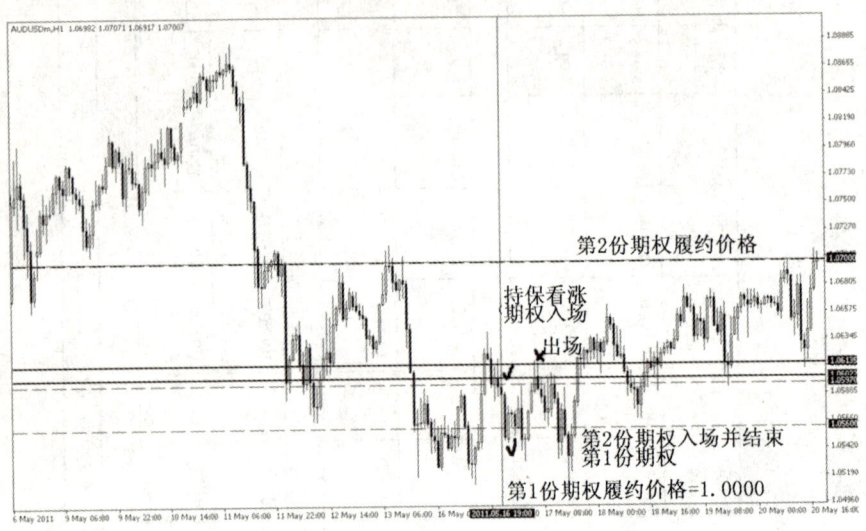

图23.6 持保看涨期权走势图

Exit 出场

Second option entry market price and exit first option 第2份期权入场并结束第1份期权

First option strike price=1.0000 第1份期权履约价格=1.0000

总结：

在2011年5月16日晚上7点12分，在1.0602买入1手澳元/美元

在晚上7点13分，在1.0597卖出1手澳元/美元看涨期权，履约价1.0000（第1份期权入场）

约两个半小时之后，我查看交易平台，注意到澳元/美元汇率已经下跌，而期权有一些盈利，所以我决定结束第1份期权并重新卖出另一份看涨期权，但是这一次是虚值的履约价格。

第 23 章　对冲交易策略

我在 1.0560 结束了第 1 份期权，在权利金差值上赚得 317 美元利润。我在相同的价位另外卖出 1 手澳元/美元的看涨期权，履约价为 1.0700（第 2 份期权入场）。

第二天，看到货币对正在横盘震荡，没有发出太多上涨信号，于是我决定结束整个持保看涨期权交易，然后等待直到外汇交易转为上涨，最终盈利 11 点。

我在 2011 年 5 月 17 日晚上 7 点 10 分，在 1.0613 结束了澳元/美元的交易，盈利 113 美元。

紧跟着，我在 7 点 11 分，以相同的汇率结束了第 2 份期权，损失权利金差价 94 美元。

第 2 份期权给我带来了一笔小亏损（随着澳元/美元汇率接近履约价格，抬高了权利金——因为它是一份虚值期权）。但这个亏损被第 1 份期权和外汇交易的收益抵消了。

净盈利＝317+113-94＝336 美元

保护性看跌期权（protective put）

当你需要保护你的头寸，以防市场出现调整时，可以运用保护性看跌期权。这个策略是通过买入看跌期权来对外汇多头头寸进行对冲。你遭遇的最大亏损将仅限于你买入看跌期权所支付的权利金费用，而当市场价格上涨时，你的盈利就将是无限的。

当我想要保护我的交易，以防市场出现回调时，我就会采用这个策略。这个策略的风险和回报情况，与买入看涨期权的策略非常相似。

如果突然出现大量抛售，货币对价格下跌，看跌期权的价格将会提高，就可以用这个收益抵消外汇交易遭遇的亏损，而唯一的亏损就将是支付的权利金。

如果市场价格上涨超过看跌期权的履约价格，这份期权自然就会过期失效，而外汇头寸则受益于市场价格上涨，获得了收益。这份期权的亏损仅限于支付的权利金，而盈利来自于外汇交易头寸，并且由于盈利增加的幅度远远大于期权导致的亏损，所以你的整个交易结果是盈利的。

案例：

出于相同的原因，我在买入持保看涨期权之后不久，就买入保护性看跌期权（见图23.7和23.8），主要比较两者之间的盈利潜力。

图23.7 保护性看跌期权交易实例

订单	订单日期(GMT)	工具	到期日	买入/卖出	资产类型	订单类型	数量	履约价格	执行价	执行金额	费用	总费用	盈利亏损净值
38391	0.9682	5/19/11 4:37pm	美元/加元	6/11	开仓卖出	看涨期权	市价单	1	0.9000	0.01448	1492.12	0.00	1492.12	1492.12 美元
38383	0.9797	5/23/11 3:24pm	美元/加元	6/11	平仓买入	看涨期权	市价单	1	0.9000	0.00295	-2342.35	0.00	-2342.35	-2342.35 美元
结果													-850.23 美元
38392	0.9684	5/19/11 4:39pm	美元/加元	6/11	开仓买入	看涨期权	市价单	1	0.9700	0.00975	-1004.71	0.00	-1004.71	-1004.7 美元
38381	0.9802	5/23/11 3:18pm	美元/加元	6/11	平仓卖出	看涨期权	市价单	1	0.9700	0.0537	1568.7	0.00	1568.7	1568.71 美元
结果													564.00 美元
38393	0.9684	5/19/11 4:39pm	美元/加元	6/11	开仓买入	看涨期权	市价单	1	0.97500	0.0774	-797.58	0.00	-797.58	-797.58 美元
38679	0.9802	5/23/11 3:18pm	美元/加元	6/11	平仓卖出	看涨期权	市价单	1	0.97500	0.0215	1240.07	0.00	1240.07	1240.07 美元
结果													442.49 美元

净盈利=564+442.49-850.23=155.26

第23章 对冲交易策略

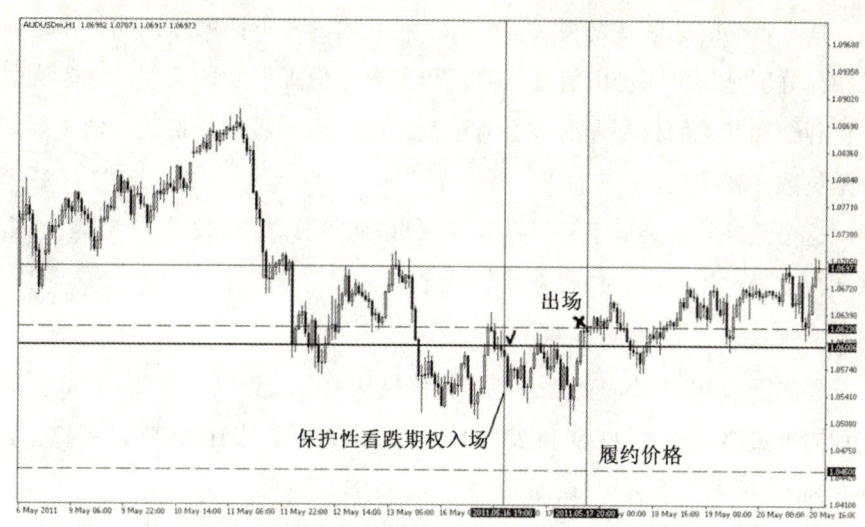

图23.8 保护性看跌期权走势图

在2011年5月16日晚上7点23分，在1.0600买入1手澳元/美元多头头寸。

买入1手澳元/美元的看跌期权

这个策略也是在第二天结束交易，并且是在前一个策略结束交易之后不久，因为这个货币对在横向盘整。我会一直等待交易盈利的差值超过亏损，这样就可在盈亏平衡点出场。

之后，我在2011年5月17日晚8：20结束期权交易，损失权利金差值214美元。

我在当晚8：21结束外汇交易，获利227点。

净盈利＝227−214＝13美元

"项圈"对冲策略（collar）

"项圈"是另一种我们可以用于限定外汇交易头寸潜在亏损的对冲策略。这种策略将风险和收益都限定了。最大的亏损限于两个履约价格的差值减去权利金净值（支付的或者获得的），再加上外汇头寸亏损的金额。最大的收益将限于两个履约价格的差值，加上权利金净值和外汇交易的盈利。

这个策略的原理就是买入货币对，然后用两种不同的外汇期权来进行对冲，分别是卖出一份虚值看涨期权和买入一份虚值看跌期权。如果支付的权利金和获得的权利金的差值为正数，就加入到履约价格的差值中。如果是负数，就减去。

这个策略非常类似于买入看涨期权价差，用以增加收益，加上卖出看涨期权，通过买入看跌期权来减少风险。

案例：

在美元/瑞郎 1 小时图上，我等待价格从上升趋势线反弹，并决定采用期权对冲策略（见图 23.9 和 23.10）。在 2011 年 5 月 16 日晚 11：42，我在 0.8850 买入 1 手美元/瑞郎。

第23章 对冲交易策略

图23.9 "项圈"交易实例

订单	订单日期(GMT)	工具	到期日	买入卖出	资产类型	订单类型	数量	履约价格	执行价	执行金额	费用	总费用	盈利亏损净值
37840	5/16/11 11:42pm	美元瑞郎	无	开仓买入	现货	市价单	1	现货	0.88507	0.00	0.00	0.00	0.00美元
37889	5/17/11 2:12pm	美元瑞郎	无	平仓卖出	现货	市价单	1	现货	0.88621	128.67	0.00	128.67	128.67美元
结果	0.8850												128.67美元
37841	5/16/11 11:44pm	美元瑞郎	5/1	开仓卖出	看涨期权	市价单	1	0.88000	0.00646	730.23	0.00	730.23	730.23美元
37941	5/17/11 7:07pm	美元瑞郎	5/1	平仓买入	看涨期权	市价单	1	0.88000	0.00448	-508.70	0.00	-508.70	-508.70美元
结果	0.8806												221.53美元
37843	5/16/11 11:47pm	美元瑞郎	5/1	开仓买入	看跌期权	市价单	1	0.88000	0.00273	-308.59	0.00	-308.59	-308.59美元
37943	5/17/11 7:07pm	美元瑞郎	5/1	平仓卖出	看跌期权	市价单	1	0.88000	0.00248	281.60	0.00	281.60	281.60美元
结果	0.8806												-26.99美元

净盈利=128.67+221.53-26.99=323.21

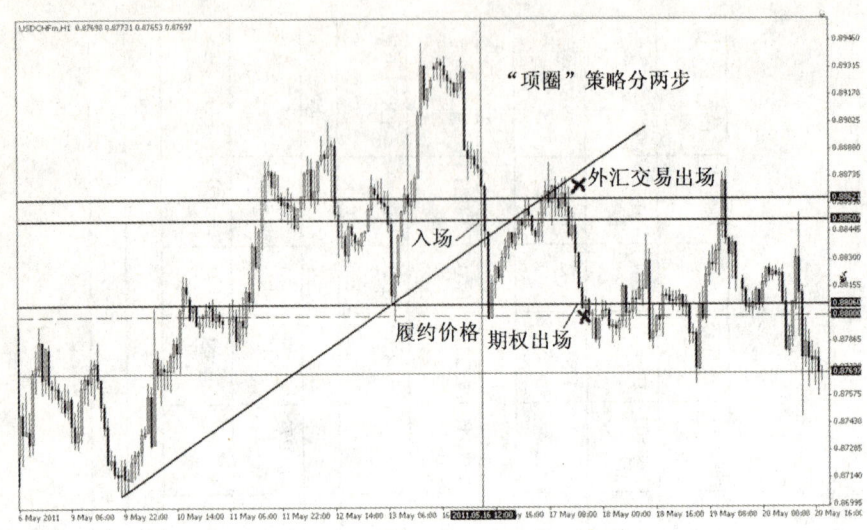

图 23.10 "项圈" 交易走势图

我在晚上 11：44 卖出美元/瑞郎的看涨期权，履约价格为 0.8800，随后在 11：47 又买入看跌期权，履约价格也为 0.8800。

[注意：这并不是标准的"项圈"对冲策略，而是一次多头交易加两次空头合成期权交易（见第 24 章的"外汇期权交易策略"）。真正的"项圈"交易策略，应该是空头看涨期权设定的履约价格高于当前美元/瑞郎的价格，例如 0.8900，这样它才是虚值期权。在本例中，两个履约价格是相同的，只有多头看跌期权属于虚值期权。]

在第二天下午开始时，我注意到美元/瑞郎在突破之前的上升趋势线时存在困难（它曾被向下突破，现在价格对其进行再次试探）。我决定在这个价位结束交易，将已获得的少量利润兑现，并继续持有合成期权空头，因为现在该货币对后市转为下跌了。

我在 2011 年 5 月 17 日下午 2：12，在 0.8862 结束了外汇交易，获利 128.67 点。

约 5 个小时之后，看到权利金的差值显著上涨成为正数，我决定结束外汇期权交易。

在晚上 7：07，美元/瑞郎价格为 0.8806 时，我结束了两笔期权交易，看跌期权多头亏损 26.99 美元，看涨期权空头盈利 221.53 美元。

净盈利 = 128.67+221.53-26.99 = 323.21 美元

二元期权对冲策略

与普通期权相比，二元期权除了价格和到期日外，还受到其他因素的限制。它们都设有特定条件，这些条件一旦满足，将决定期权是有效还是无效。交易者可以选择他希望在期权条件满足后获得的收益金额。必须支付的权利金成本是收益的基数，收益是一定比例的权利金。

这种收益固定并且提前确定风险的策略，比采用普通期权的对冲策略简单得多。这种策略没有点差或者佣金让你操心。作为止损手段，它可以很容易和外汇交易结合起来。

案例：

2011 年 4 月 21 日，英镑/美元货币对向上突破了位于 1.6424 的阻力位，我决定在开盘价 1.6432 入场买入 1 手该货币对，止损设于 1.6412，止损幅度 20 点，刚好位于突破价之下（见图 23.11）。

图 23.11 二元期权对冲策略

Breakout level 突破价位

Long GBP/USD 做多英镑/美元

20 pips stop-loss 20 点止损

Put option strike price at B/O 看跌期权履约价格位于之前的突破价位

Expiry date 到期日

交易的潜在亏损是 200 美元（20 点×英镑/美元的点值 10 美元/点）。

我想保护我的交易，以防价格在接下来几天时间里大幅回调触及我的止损，所以我决定以履约价格为之前突破价的英镑/美元看跌期权（权利金 250 美元，收益为权利金的 80%）进行对冲。这样，如果价格继续下跌低于那个价位，我外汇交易的亏损将完全被期权收益抵消：250 美元×80% = 200 美元 = 0 风险

当货币对价格朝我期望的方向波动时，为了抵消期权的成本，我需要锁定超过 25 点的利润（25 点×10 美元/点 = 用于认购看跌期权的 250 美

元)。如果我认为价格在期权到期时将高于突破价位,我将用看涨期权来进行对冲。

其他奇异期权策略:障碍期权(barrier options)

这类期权有一个附加条件,就是期权是敲入有效(knock-in)还是敲出失效(knock-out)取决于价格是否到达触发价格或障碍价格(barrier)。

敲入期权(knock-in)和反敲入期权(reverse knock-in)

当这种期权在到期前达到触发价格,它就是一个普通期权。如果没有达到触发价格,该期权就作废,你就会损失权利金。附加的触发条件让这类期权的权利金费用低于传统期权,并且当标的货币对的汇率达到障碍价格时,期权合约就转为普通的看涨或看跌期权了。

触发价格到货币对实际汇率的距离越大,权利金就越低,因为距离越大,期权在到期前"敲入"的概率就越小。反敲入设定的障碍价格为实值价格(ITM),这时对敲入来说就是虚值价格(OTM)。

敲出期权(knock-out)

这种期权是当标的货币对在到期前达到触发价格,这种期权就会无价值地过期。如果没有达到触发价格,期权合约就会作为普通看涨期权或看跌期权继续有效。

触发价格被设置为虚值价格(OTM)——对看涨期权来说,就是触发价格低于货币对当前的价格,而看跌期权就是触发价格高于货币对当前的价格。这类期权是波动率越高权利金费用就越低,因为波动率越高意味着期权在到期前敲出的概率越高。

触发价格离实际汇率越近,期权就越便宜,因为期权"敲出"的概率也会越高。反敲出(reverse knock-out)期权会将触发价格设定为实值价格(ITM),也就是看涨期权的触发价格高于实际汇率,而看跌期权的触发价格低于实际汇率。

一触即付期权(one-touch)

如果货币对到达触发价格,交易者将获得之前约定的收益。这种期权的风险和收益(权利金费用和收益比例)都已限定,这一点我们之前就提

第23章 对冲交易策略

过了。

不接触式期权（no-touch）

如果货币对价格在到期前没有到达触发价格，交易者将获得之前约定的收益。触发价格离货币对当前价格距离越大，价格不能达到触发价格的概率就越高，期权的盈利潜力（收益比例）就越小。

双边触一即付期权（double one-touch）

这种期权包括两个障碍价格和两个收益比例。双边触一即付期权通常是在市场波动率高但市场方向不明确时采用。它类似于买入跨式期权（long straddle）或买入宽跨式期权（long strangle）。价格有望打破一个给定的价格区间。

双边不触期权（double no-touch）

与双边触一即付期权相反，双边不触期权是在交易者预期市场将在一个区间内震荡，并且波动率低时采用。这种期权在市场横盘整固时期可以非常赚钱。它也包括两个触发价格和一个具体的收益比例，如果标的货币对的汇率没有达到两个障碍水平中任何一个，交易者将获得收益。

所有期权都可以单独使用，也可以相互结合或者结合其他期权类型使用，以降低特定交易状况下的整体风险水平。

Delta 对冲：用外汇现货头寸对冲外汇期权

这个策略运用相反的概念。这是在你想要用对应的外汇现货头寸对冲期权合约时使用的。有些外汇期权经纪商会在其交易平台上提供 delta 对冲数值，只要你有看涨期权或看跌期权的 delta 值，也可以计算这一数值。这个方法是建立在外汇期权头寸的波动率指数基础上，通过反向头寸减少标的货币对价格波动的风险并进行抵消。

欧元/美元的多头看涨期权可以通过欧元/美元的空头头寸进行 delta 对冲。Delta 的数值将决定外汇现货头寸的规模，以保持外汇期权权利金与外汇交易的对冲比率关系的平衡。

例如，一份 delta 值为 50% 的看涨期权，标的货币对价格每上涨 1 个点，权利金数值就会上涨 0.5 个点。因此，delta 对冲的外汇现货头寸的规模必须是期权头寸的一半：

1手delta值为50%的欧元/美元看涨期权多头用0.5手欧元/美元空头进行对冲

这样，外汇期权就被完全对冲，而权利金的变化将以相同的delta比例与欧元/美元价格的变化相互关联。

第24章 外汇期权交易策略

外汇和期权可以是一对极具盈利性的组合，因为大部分货币对的波动率都处于极高的水平。一个基本的外汇期权策略都是从普通期权开始的：买入看涨期权或看跌期权，这表达了交易者对货币对汇率未来方向的看涨或看跌观点。这是最简单的策略，当一个市场的趋势方向明确时，就可以单独使用这个策略。

例如，遇到一个明显的蜡烛图反转形态（比如双顶形态），我们可以买入一份看跌期权，因为我们要做空这个货币对。潜在亏损仅限于我支付的权利金，而盈利潜力是无限的。但是，我计划在附近的支撑位出场，就像我们在普通外汇交易中做的那样。

当市场趋势不是那么明确或者当市场处于明显的震荡市时，我们该怎么办呢？除了普通的看跌期权和看涨期权，我们还有一系列复杂组合的期权策略，让你可以用于特定时期特殊状况的外汇市场。

例如，如果我们预期货币对将表现出强劲的波动，但是我们不知道波动的方向是向上还是向下，我们就可以采用买入跨式期权策略（long straddle），就是同时买入履约价格相同的看跌期权和看涨期权。反之，如果我们认为市场将保持稳定，在一个明确的区间内波动，我们就可以构建一个鹰式组合（condor），这种策略是持有4份期权：其中有的卖出有的买入，有的是实值期权有的是虚值期权。这个策略将在本章后面部分进行详细介绍。

无论市场发展方向是什么，有些组合——比如看涨期权和看跌期权的反向套利（backspreads）——都可以产出利润，虽然也包括一个方向性偏好。它们中有些可以有不同的履约价格和到期日，比如日历价差（calendar spreads）或者看涨期权和看跌期权的时间价差（time spreads）。

期权组合

借方价差期权（debit spreads）

·又称为牛市看涨期权价差（bull call spreads）或者熊市看跌期权价差（bear put spreads），这种期权让我们可以保持对某个方向的偏好，从而降低风险：最大的亏损将是支付在多头头寸上的权利金和从空头头寸上获得的权利金的差值。

牛市看涨期权价差是期权交易者在对标的资产看涨，并且想要建立净借方的垂直价差期权时使用。

熊市借方价差在期权交易者对标的资产看空时有用。垂直价差也可以通过执行熊市看跌期权价差策略建立为净借方。

贷方价差期权（credit spreads）

与借方价差期权类似，但贷方价差期权的不同处在于交易者不是支付权利金，而是从卖出期权获得的权利金上获利，同时保持市场方向的偏好。这就是牛市看跌期权价差（bull put spreads）和熊市看涨期权价差（bear call spreads）。当你在熊市中看涨后市或者牛市中看跌后市时，就可以采用这种策略。由于获得了权利金，你可以从期权本身获利，另外，你还可以避免用好大一笔钱来实施该策略所面临的巨大风险。

当你有方向偏好时，不管是持顺势观点还是逆势观点，借方价差期权和贷方价差期权都是很好的交易策略选择。

跨式期权（straddles）

如果市场已经在一个相对窄幅的区间波动并且强烈预期波动率将在短期内发生变化，那么跨式期权策略可以让你抓住这个整固时期之后的突破。两个期权一定要设定相同的履约价格和到期日，因为不同的条件会增加策略的成本，从而降低盈利的潜力。在这种情况下，其中有一个期权将无价值地过期，而另一个将获得收益。

第24章 外汇期权交易策略

奇异期权（exotic options）

在这类期权中，你会发现有亚式期权（Asian options），它们是基于平均价格。障碍期权是否获利，取决于标的货币对的汇率是否到达某个特定的价位。货币篮子（currency baskets）的收益将取决于多个货币对。二元期权的收益是由支付的权利金的一个比例决定。回望期权（lookback options）的收益取决于标的货币对在期权有效期内达到的最高价或最低价。复合期权（compound options）是将期权合约作为标的资产的期权，它们的履约价不同，到期日也不同。还有价差期权（spread options）、任选期权（chooser options）和其他类型的期权。这些期权可以满足交易者的各种要求，所以这些合约非常多变且会随着时间不断发展。

如何选择适当的外汇期权策略

识别交易机会

在做任何交易决定之前，我们需要对市场整体状况和我们想要交易的货币对的方向有个明确的概念（比如做多澳元/美元或做空美元/瑞郎或欧元/英镑处于震荡市），这样才能在众多期权品种中选到适合的，从而在潜在收益和权利金成本之间取得最佳均衡。

评估可选期权

如果你选择价差期权或其他没有市场方向偏好的策略，可以根据标的货币对的预期波动率和期权未来的潜在价值，以及期权风险指标（the Greeks）来评估可选择的期权。

选择履约价格

在选择适当的履约价格时，有三个选项：实值（ITM）、平值（ATM）和虚值（OTM）。

如果期权是实值期权（ITM）或者接近这个水平，权利金就会因delta值较高而较高，但是作为回报，你的期权到期时仍为实值期权（ITM）的概率也较高。gamma数值较高（当期权接近平值），权利金也较高，并且当你选择持仓的方向潜力很强时，虚值期权（OTM）的收益通常也较高。

我们该如何选择最佳的履约价格，并且履约价格与货币对当前汇率的最佳距离是多少呢？要想知道这个答案，我们需要查看货币对的波动率是否足够高，还要考虑所有可以导致该货币对到达特定价位的基本面事件，最后，还需要考虑货币对价格反转回均值的潜力有多大。

只要期权是实值期权（ITM），它的价值将随着这个比率（1点对1点）以及时间价值的预期（将随着日益临近到期日而降低）走向delta平价。亏损的风险仅限于支付的权利金，与货币对的价格行为无关，没有其他亏损的可能。

使用外汇期权还可以减少或者替代设置止损的需要。货币对汇率到履约价格的距离越远，期权价值将减少越多。但是如果汇率恢复，期权的价值也会重新估计。这样，我们的权益在面对短期价格行为时仍然是安全的。

实值、平值或虚值

当履约价格低于当前的市场价格时，看涨期权就是实值期权（ITM），而看跌期权就是虚值期权（OTM）。反之，当履约价格高于当前的市场价格时，看涨期权就是虚值期权，而看跌期权就是实值期权。

虽然大部分交易平台会显示期权在标的货币对的市场价格与履约价格的关系状态，但是表24.1可以作为帮助你判别一份期权是实值、平值还是虚值的好工具。

表24.1

市场价格	期权类型	履约价格	状态
澳元/美元 1.0580	买入或卖出看涨期权	1.0500 （<市场价）	实值
		1.0580 （=市场价）	平值
		1.0650 （>市场价）	虚值
	买入或卖出看跌期权	1.0650 （>市场价）	实值
		1.0580 （=市场价）	平值
		1.0500 （<市场价）	虚值

第24章 外汇期权交易策略

选择到期日

较远的到期日会增加期权盈利的概率，但是反过来 theta 值越高，权利金数额也会越高。

我们需要对它们进行计算和分析，以评估标的货币对汇率未来的波动率。我们这样做是为了确定货币对汇率在期权到期前，是否有很高的概率波动到使期权成为实值期权（ITM）的价位。

波动率是在 1 年期内 1 个标准差的价格变化，用百分数表示。例如，如果澳元/美元的汇率是 1.0000，波动率为 15%，那么在 1 年期内该货币对应该有约 70%（1 个标准差）的时间在 0.8500 到 1.1500 的区间内波动，有 95% 的时间在 0.7000 到 1.3000 的区间内波动。布莱克·斯科尔斯（Black-Scholes）公式假设一个接近正态的分布，我们需要将我们的方向偏好加上去。

普通期权策略

我在第 3 章 "外汇期权" 中已经介绍了 4 种基本的看涨（买入看涨期权和卖出看跌期权）和看空（卖出看涨期权和买入看跌期权）策略。前一章讲的对冲策略包括一些期权交易方法，它们是将普通期权和外汇现货交易结合起来。还有很多组合不涉及外汇交易，而是利用期权自身的力量。

让我们来看看它们的特点以及它们适用的市场状况，包括一些交易实例和交易的结果。

看涨交易策略

买入合成期权（long synthetic）

这个策略是由履约价相同的看涨期权多头和看跌期权空头构建的。交易的风险和回报都是限定的。这种头寸等同于买入标的货币对。当你对市场波动方向持看涨观点时，就可以选用这种策略。它的结果也与你直接买入标的货币对获得的结果差不多，但是买入期权的费用要低于直接参与外汇交易的费用。

- 案例：

在 2011 年 5 月 11 日，看到欧元/美元汇率回到最近被突破的阻力位，

并稳定在1.4100之上，我决定进场买入该货币对的合成期权（见图24.1和24.2）

订单		订单日期(GMT)	工具	到期日	买入卖出	资产类型	订单类型	数量	履约价格	执行价	执行金额	费用	总费用	盈利亏损净值
37755	1.4110	5/1/11 11:38am	欧元美元	5/16	开仓买入	看涨期权	市价单	1	1.40500	0.01230	-1230.00	0.00	-1230.00	-1230.00 美元
37775	1.4171	5/1/11 1:12pm	欧元美元	5/16	平仓卖出	看涨期权	市价单	1	1.40500	0.01514	1514.00	0.00	1514.00	1514.00 美元
结果														284.00 美元
37756	1.4109	5/1/11 11:39am	欧元美元	5/16	开仓卖出	看跌期权	市价单	1	1.40500	0.00515	515.00	0.00	515.00	515.00 美元
37777	1.4163	5/1/11 1:13pm	欧元美元	5/16	平仓买入	看跌期权	市价单	1	1.40500	0.00428	-428.00	0.00	-428.00	-428.00 美元
结果														87.00 美元

净盈利=284+87=371

第24章 外汇期权交易策略

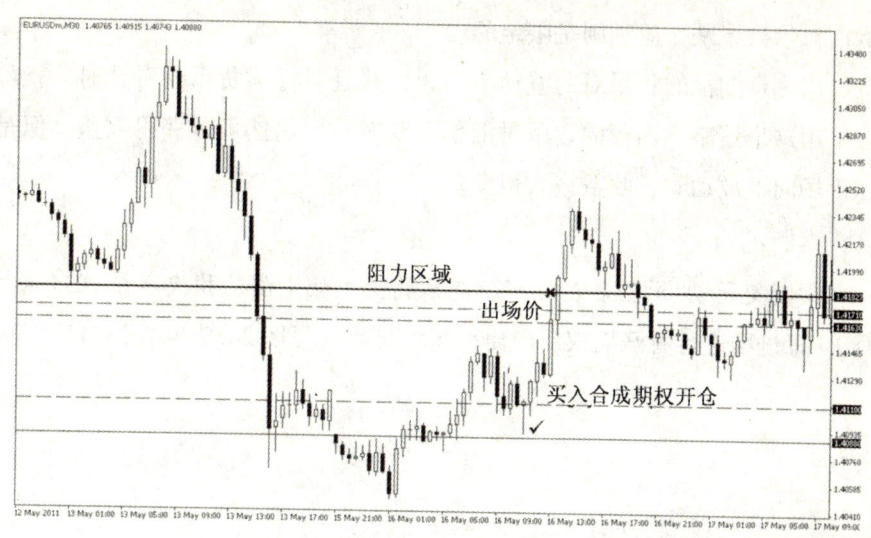

图24.2　买入合成期权走势图

在2011年5月11日早上11：38买入（在1.4110）欧元/美元的看涨期权

在早上11：39卖出（在1.4109）欧元/美元的看跌期权

履约价格1.4050

当货币对价格接近位于1.4180的下一个阻力位时，我结束了期权交易。

在下午1：12了结看涨期权多头头寸（欧元/美元汇率为1.4171），获利284美元

在下午1：13了结看跌期权空头头寸（欧元/美元汇率为1.4163），获利87美元

净盈利=284美元+87美元=371美元

看涨期权反向比率套利（call backspread）

这个策略是由3笔交易构成：卖出一份实值看涨期权并买入两份虚值看涨期权。

最大的亏损仅限于两个履约价格的差值加上权利金的净值，这个数值应该是正数。如果标的货币对价格上涨，盈利潜力就是无限的，如果标的

货币对价格下跌，盈利则是限定的。

当你预期标的货币对的波动率巨大，并且对标的货币对看涨时，就最好采用这个策略。当标的货币对汇率下跌时，你仍然可以获得收益，但是在市场向上波动时，收益将大得多。

案例：

预期美元/加元在突破0.9670之后将会大幅上涨，我决定在2011年5月19日进场进行看涨期权反向比率套利交易（见图24.3和图24.4）。

第24章 外汇期权交易策略

图24.3 看涨期权反向比率套利交易实例

订单		订单日期(GMT)	工具	到期日	买入卖出	资产类型	订单类型	数量	履约价格	执行价	执行金额	费用	总费用	盈利/亏损净值
38391	0.9682	5/19/11 4:37pm	美元加元	6/1	开仓卖出	看涨期权	市价单	1	0.96000	0.01448	1492.12	0.00	1492.12	1492.12 美元
38683	0.9797	5/23/11 3:24pm	美元加元	6/1	平仓买入	看涨期权	市价单	1	0.96000	0.02295	-2342.35	0.00	-2342.35	-2342.35 美元
结果														-850.23 美元
38392	0.9684	5/19/11 4:39pm	美元加元	6/1	开仓买入	看涨期权	市价单	1	0.97000	0.00975	-1004.71	0.00	-1004.71	-1004.71 美元
38681	0.9802	5/23/11 3:18pm	美元加元	6/1	平仓卖出	看涨期权	市价单	1	0.97000	0.01537	1568.71	0.00	1568.71	1568.71 美元
结果														564.00 美元
38393	0.9684	5/19/11 4:39pm	美元加元	6/1	开仓买入	看涨期权	市价单	1	0.97500	0.00774	-797.58	0.00	-797.58	-797.58 美元
38679	0.9802	5/23/11 3:18pm	美元加元	6/1	平仓卖出	看涨期权	市价单	1	0.97500	0.01215	1240.07	0.00	1240.07	1240.07 美元
结果														442.49 美元

净盈利=564+442.49-850.23=156.26

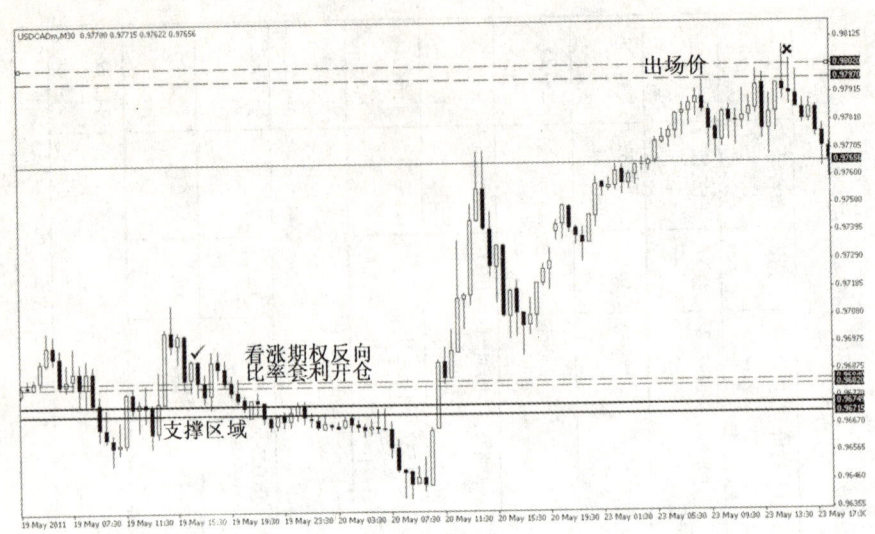

图 24.4 看涨期权反向比率套利交易走势图

在 2011 年 5 月 19 日下午 4：37 卖出美元/加元看涨期权（汇率 0.9682），履约价格 0.9600

在下午 4：39 买入美元/加元看涨期权（汇率 0.9684），履约价格 0.9700

再买入美元/加元看涨期权（汇率 0.9684），履约价格 0.9750

美元/加元汇率大幅上涨，我在 2011 年 5 月 23 日下午 3：18 结束了两个看涨期权多头（美元/加元汇率 0.9802），分别盈利 564 美元和 442.49 美元。随后，在下午 3：24，我又结束了看涨期权空头，亏损 850.23 美元。

净盈利 = 564+442.49−850.23 = 156.26 美元

牛市看涨期权价差（call bull spread）

这个策略是由一份履约价格较低的看涨期权多头和一份履约价格较高的看涨期权空头组成的。

这是一个非常具有成本效益的看涨交易策略，因为你遭遇的最大风险是你支付在看涨期权多头上的权利金减去从看涨期权空头上获得的权利金的差值。但是，这也会将你的收益限定为两个履约价格的差值减去支付的

第24章 外汇期权交易策略

权利金净值的差值。

当你认为市场将上涨，波动率也将上升时，你就可以运用这种方法。由于这种合约组合的价值限定为两个履约价格的差值，那么这个差值越大，收益就越高。但是实值看涨期权的权利金较高，如果价格朝相反方向波动，将会增加潜在亏损。

案例：

这个牛市看涨期权价差合约也是选择的2011年6月16日的到期日。我预期美元/瑞郎汇率至少上涨到前一波上涨行情161.8%的菲波纳奇投射位，也就是0.9190到0.9200之间（见图24.5和24.6）。

图24.5 牛市看涨期权价差案例

订单日期（GMT）	工具	买入/卖出	到期日	履约价格	类型	订单类型	数量	执行价
5/19/11 4：25pm	美元/瑞郎	卖出	2011年6月	0.89000	看涨期权	市价单	1	0.00731
5/19/11 4：24pm	美元/瑞郎	买入	2011年6月	0.88000	看涨期权	市价单	1	0.01320

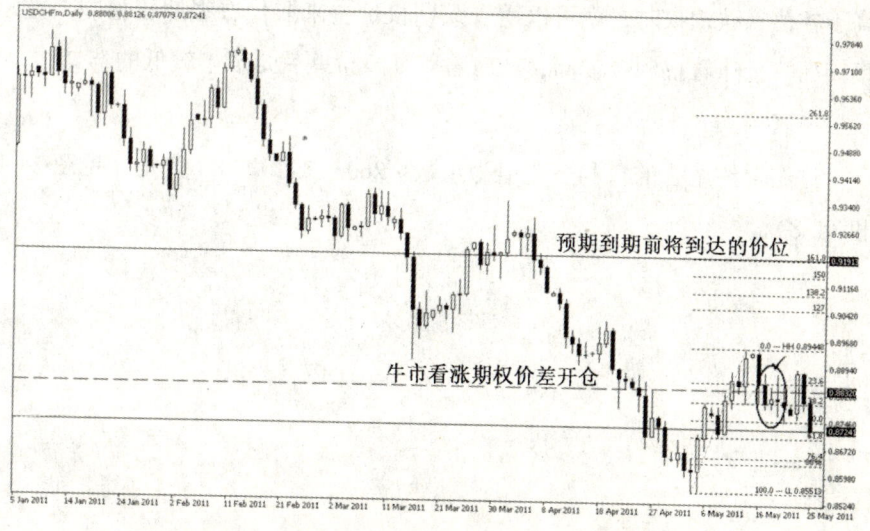

图24.6 牛市看涨期权价差交易走势图

在2011年5月19日下午4：24，我买入一份履约价为0.8800的看涨期权，在下午4：25又卖出一份履约价为0.8900的看涨期权。当时的美元/瑞郎汇率为0.8832。

潜在亏损=731美元（看涨期权空头获得的权利金）-1320美元（为看涨期权多头支付的权利金）= -589美元

潜在收益=100（0.8900与0.8800的差值）×11.20美元（美元/瑞郎的点值）-589美元=531美元，风险报酬比接近1∶1

牛市看跌期权价差（put bull spread）

这个策略的收益与牛市看涨期权价差一样，只不过这里我们是用看跌期权而不是看涨期权。

这个策略是买入一份履约价格较低的看跌期权并卖出一份履约价格较高的看跌期权。

潜在风险限于两个履约价格的差值减去收到的权利金净值的差值，而收益也被限定，是收到的权利金净值（期权空头获得的权利金减去期权多头支付的权利金）。

牛市看跌期权价差也是一个看涨策略，当实值看涨期权的隐含波动率高于虚值看跌期权时，就可以用看跌期权价差来取代看涨期权价差。波动率较高，意味着权利金较高，此时看跌期权价差就是成本较低的选择。

·**案例**：

这个合约组合的权利金差值为正数：2605-2220=385美元（见图24.7和24.8）

第 24 章 外汇期权交易策略

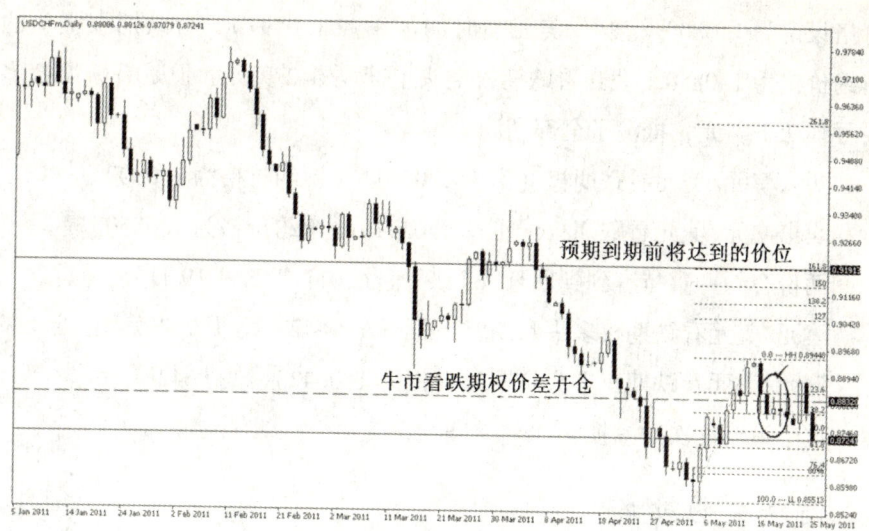

图 24.7 牛市看跌期权价差交易实例

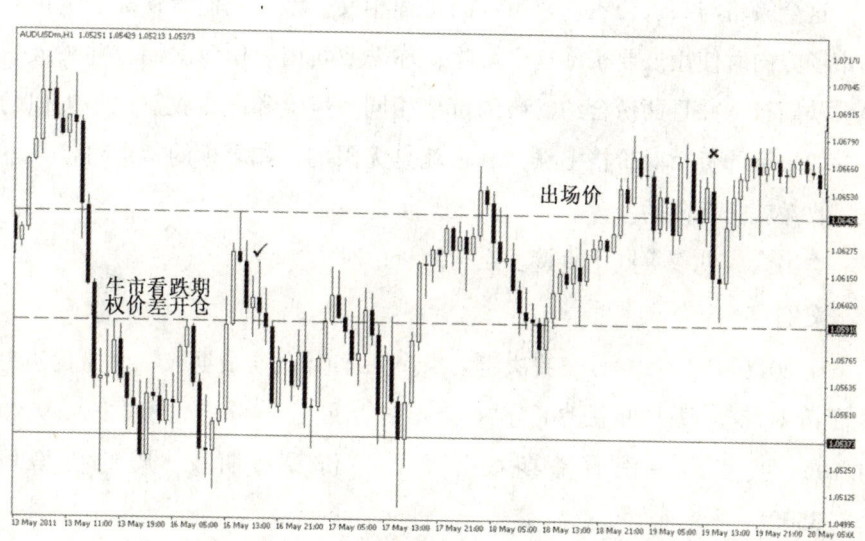

图 24.8 牛市看跌期权价差交易走势图

这一次两个期权合约都持有到到期日，以亏损结束。我在 2011 年 5 月 16 日下午 5：23 买入一份澳元/美元的看跌期权并卖出一份澳元/美元的看跌期权。如果为看跌期权多头选择虚值期权，就会便宜些，但是这次履约

— 251 —

价格设定为1.0800（澳元/美元当时的汇率为1.0591），看跌期权空头的履约价格为1.0850。我在看跌期权空头上获利642美元，但是看跌期权多头亏损757美元，抵消了全部利润。

买入澳元/美元看跌期权（汇率1.0591），履约价格为1.0800

卖出澳元/美元看跌期权（汇率1.0591），履约价格为1.0850

两份合约一直持有到到期日（到期日为2011年5月19日）

澳元/美元看跌期权多头到期时（汇率1.0642）亏损757美元

澳元/美元看跌期权空头到期时（汇率1.0642）盈利642美元

这个策略这次净亏损=642-757=115美元

看跌交易策略

卖出合成期权（short synthetic）

这个策略与买入合成期权策略的过程相反，是在我们看跌标的货币对的市场方向时使用。要实施这个策略，你需要卖出一份看涨期权并买入一份看跌期权，并且两份合约的履约价格相同。风险和潜在收益也是类似的——如果标的货币对价格上涨，亏损就是无限的，如果标的货币对价格下跌，收益就是无限的。

卖出合成期权等同于直接卖空标的货币对。

案例：

在2011年5月19日，我决定卖出澳元/纽币的合成期权，因为我认为该货币对将下跌并跌破30分钟走势图上最近的低点（见图24.9和24.10）。我卖出一份看涨期权并买入一份看跌期权，履约价格均为1.3500。

第24章 外汇期权交易策略

图24.9 卖出合成期权案例

订单	订单日期(GMT)	工具	到期日	买入卖出	资产类型	订单类型	数量	履约价格	执行价	执行金额	费用	总费用	盈利亏损净值
38384	5/19/11 4:00pm	澳元纽币	6/11	开仓卖出	看涨期权	市价单	1	1.35000	0.01082	851.18	0.00	851.18	851.18 美元
38563	5/20/11 5:04pm	澳元纽币	6/11	平仓买入	看涨期权	市价单	1	1.35000	0.00814	-649.08	0.00	-649.08	-649.08 美元
结果													202.10 美元
38385	5/19/11 4:00pm	澳元纽币	6/11	开仓买入	看跌期权	市价单	1	1.35000	0.01714	-1349.64	0.00	-1349.64	-1349.64 美元
38561	5/23/11 5:03pm	澳元纽币	6/11	平仓卖出	看跌期权	市价单	1	1.35000	0.02008	1601.18	0.00	1601.18	1601.18 美元
结果													251.54 美元

净盈利=202.10+251.54=453.64

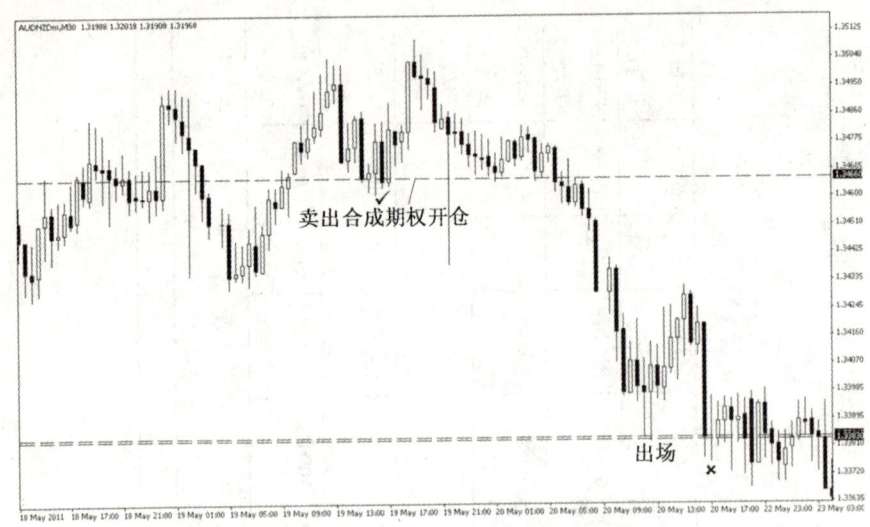

图 24.10 卖出合成期权交易走势图

在 2011 年 5 月 19 日下午 4 点,我卖出一份澳元/纽币的看涨期权并买入一份澳元/纽币的看跌期权(汇率 1.3466),履约价格均为 1.3500。

到第二天(5 月 20 日),货币对汇率下跌了约 80 点,表现出触底形态。价格回来再次试探位于 1.3480 到 1.3485 的支撑区域(译者认为此处应该是"1.3380 到 1.3385 的支撑区域"),于是我决定结束期权交易,看跌期权多头获利 251.54 美元,看涨期权空头获利 202.10 美元

在下午 5:03 结束看跌期权多头,获利 251.54 美元

在下午 5:04 结束看涨期权空头,获利 202.10 美元

净利润=251.54+202.10=453.64 美元

看跌期权反向比率套利(put backspread)

这个看跌交易策略需要建立两个虚值看跌期权多头和一个实值看跌期权空头。

风险限于两个履约价格的差值减去看跌期权空头获得的权利金。如果标的货币对的汇率上涨,你就会亏掉这笔钱。在汇率上涨时,收益将限于收到的权利金净值,但是如果货币对价格进一步下跌,你的收益就是无限的。当你认为市场方向为下跌但是波动率较高时,就可以选择这种方法。

第 24 章　外汇期权交易策略

　　这里的 3 份期权合约的权利金净值应该为正数，因为你卖出的比买入的多。即使汇率往错误的方向波动，你仍然可以获得一定的收益。这个策略有点类似于买入跨式期权。但是，看跌期权反向比率套利的费用要低一些，并且利润仅限于一个方向上。

　　案例：

　　在 2011 年 5 月 16 日，我预期澳元/美元将继续下跌超过最近的低点，所以决定采用看跌期权反向比率套利策略（见图 24.11 和 24.12）。

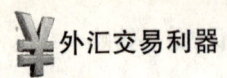

图24.11 看跌期权反向比率套利交易案例

订单		订单日期(GMT)	到期日	工具	买入卖出	资产类型	订单类型	数量	履约价格	执行价	执行金额	费用	总费用	盈利/亏损净值
37768	1.0558	5/16/11 12:22pm	5/11	澳元美元	开仓买入	看跌期权	市价单	1	1.0500	0.0470	-470.00	0.00	-470.00	-470.00美元
37817	1.0604	5/16/11 6:23pm	5/11	澳元美元	平仓卖出	看跌期权	市价单	1	1.0500	0.0246	246.00	0.00	246.00	246.00美元
结果														-224.00美元
37769	1.0558	5/16/11 12:22pm	5/11	澳元美元	开仓买入	看跌期权	市价单	1	1.0450	0.00334	-334.00	0.00	-334.00	-334.00美元
37819	1.0604	5/16/11 6:23pm	5/11	澳元美元	平仓卖出	看跌期权	市价单	1	1.0450	0.00148	148.00	0.00	148.00	148.00美元
结果														-186.00美元
37773	1.0554	5/16/11 12:24pm	5/11	澳元美元	开仓卖出	看跌期权	市价单	1	1.0600	0.00858	858.00	0.00	858.00	858.00美元
37821	1.0601	5/16/11 6:24pm	5/11	澳元美元	平仓买入	看跌期权	市价单	1	1.0600	0.00696	-696.00	0.00	-696.00	-696.00美元
结果														162.00美元

净亏损=162-186-224=-248

第24章 外汇期权交易策略

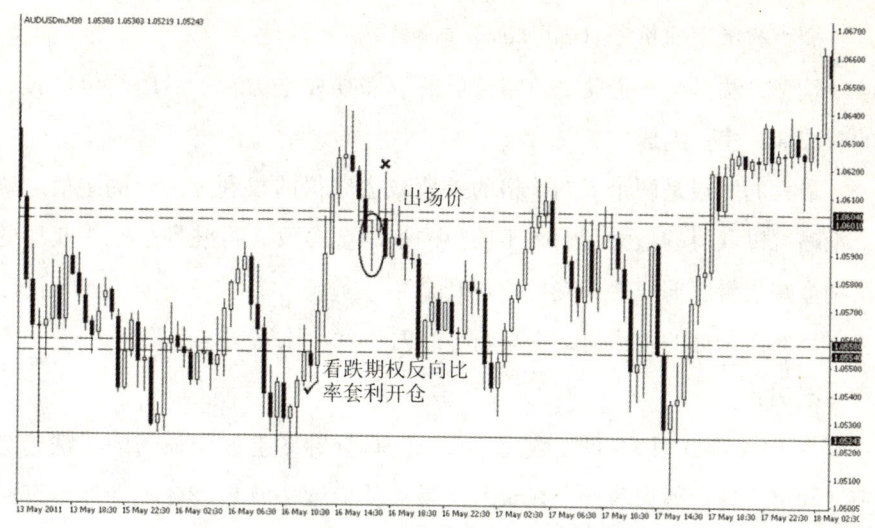

图 24.12 看跌期权反向比率套利交易走势图

两个看跌期权多头分别支付的权利金为 470 美元和 334 美元, 总共为 804 美元。看跌期权空头收到的权利金为 858 美元, 所以权利金净值为正的 54 美元。

在中午 12:22 买入澳元/美元看跌期权 (汇率 1.0558), 履约价格为 1.0500

再买入澳元/美元看跌期权 (汇率 1.0558), 履约价格为 1.0450

在中午 12:24 卖出澳元/美元看跌期权 (汇率 1.0554), 履约价格为 1.0600

在大约 6 个小时之后, 我看到一个蜡烛图形态, 让我改变了对该货币对的看法。在价格从前期形成于 1.0590-1.0600 的支撑位反弹之后, 我决定止损出场。

我在下午 6:23 了结了两个看跌期权多头, 分别亏损 224 美元和 186 美元。随后在 6:24, 我又了结了看跌期权空头, 盈利 162 美元。

此次交易净亏损 = 162-224-186 = 248 美元

我应该再等一会的, 因为价格随后又再度下跌, 如果再等一会的话, 我可以少亏损一部分。但是我不想冒亏损最大金额的风险。

熊市看涨期权价差（call bear spread）

这个方法是由一份履约价格较低的看涨期权空头和一份履约价格较高的看涨期权多头组成的。

最大的亏损是两个履约价格的差值减去获得的权利金净值的差值。这个策略可以获得的最大利润限于获得的权利金净值（看涨期权空头获得的权利金减去看涨期权多头支付的权利金）。

当你认为标的货币对的汇率将下跌时，就可以采用这个策略。

案例：

在 2011 年 5 月 16 日，欧元/美元在 30 分钟图上处于强劲的下跌趋势中，我决定进行熊市看涨期权价差交易，从最近一波 61.8% 的菲波纳奇回撤位获利（见图 24.13 和 24.14）。

第24章 外汇期权交易策略

图24.13 熊市看涨期权价差交易实例

订单	订单日期(GMT)	工具	到期日	买入卖出	资产类型	订单类型	数量	履约价格	执行价	执行金额	费用	总费用	盈利/亏损净值
37793	1.4224 5/16/1 3:27pm	欧元美元	5/11	开仓卖出	看涨期权	市价单	1	1.40000	0.02342	2342.00	0.00	2342.00	2342.00 美元
37833	1.4168 5/16/1 7:47pm	欧元美元	5/11	平仓买入	看涨期权	市价单	1	1.40000	0.01978	-1978.00	0.00	-1978.00	-1978.00 美元
结果													364.00 美元
37794	1.4224 5/16/1 3:28pm	欧元美元	5/11	开仓买入	看涨期权	市价单	1	1.43000	0.00500	-500.00	0.00	-500.00	-500.00 美元
37835	1.4168 5/16/1 7:47pm	欧元美元	5/11	平仓卖出	看涨期权	市价单	1	1.43000	0.00200	200.00	0.00	200.00	200.00 美元
结果													-300.00 美元

净盈利=364-300=64 美元

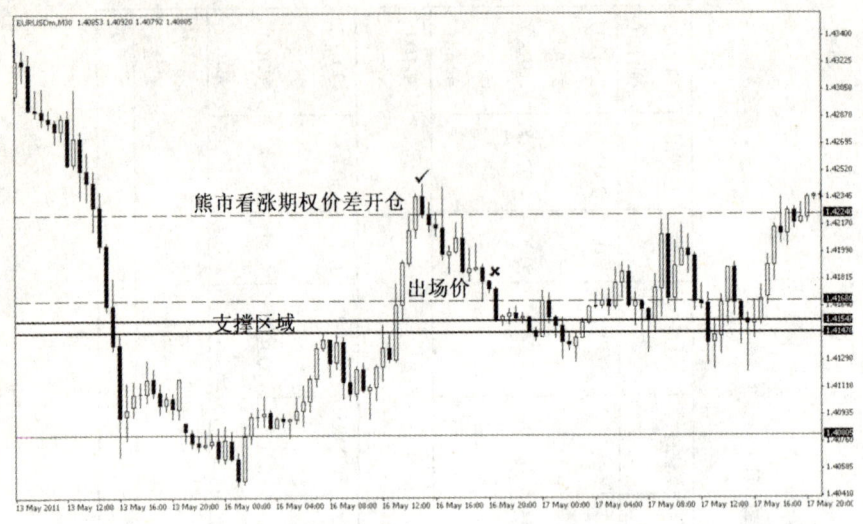

图 24.14 熊市看涨期权价差交易走势图

在 2011 年 5 月 16 日下午 3：27，我卖出一份欧元/美元看涨期权（汇率 1.4224），履约价格 1.4000。随后在 3：28，我买入一份欧元/美元的看涨期权，履约价格 1.4300。

数小时之后，由于担心欧元/美元价格会从 1.4150 附近的支撑区域反弹，所以我决定在汇率 1.4168 结束期权交易——在晚上 7：47 了结了看涨期权空头头寸和多头头寸（汇率 1.4168），空头头寸获利 364 美元，多头头寸亏损 300 美元。

净盈利 = 364 − 300 = 64 美元

熊市看跌期权价差（put bear spread）

这个策略的收益类似于熊市看涨期权价差，并且两种策略都是针对标的货币对汇率下跌的情况。

这个策略是由一份履约价格较低的看跌期权空头和一份履约价格较高的看跌期权多头构成的。

最大的收益将限于两个履约价格的差值减去支付的权利金净值的差值。而可能遭遇的最大亏损将限于支付的权利金净值（看跌期权多头支付的权利金减去看跌期权空头获得的权利金）。

第24章 外汇期权交易策略

到底是选择熊市看涨期权价差还是熊市看跌期权价差,要比较两个的市场价,看哪个能产生更高的收益。

案例:

合约仍然选择的是2011年6月16日的到期日(见图24.15和24.16)。

图24.15 熊市看跌期权价差交易实例

订单日期 (GMT)	工具	买入/ 卖出	到期 日	履约 价格	类型	订单 类型	数量	执行价
5/19/11 4:14pm	英镑/ 美元	买入	2011年6月	1.62500	看跌 期权	市 价单	1	0.02052
5/19/11 4:14pm	英镑/ 美元	卖出	2011年6月	1.60500	看跌 期权	市 价单	1	0.01062

GBP/USD RATE=1.6178　英镑/美元汇率=1.6178

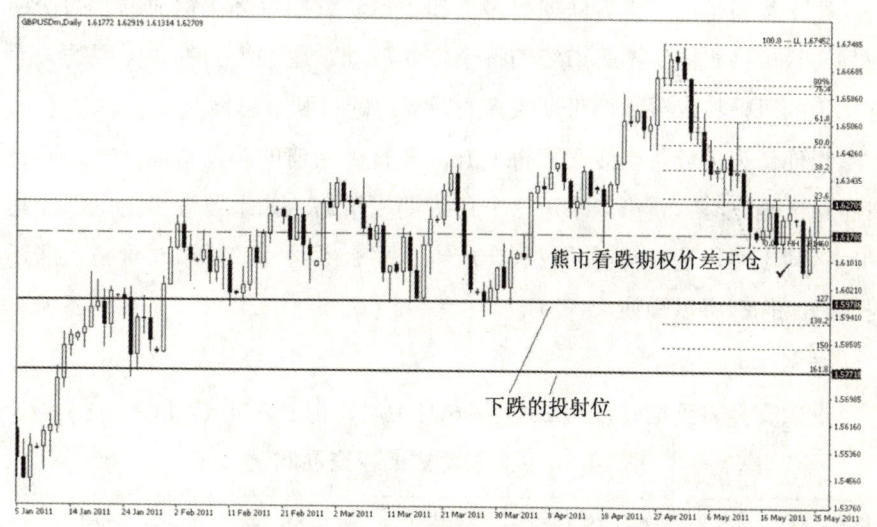

图24.16 熊市看跌期权价差交易走势图

在2011年5月19日下午4:14,我买入一份英镑/美元的看跌期权(汇率1.6178),履约价格为1.6250,并卖出一份英镑/美元的看跌期权,履约价格为1.6050。我预期英镑/美元的汇率在到期前会首先到达3月份的一个低点,另外有可能下跌到 1 月份的一个低点。

这次交易中,多头头寸支付了 2052 美元,空头头寸获得了 1062 美元。如果市场价格没有下跌,那么亏损就是 990 美元。这个策略的盈亏平衡点是低于开仓汇率 99 点,即 1.6079,而第一个盈利目标是在 1.5979 附近,因此潜在盈利就是 100 点,即 1000 美元。风险报酬率略优于 1:1。

中性策略

当我们对标的货币对的走势方向不明确时,中性策略就非常管用。跨式期权、宽跨式期权、交叉跨式期权(guts)、日历价差、垂直价差(vertical spreads)、蝶式期权(butterflies)和鹰式期权(condors)为我们提供了在市场状况稳定或者面临重大基本面事件但趋势方向不明确情况下获利的机会。

买入跨式期权(long straddle)

这个策略是由一份看涨期权多头和一份看跌期权多头构成的,两份期权的履约价格相同。不管市场朝哪个方向波动,盈利潜力都是无限的,而你承担的风险将仅限于两份期权多头所支付的权利金总额。

当你认为市场价格波动率将上升,并打破当前的震荡格局,比如即将发布重大消息时,就可以采用这个跨式期权策略。如果盈亏平衡点已经达到,抵消了两份期权支付的权利金成本,那么不管标的货币对价格上涨还是下跌,你都可以赚钱。

案例:

这次交易将到期日设在 2011 年 6 月 16 日(见图 24.17 和 24.18)。

图 24.17 买入跨式期权交易案例

订单日期 (GMT)	工具	买入/ 卖出	到期 日	履约 价格	类型	订单 类型	数量	执行 价
5/19/11 3:43pm	澳元/ 美元	买入	2011 年 6 月	1.06500	看跌 期权	市价 单	1	0.01883
5/19/11 3:43pm	澳元/ 美元	买入	2011 年 6 月	1.06500	看涨 期权	市价 单	1	0.01170

第24章 外汇期权交易策略

AUD/USD RATE=1.0615 澳元/美元汇率=1.0615

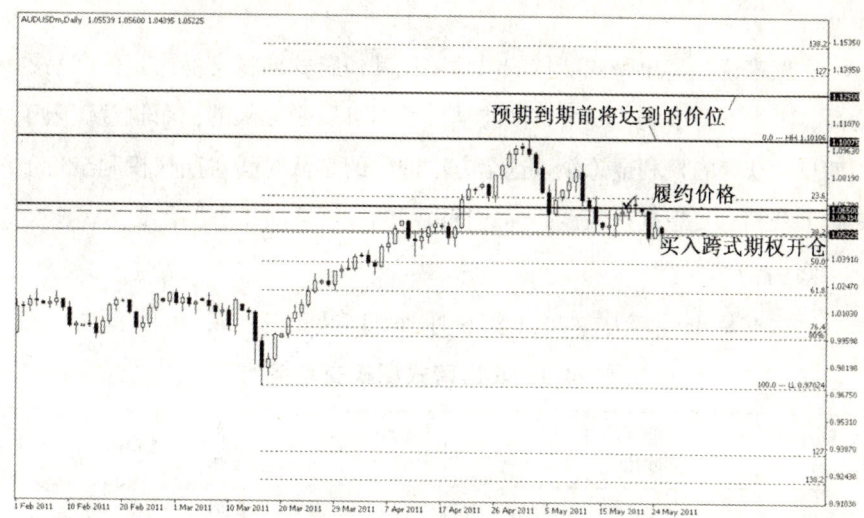

图 24.18 买入跨式期权交易走势图

在 2011 年 5 月 19 日，我预期澳元/美元将向上突破 1.0680－1.0700 的阻力位，到达 4 月份位于 1.1010 的最高点（我将其作为第一个盈利目标），并且之后会进一步上涨到 1.1200－1.1250 的高点——前一波上涨趋势高点的投射位（第二个盈利目标），于是我决定入场买入澳元/美元的跨式期权。

在 2011 年 5 月 19 日下午 3∶43 时，我买入一份澳元/美元的看跌期权（汇率 1.0615）和一份澳元/美元的看涨期权，两份期权的履约价格均为 1.06500。如果这个策略失败，我将亏损这次交易的最大亏损金额 3053 美元（支付的两笔权利金的总额）。如果澳元/美元货币对汇率在到期前或到期时到达第一个盈利目标，那么我的盈利就为 3600 美元，减去支付的权利金，净赚 547 美元。如果到达第二个盈利目标，盈利即为 6000 美元，净赚 2947 美元。

卖出跨式期权（short straddle）

这个策略与买入跨式期权类似，只不过是在你预期市场价格稳定波动率低时使用，比如标的货币对的价格在一个既定价格区间内波动。在这里，我们要卖出一份看涨期权和一份看跌期权，两份期权的履约价格相同。

一般来说，卖出跨式期权的风险要比其他跨式期权交易或其他交易的风险高，因为不管市场朝哪个方向波动，亏损可以是无限的，而收益仅限于卖出期权时获得的权利金总额。这个方法的目的是从时间对期权权利金价值的影响上获利。要想真正赚钱，标的货币对的价格必须几乎没有变化。

案例：

这次交易也设置为在 2011 年 6 月 16 日到期（见 24.19 和 24.20）。

图 24.19 卖出跨式期权交易案例

订单日期（GMT）	工具	买入/卖出	到期日	履约价格	类型	订单类型	数量	执行价
5/26/11 12：23am	欧元/英镑	卖出	2011 年 6 月	0.86000	看跌期权	市价单	1	0.00606
5/26/11 12：22am	欧元/英镑	卖出	2011 年 6 月	0.86000	看涨期权	市价单	1	0.01056

EUR/GBP rate＝0.8647　　欧元/英镑汇率＝0.8647

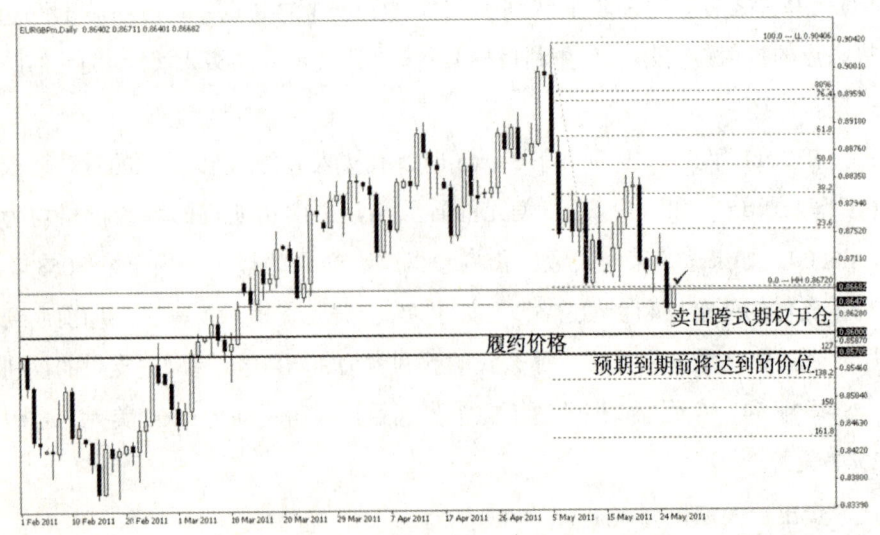

图 24.20 卖出跨式期权交易走势图

第 24 章　外汇期权交易策略

我预期欧元/英镑将在接下来几周内横盘整理，所以决定采用卖出跨式期权策略，交易细节如下：

在 2011 年 5 月 26 日凌晨 12：22-12：23

卖出欧元/英镑的看跌期权和看涨期权（汇率 0.8647），履约价格均为 0.8600

我选择的履约价格低于货币对当前的价格，因为我预期价格在接近到期日时将略微下跌到那个价位和 0.8570 附近。如果价格保持在这个区间内，我不管是在到期前平仓还是两个期权都无价值地过期，我都将获得两笔权利金减去期权的剩余价值的差值。

买入宽跨式期权 (long strangle)

这个策略有点像买入跨式期权策略，在波动率高并且会进一步提高但市场方向不明确，或者预测市场将有大幅波动时，是使用这个策略的最佳时机。区别就是宽跨式期权的两份期权的履约价格差别很大。

采用这个策略，我们要买入一份看涨期权和一份看跌期权，并且两份期权均为虚值期权。这就是说看涨期权的履约价格必须高于标的货币对当前的价格，而看跌期权的履约价格必须低于标的货币对当前的价格。

选择虚值期权，权利金费用会降低，但是反过来我们要想赚钱，货币对价格必须上涨或下跌更多的点数。

这个策略的收益潜力是无限的，不管市场朝哪个方向波动。而最大的亏损将限于买入看涨期权和看跌期权所支付的权利金总额。

案例：

这次买入宽跨式期权的到期日仍然是 2011 年 6 月 16 日（见图 24.21 和 24.22）。

图 24.21　买入宽跨式期权交易案例

订单日期（GMT）	工具	买入/卖出	到期日	履约价格	类型	订单类型	数量	执行价
5/26/11 12：31am	美元/瑞郎	买入	2011 年 6 月	0.87500	看涨期权	市价单	1	0.00942

5/26/11 12:31am	美元/瑞郎	买入	2011年6月	0.86500	看跌期权	市价单	1	0..00714

USD/CHF rate=0.8726 美元/瑞郎汇率=0.8726

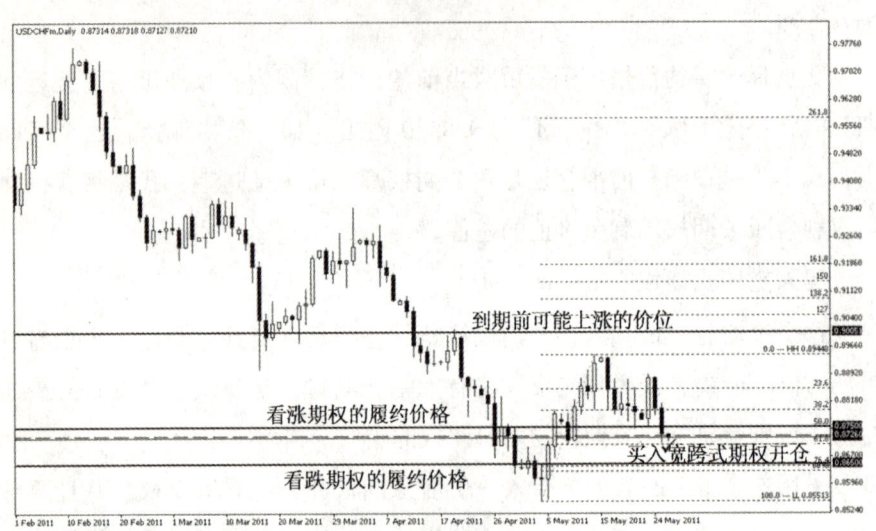

图 24.22 买入宽跨式期权交易走势图

在2011年5月26日凌晨12：31，看到美元/瑞郎价格到达前一波上涨趋势61.8%的菲波纳奇回撤位，并且预期该货币对将进一步上涨但是又不确定这波下跌趋势是否已经结束，所以我决定进场买入美元/瑞郎的宽跨式期权。我认为该货币对价格在2011年6月16日的到期日前会达到0.9000的价位。

买入美元/瑞郎的看涨期权（汇率0.8726），履约价格0.8750

买入美元/瑞郎的看跌期权（汇率0.8726），履约价格0.8650

无论市场选择朝哪个方向波动，我都需要汇率波动约148点，这样我的期权合约才能达到盈亏平衡。

942美元+714美元=1656美元（支付的权利金）

1656美元/11.20美元/点（美元/瑞郎的点值）=147.85点

目标价位设于0.9000，如果达到，将产生约1400美元的净利润（超

第 24 章　外汇期权交易策略

过盈亏平衡点的点数乘以美元/瑞郎货币对的点值）。

卖出宽跨式期权（short strangle）

这个策略与卖出跨式期权策略类似，区别则与我们在买入跨式期权和买入宽跨式期权上找到的区别相同。当我们预期标的货币对市场波动率低，并且货币对价格保持平稳或者窄幅震荡时，就可采用这个策略。就像买入宽跨式期权一样，我们这里也选择虚值期权。

这个策略是由一份履约价格较高（高于当前汇率）的看涨期权空头和一份履约价格较低（低于当前汇率）的看跌期权空头构建的。无论市场朝哪个方向波动，潜在收益仅限于卖出期权所获得的权利金总额，而最大亏损是无限的。

这里的两份期权的履约价格差值较大，不像卖出跨式期权的两份期权履约价相同。这会减少获得的权利金数额，但是反过来会增加期权到期时盈利的机会。

案例：

这次卖出宽跨式期权仍然将到期日设定为 2011 年 6 月 16 日（见图 24.23 和 24.24）。

图 24.23 卖出宽跨式期权交易案例

订单日期（GMT）	工具	买入/卖出	到期日	履约价格	类型	订单类型	数量	执行价
5/26/11 12：44am	欧元/英镑	卖出	2011 年 6 月	0.86000	看跌期权	市价单	1	0.00571
5/26/11 12：43am	欧元/英镑	卖出	2011 年 6 月	0.87000	看涨期权	市价单	1	0.00625

EUR/GBP rate＝0.8658 欧元/英镑汇率＝0.8658

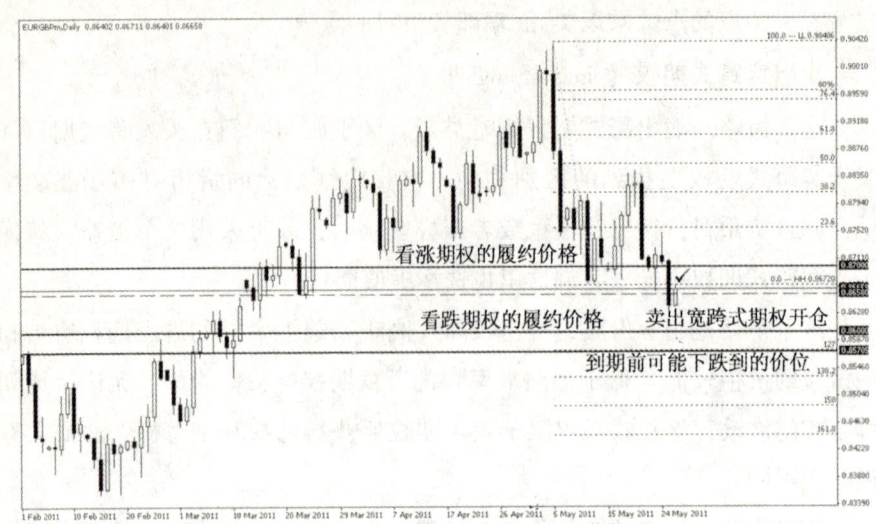

图 24.24 卖出宽跨式期权交易走势图

在 2011 年 5 月 26 日凌晨 12：44，我决定同时卖出欧元/英镑的看跌期权和看涨期权，因为我预期该货币对的汇率在到期前会一直在 100-130 点的范围内波动。

卖出欧元/英镑的看跌期权（汇率 0.8658），履约价格 0.8600

卖出欧元/英镑的看涨期权（汇率 0.8658），履约价格 0.8700

我必须一直盯着这笔交易，因为如果价格朝任意一边波动太远，我必须尽早平仓以减少亏损。

买入交叉跨式期权（long guts）

这个策略包括一份履约价格较低（ITM）的看涨期权多头和一份履约价格较高（也是 ITM）的看跌期权多头。

不管市场价格朝哪个方向发展，这个方法的盈利潜力是无限的，而最大亏损限于支付的权利金总额加上两个履约价格之间的差值。

这个策略与买入宽跨式期权类似，区别是买入交叉跨式期权只能买入实值期权，而买入宽跨式期权需要买入虚值期权。当你认为市场波动率将上升时，就可以采用买入交叉跨式期权策略。图 24.25 展示了一次买入交叉跨式期权交易的实例。

第24章 外汇期权交易策略

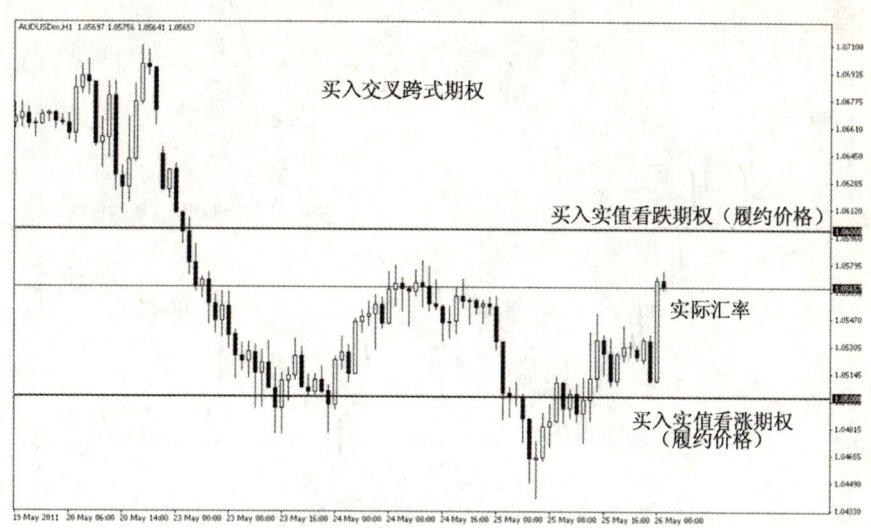

图 24.25 买入交叉跨式期权交易走势图

卖出交叉跨式期权（short guts）

这个策略与卖出宽跨式期权类似，区别在于卖出交叉跨式期权必须选择实值期权（ITM），而卖出宽跨式期权只选择虚值期权（OTM）。

这个策略的构成是一份履约价格较低（ITM）的看涨期权空头和一份履约价格较高（也是ITM）的看跌期权空头。

风险和回报情况与买入交叉跨式期权策略的风险和回报情况相反。无论市场波动方向是什么，最大的收益仅限于卖出两份期权所获得的权利金总额，而最大的亏损则是无限的。卖出交叉跨式期权交易走势图请见图24.26。

图 24.26 卖出交叉跨式期权交易走势图

日历价差（calendar spreads）

这类价差期权旨在利用期权的时间价值衰减获利。当交易者认为市场价格将保持相对平稳（波动率低）并且对市场方向持中性稍偏看空观点时，就可以选择看涨期权和看跌期权的时间价差（也叫日历价差）策略。另外，无论标的货币对朝哪个方向波动，收益和风险都是限定的。

这个策略涉及卖出一份先到期的期权并买入一份后到期的期权。两份期权的到期日通常间隔约 1 个月。在期权空头上，你可以获得权利金并受益于期权随着时间流逝而贬值。期权空头的风险在于，即便随后受到了较远到期日的期权多头的保护，但是标的货币对价格的波动方向有可能与先到期的期权空头的方向相反。

第二份期权与第一份期权的到期日的最佳间隔时间是少于 30 天，并且虚值期权可以产生更高的收益。

看涨期权时间价差（call time spread）

这个策略是卖出一份到期日较近的看涨期权并买入一份到期日较远的看涨期权。

第24章 外汇期权交易策略

看跌期权时间价差（put time spread）

如果你想进行看跌期权时间价差交易，你就必须卖出一份到期日较近的看跌期权，然后买入一份到期日较远的看跌期权。

看涨期权和看跌期权的时间价差的唯一区别就是，选择看涨期权的你认为标的货币对汇率将上涨，而选择看跌期权的你认为标的货币对汇率将下跌。

看涨期权比率垂直价差（call ratio vertical spread）

这个中性策略是在你认为未来市场波动率较低时采用（见图24.27）。

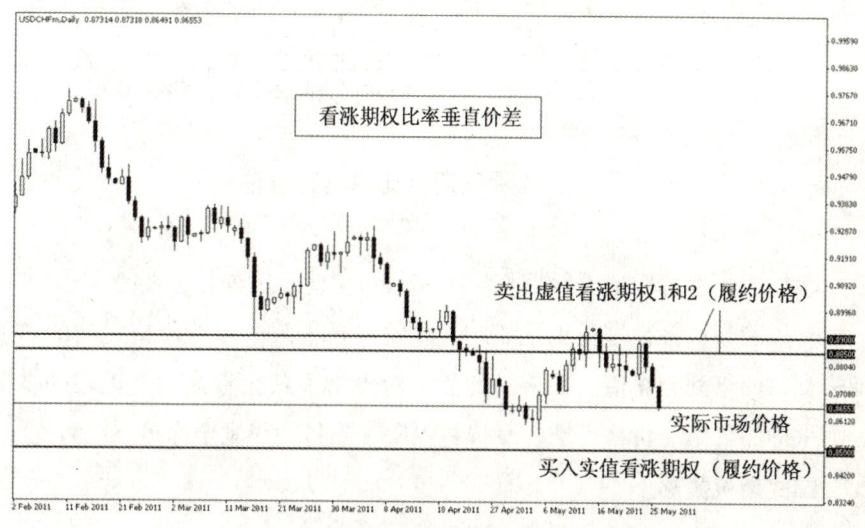

图24.27 看涨期权比率垂直价差

- 构成。一份实值看涨期权多头和两份虚值看涨期权空头。
- 风险与回报。收益限于两个履约价格之间的差值减去支付的权利金净值。如果标的货币对价格上涨，亏损就是无限的，但如果标的货币对价格下跌，亏损就是限定的。

看跌期权比率垂直价差（put ratio vertical spread）

与看涨期权比率垂直价差的运用方式相同，当你认为标的货币对价格未来的波动率较低并且无市场方向偏好时，就可以采用这个策略（见图24.28）。

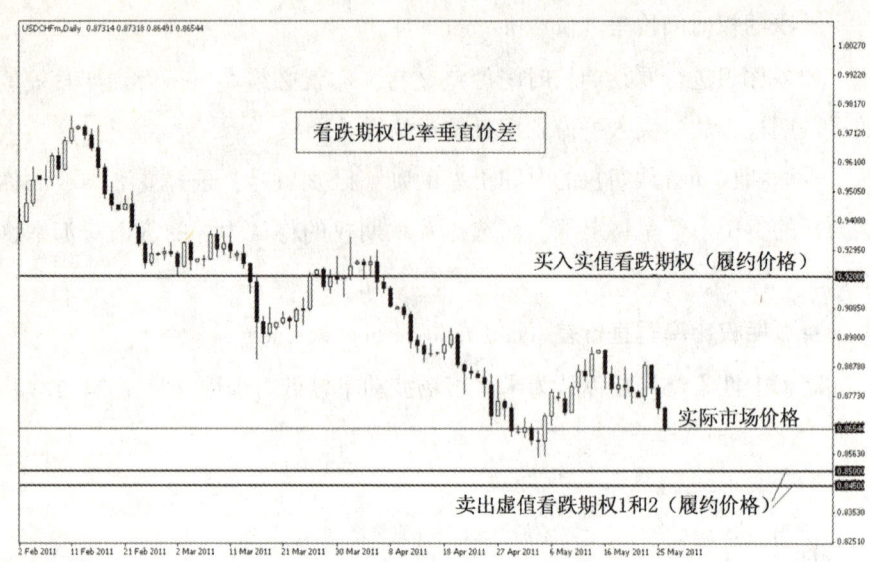

图 24.28 看跌期权比率垂直价差

·构成。两份虚值看跌期权空头和一份实值看跌期权多头。

·风险与回报。这里也是如此,收益将限于两个履约价格之间的差值减去支付的权利金净值。如果标的货币对价格下跌,亏损就是无限的,但是如果标的货币对价格上涨,亏损将仅限于支付的权利金净值。

蝶式期权策略

买入蝶式看涨期权 (long call butterfly)

当我们认为标的市场将表现出低波动率时,就可以采用买入蝶式看涨期权策略(见图 24.29)。这个策略有点类似于卖出跨式期权,但是这里的亏损是限定的。此外,卖出跨式期权的成本较低,因为你卖出期权时会获得权利金,而买入蝶式期权则必须先支付权利金。当市场价格在合约期内保持平稳时,你就可以获利。

第24章 外汇期权交易策略

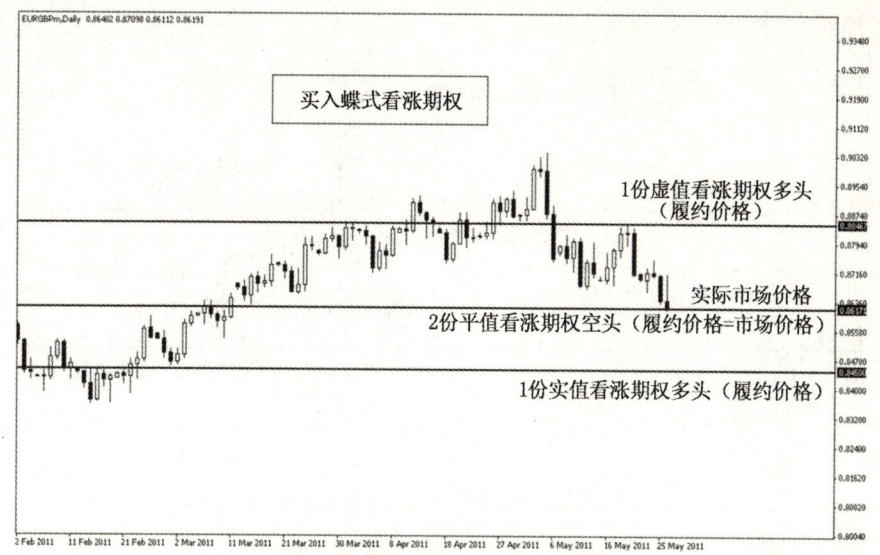

图24.29 买入蝶式看涨期权

· · 构成。两份平值看涨期权空头，一份实值看涨期权多头和一份虚值看涨期权多头

· 风险与回报。在这个策略中，亏损和收益都已限定。最大的收益限于从整个期权组合中获得的权利金净值，而最大的亏损限于平值期权的履约价格减去实值期权的履约价格，再减去支付的权利金净值的差值。

卖出蝶式看涨期权（short call butterfly）

当我们认为标的市场的波动率将升高，并突破当前的价格区间时（任一方向），就可以采用卖出蝶式看涨期权策略（见图24.30）。这个策略与买入跨式期权策略相似，两者的下跌风险都已限定。

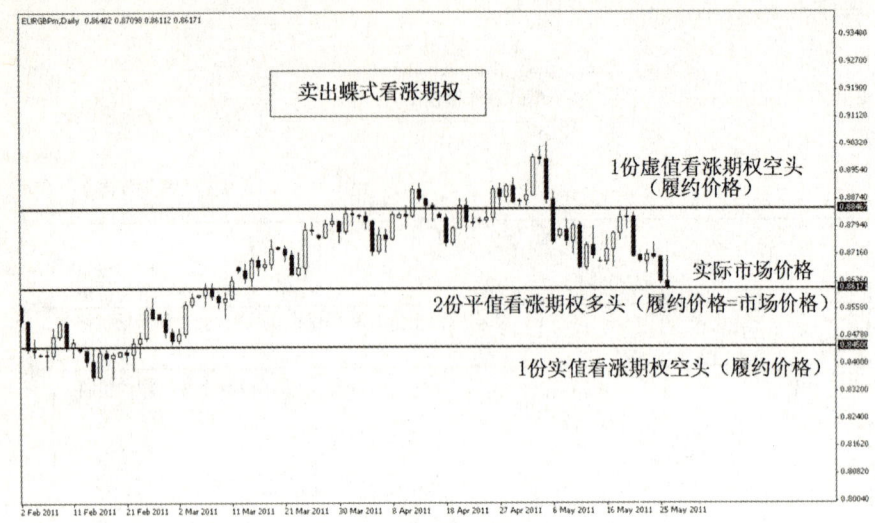

图 24.30 卖出蝶式看涨期权

·构成。两份平值看涨期权多头，一份实值看涨期权空头和一份虚值看涨期权空头。

·风险与回报。与买入蝶式看涨期权相同，这个策略的亏损和收益都是限定的。最大的收益将限于从整个期权组合中获得的权利金净值，而最大的亏损将限于平值期权的履约价格减去实值期权的履约价格，再减去收到的权利金净值的差值。它将限于为 3 笔期权支付的权利金。

买入蝶式看跌期权（long put butterfly）

当期权交易者认为标的货币对在到期前不会上涨或下跌太多时，就可以采用这个交易策略。

·构成。两份平值看跌期权空头，一份实值看跌期权多头和一份虚值看跌期权多头。

·风险与回报。正如买入蝶式看涨期权策略，这个买入蝶式看跌期权策略与卖出跨式期权策略相似，都是在你预期市场波动率低的时候使用。但是，如果市场波动方向与你交易的方向相反，这里的亏损是限定的，而卖出跨式期权的亏损是无限的。这个策略可获得的最大收益限于你从整个期权组合中获得的权利金净值。亏损也限于平值期权的履约价格减去实值

第 24 章　外汇期权交易策略

期权的履约价格,再减去支付的权利金净值的差值。

图 24.31 展示了一个买入蝶式看跌期权的交易实例。

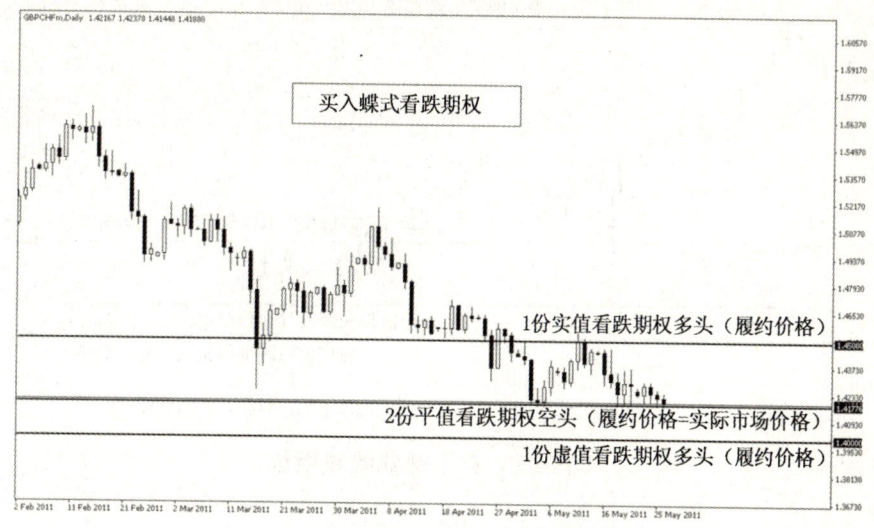

图 24.31　买入蝶式看跌期权

卖出蝶式看跌期权（short put butterfly）

当我们预期市场波动率高并且市场将朝任一方向大幅波动时——比如,在重大消息发布之前,就可以采用这个卖出蝶式看跌期权策略（见图 24.32）。这个策略与买入跨式期权策略类似,因为两个策略的下跌风险都已限定。虽然收益也是限定的,但是这个策略可以给你更大的投资回报,因为这个策略的实施成本几乎为零。

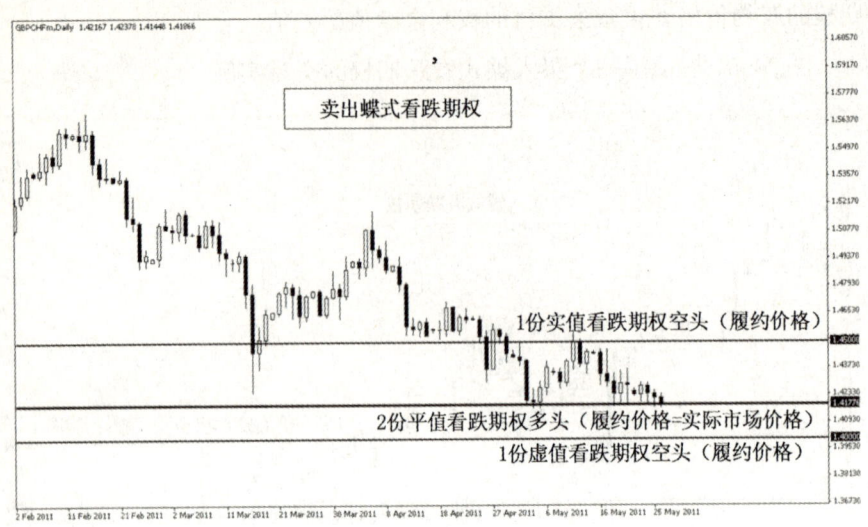

图 24.32 卖出蝶式看跌期权

· 构成。两份平值看跌期权多头，一份实值看跌期权空头和一份虚值看跌期权空头。

· 风险与回报。这个策略的亏损和收益都已限定，就像卖出蝶式看涨期权策略一样。预期的最大收益限于从整个期权组合中获得的权利金净值，而最大的亏损将限于平值期权的履约价格减去实值期权的履约价格，再减去获得的权利金净值的差值。

鹰式期权策略

鹰式期权策略与蝶式期权策略十分类似。它们的区别就是两个平值的履约价格变为了一个实值的履约价格和一个虚值的履约价格

要计算鹰式期权策略的潜在风险和收益，将这个期权组合分为两个期权价差就更容易：买入看涨期权或看跌期权价差和卖出看涨期权或看跌期权期权。买入或卖出鹰式期权合约的最大亏损和最大收益都已限定。

买入鹰式期权（long condor）

· **构成（看涨期权或看跌期权）**

· 一份实值期权多头（看涨期权的履约价格低于标的货币对当前的汇率，看跌期权则是高于）。

第24章 外汇期权交易策略

·一份实值期权空头

·一份虚值期权空头（看涨期权的履约价格高于标的货币对当前的汇率，看跌期权则相反）。

·一份虚值期权多头

等同于两个期权价差组合

·一份履约价格较低的看涨期权或看跌期权多头价差

·一份履约价格较高的看涨期权或看跌期权空头价差

当交易者预期市场价格在到期前将保持在一个稳定的区间内时，就可以采用买入鹰式期权策略（见图24.33和24.34）。

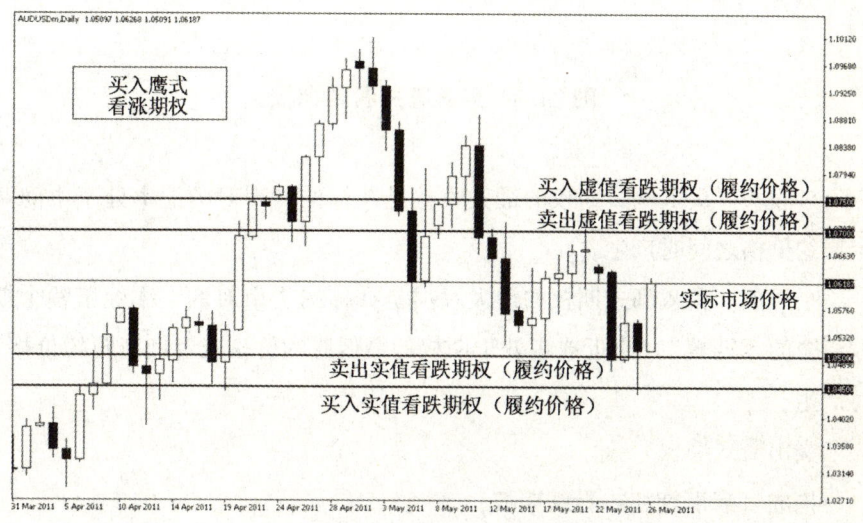

图24.33 买入鹰式看涨期权

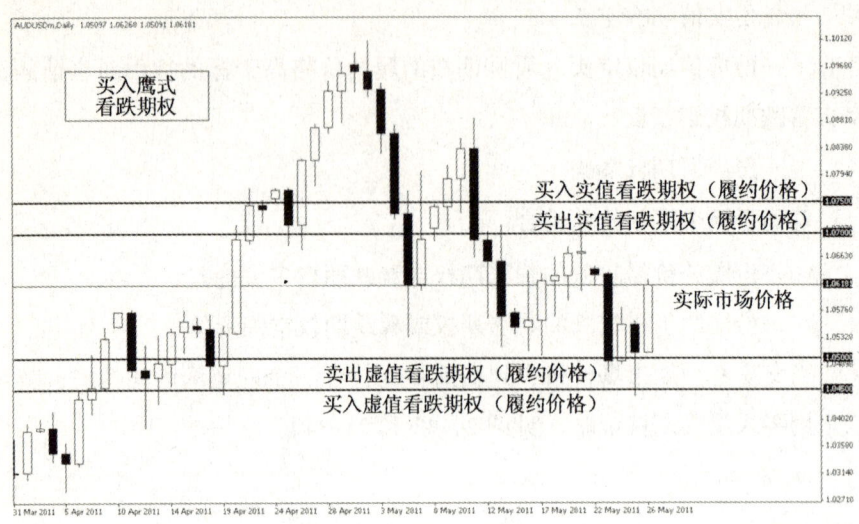

图 24.34　买入鹰式看跌期权

·收益。买入鹰式期权的最大收益是在标的货币对的汇率处于中间两个履约价格之间时产生。

·风险。买入鹰式期权的最大亏损是在标的货币对的汇率处于整个期权组合的"两翼"（靠近或正处于期权的最低履约价格或者最高履约价格）时产生。

卖出鹰式期权

构成（看涨期权或看跌期权）

·一份实值期权空头（看涨期权的履约价格低于标的货币对当前的汇率，看跌期权则是高于）

·一份实值期权多头

·一份虚值期权多头（看涨期权的履约价格高于标的货币对的实际汇率，看跌期权则是低于）

·一份虚值期权空头

等同于两份期权价差组合

·一份履约价格较低的看涨期权或看跌期权空头价差

·一份履约价格较高的看涨期权或看跌期权多头价差

第 24 章 外汇期权交易策略

当交易者预期市场价格将突破当前区间但是对波动方向不确定时，就可以采用这个卖出鹰式期权策略（图 24.35 和 24.36）。

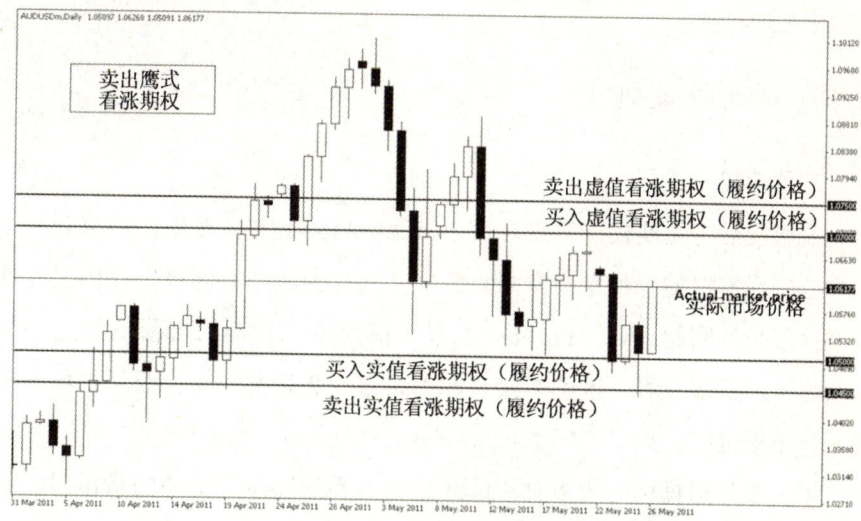

图 24.35 卖出鹰式看涨期权

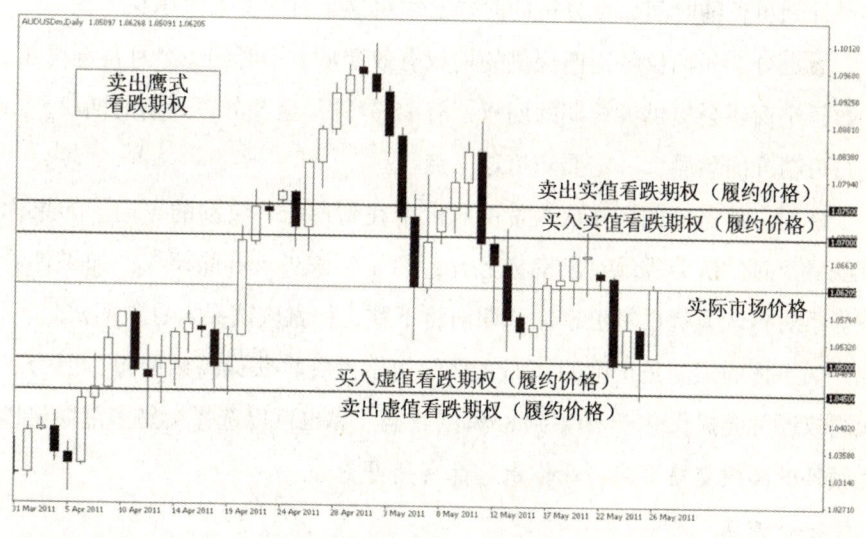

图 24.36 卖出鹰式看跌期权

· 收益。卖出鹰式期权的最大收益是在标的货币对的汇率处于期权

"两翼"（最高履约价格和最低履约价格）之外时产生。

- 风险。卖出鹰式期权的最大亏损是在标的货币对汇率处于整个期权组合中心时产生。

奇异期权策略

二元期权

要想交易二元期权，你需要找到二元期权经纪商，在他们那里开一个账户。二元期权是一种专业类型的期权，只有少数经纪商可以提供二元期权交易。我的网站 www.jdfn.com 上有一份提供二元期权交易的经纪商名单，你可以找来看看。这类期权通常不在中央交易所交易，而是在场外金融工具市场进行。

第一步是选择标的货币对，最好是你熟悉的和经常交易的货币对。你可以专攻一个市场，也可以一次交易几个不同市场的期权。

然后，你必须决定二元期权的到期日，不管你打算在短期内获得结果还是计划更长的时间。在分析的时候必须将这个时间要素考虑在内。

大部分二元期权经纪商提供的期权有效期从1小时到1个月甚至更长。少数经纪商还会提供极短期的期权，有15分钟甚至5分钟到期的期权。要进行最精准的预测，一定要知道这一点。

最后，你需要选择你认为货币对汇率在到期前将波动的方向。如果你看涨货币对，认为货币对汇率将上升，你就应该买入看涨期权。如果你看空货币对，认为货币对汇率在到期前将下跌，你就应该买入看跌期权。

如果你的预测是正确的，那么你的初始投资将获得高额回报，因为二元期权通常会提供介于70%到85%的收益。你也可以选择交易多重期权作为额外的高级交易策略，让你永远都有利可图。

资金管理

外汇交易的资金管理规则也同样适用于期权交易。没有交易策略可以永远不败，一路上总会有失败，你必须将它们当作你整个交易蓝图的一部分来进行准备。你也应该试着将总资金的风险比例降到最小。

第24章 外汇期权交易策略

·风险总额。单笔期权合约承担的风险永远不要超过你总资金的8.5%。这样，你可以连续错误11次后还有足够的资金继续交易。

·信心。当你在选择期权合约时没有把握或者没有进行足够的研究和分析时，请不要贸然交易。期权是用来对敞口头寸进行保护的。所以期权也是产生利润的一个方式，但是，期权的风险也比较高。所以要确保你已先行模拟交易来熟悉，并且获得了对期权交易的信心。

·多样化。将种类不同、标的货币对不同的期权结合普通外汇交易，来降低整体风险。还可以利用不同的到期日。

·基本面。要留意经济数据的发布。等待数据结果来判断市场方向，或者用它们来预测市场波动率和交易特定的区域突破策略。

·趋势。就像你在普通外汇交易中那样，要识别主要趋势并跟随趋势方向交易。

一些基本的二元期权策略

看涨二元期权策略

当我认为标的货币对的汇率将在到期前上升时，我就会采用这个看涨策略。

例如，澳元/美元在大幅下跌之后，现在站在位于1.0500的重大支撑位之上，我认为在接下来几小时内价格将会大幅回拉，恢复上涨趋势。

我查看了可选期权品种，决定买入一份2小时后到期的看涨期权，支付权利金1000美元，约定回报75%。这意味着如果我的分析是对的，澳元/美元汇率上涨，这份期权就是实值期权，我就可以拿回最初的本金外加75%，也就是750美元的投资回报。

看跌二元期权策略

只要我认为某个货币对的汇率将下跌并且趋势是下跌的，采用这个看跌策略就非常合适。

让我们假设美元/瑞郎刚在下跌趋势中进行了一次大幅反弹。我的分析告诉我该货币对的汇率将再度回来并恢复之前的下跌趋势，于是我决定买入一份权利金为1200美元，回报为80%的看跌期权。如果美元/瑞郎汇率在期权到期时下跌，我将会拿回1200美元的本金外加80%，也就是960美元的回报。

区间/波动率策略

"区间内"二元期权（"in-the-range"）

当标的货币对价格处于一个稳定的区间内波动时，最好的策略是买入一份价格在到期时处于这个区间，使期权成为实值期权的期权。见图24.37。

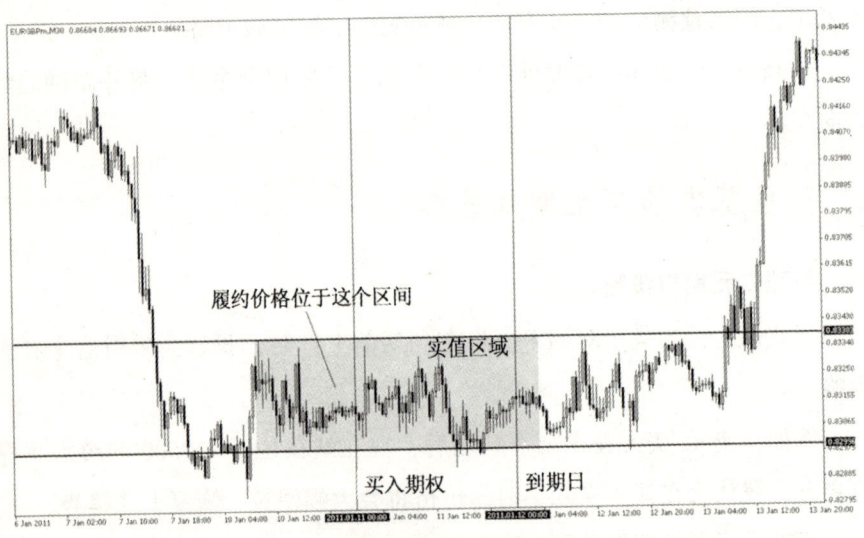

图24.37 区间内二元期权

"区间外"二元期权（"out-of-the-range"）

当市场波动率将很高或者如果我们认为将有基本面消息发布导致货币对价格突破当前区间时，我们就可以选择"区间外"二元期权。见图24.38。

第 24 章 外汇期权交易策略

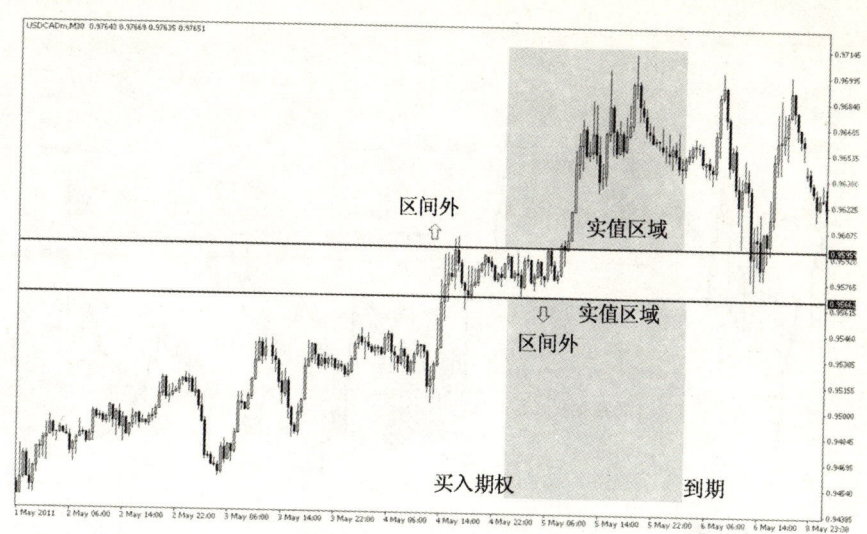

图 24.38 区间外二元期权

二元围栏策略（binary fence stategy）

围栏交易策略为交易者提供了更高的成功概率，不管标的货币对的波动方向是什么。在这个策略中，我会运用两种不同的二元期权——一个看跌期权和一个看涨期权。

在图 24.39 展示的案例中，我决定在澳元/美元跌穿支撑位，处于 1.0800 时买入看跌期权。数小时之后，货币对价格似乎坚守在另一个位于 1.0600 的支撑位之上，于是，我买入第 2 份期权。这次是一份具有相同到期日的看涨期权。我预期货币对价格在到期前将位于 1.0600 之上。

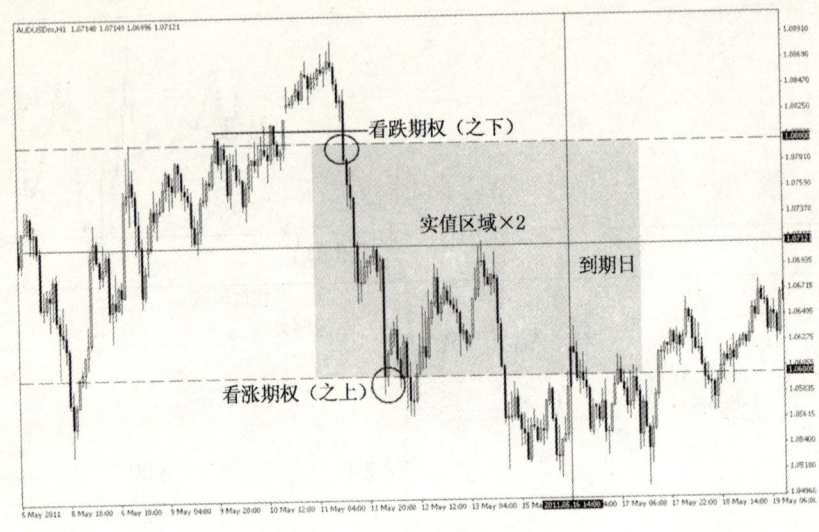

图 24.39 二元围栏策略

如果澳元/美元到期时，汇率介于 1.0600 和 1.0800 之间，那么我的两份期权都将盈利，赚得双倍的收益。

还有另一种可能是价格到期时高于 1.0800（或者低于 1.0600），那么有一份期权就将亏钱。例如，如果澳元/美元到期时汇率高于 1.0800，我的看涨期权就会盈利，而看跌期权就会亏损。反之，如果货币对到期时汇率低于 1.0600，我的看跌期权就将赚钱，而看涨期权就将亏钱。

我们假设我每份期权投资了 1000 美元，到期时都是 80% 的回报。

如果是第一种情况，也就是两份期权都赚钱，那么净利润将是 1600 美元（看跌期权的 800 美元加上看涨期权的 800 美元）。

如果第二种情况，我一共投资 2000 美元（两份期权），最后将拿回 1800 美元（我的本金加上 800 美元的收益）。所以，我的亏损将只是 200 美元，相当于总投资的 10%。

采用这种策略，我可以连续交易 8 次并且前面 7 次全部亏损。如果第 8 次交易完全盈利，那么整个投资还是净赚的：

7 次亏损 200 美元=−1400 美元+1 次盈利 1600 美元=200 美元净利润

第五部分

外汇自动交易

第 25 章　外汇交易自动化

外汇自动交易在将来肯定会兴盛起来。多年前,外汇零售市场处在蛮荒状态,现在都开始进入自动交易了。在金融市场总是存在自动化的倾向。随着电脑功能越来越强大,电脑制造商能够制造更小型、更便宜的机器,让个人交易者可以轻松负担。如今,我们的交易系统非常便宜,并且大部分交易者都拥有他们需要的所有技术和速度,以及一个唾手可得的电脑交易系统。

当我刚开始外汇自动交易时,还只有少数程序员为交易者提供交易系统。但是,仅仅几个月后,程序员就满大街都是了。他们可以为交易者提供更高级的交易系统。有些交易系统还不错,但有些交易系统就简直是赤裸裸的骗局,只是为了骗投资者的钱。我曾试过数百个自动交易系统,我也创建了我自己的交易系统,就像很多专属交易系统一样。到头来,还是那句话——是什么交易系统不重要,重要的是它是否有效。实践才能出真知,可以这么说。

正如上面所说的,自动化并不是什么新事物。它早就在股票和外汇经纪商那里盛行了,这些经纪商在过去几年越来越多地依靠电脑系统来自动报价和撮合订单。"黑色星期五"就是自动交易的一个"产品"。事实上,在 1987 年 10 月股票市场崩盘之后,就有必要升级自动股票系统,以确保它们在可预见到的未来可以处理成交量意外激增的情况。

在重大新闻发布之前,个人外汇交易者和机构交易员会制造极高的成交量。如果外汇经纪商的自动系统或交易平台无法应付这么高的成交量,那么交易者在下单或者平仓时就会遭遇重新报价、成交滑移价差和其他令人不快的交易错误。所以，有些外汇经纪商会让系统在新闻发布前后自动扩大点差，以阻止交易者频繁交易导致经纪商系统超过负荷。大部分较为复杂的外汇交易机器人都有让交易者将成交滑移价差最小化的代码。这种外汇交易机器人在遇到成交滑移价差或者点差太大时，会自动取消交易。

外汇交易机器人（Forex Robots）

在过去10年，这些外汇交易机器人的使用急剧上升。刚开始是作为机构交易员的"黑箱"系统，现在，自动交易系统几乎成为每一类交易者的重要工具。个人外汇交易者越来越多地转向半自动交易系统，甚至是完全自动的外汇交易机器人。外汇自动交易具有很多优势。它的有些特质是人类交易者无法复制的。外汇自动交易的主要优势之一就是可以随着价格或货币的变化，在几毫秒之内执行几个货币对很多复杂的计算。通过这些计算得出的决策规则让外汇交易机器人自动在最优价格建仓或平仓，并且几乎是在瞬间完成。

因为市场处于不断变化中，所以当一个人类交易者终于决定手动入场或出场时，价格可能已经波动了好几个点或者更多点了。这种情况可以通过止损单和止盈单来部分解决，但是在美国这种选择权已经被监管机构取消了。半自动交易系统也有一些好处，因为一个外汇自动交易脚本平仓的速度可以比他们的对手快100倍，也可以更高效地处理重报价问题。

智能交易系统

外汇智能交易系统（expert advisor，简称EA）是一种用于外汇交易的机械交易系统。智能交易系统是专门设计来进行自动交易的。这样，交易者就从一直盯着市场的任务中解放出来。另外，投资者还会犯一些重大错误，而智能交易系统就可以避免其中一部分错误，让交易者把注意力全放在如何赚钱上面。

智能交易系统可以告诉客户套利交易的可能性，并查看多个报价，让交易者从不同的点差中获利。外汇交易新手和老手都可以采用智能交易系统。不管交易者经验如何，智能交易系统都可以协助交易者，让交易者可以在不同市场和不同市场状况下交易。

第25章 外汇交易自动化

智能交易系统是用 MQL4（MetaQuotes Language 4）设计的。MQL4 是一种内置型交易策略编程语言。这种编程语言可以让智能交易系统管理从直接把订单递送到经纪商的服务器，到挂单和修改订单，到设定移动止损的一系列交易活动，通过这些操作来实现自动交易账户。

市场上有成百上千个不同的、独一无二的智能交易系统，它们都在按照不同的规则运作。它们的共同特点就是都坚持一个严格的交易策略，并且同时用前后一致的方式评估所有参数——通常比人做得更成功。尽管如此，一定要记住一点——智能交易系统是一种交易机器人，使用时要小心谨慎。一定要搞清楚它的工作原理以及会如何影响你的交易和策略。另外，这个智能交易系统一定要有可靠性能和来源。

我曾从事软件行业多年，所以我认识很多程序员。我曾经花了多年时间在智能交易系统上，希望把我的交易策略编写为利用 MT 交易平台的自动交易系统。但问题是 MT 交易平台有它自己的固有问题。最大的问题就是 MT 交易平台的插件。所以，不管你的系统有多好，其结果或者绩效都会有偏差。目前我发现的一个较为完美的系统是我现在正在测试的一个智能交易系统。

这个智能交易系统交易的是欧元/美元货币对，每天大概会交易 30 次。这个智能交易系统非常棒，准确率约 95%。但是就像大部分智能交易系统一样，亏损大到足以使整个交易没有盈利。我最近发现经纪商会在我每次交易时制造几个滑点。我的交易结果就变了：很多小笔的亏损本来应该是盈利的，很多小笔的盈利本来应该赚更多的。因为这是一个"刮头皮"智能交易系统，所以我的交易很频繁。最终绩效的差别是很大的。智能交易系统很棒，但是 MT 交易平台或者经纪商扼杀了真实结果。对此你也无能为力……或许你想出解决办法，但接踵而来的问题更多。

智能交易系统类型

智能交易系统有很多种类型。每一种都有独一无二的特性，并且都有自己适用的交易环境。下面列出了你可能用过或者将会遇到的一些智能交易系统类型：

- 消息发布型智能交易系统。这种类型的智能交易系统是设计来利用消息发布行情获利的，这类消息发布时会引起市场巨大波动。要是倒退几年，这种智能交易系统还是挺棒的，但是现在很多经纪商都用上了欺诈手段，比如缓慢的服务器、恶意插件和扩大点差等，让这种智能交易系统无计可施。我仍然记得以前的美好时代，那时候你可以利用跨式订单刚好在消息发布之前入场并获得巨大回报，但是现在就很难这样操作了。

- 突破型智能交易系统。突破型智能交易系统是在价格突破支撑位或阻力位时入场。这种智能交易系统在横盘整固市场，也就是价格平稳或者在一个窄幅区间波动时非常管用。

- 对冲型智能交易系统。对冲型智能交易系统要建两个相反的头寸，其中一个头寸的亏损最小化而另一个头寸抓获最大的收益。我测试了很多个这种智能交易系统，但是没有一个表现特别出色。随着美国的监管规则发生改变，你已经不能在同一个货币对上进行对冲。但是，你仍然可以选择离岸交易和对冲。

很多这类智能交易系统都会在一个方向上建很多仓，然后管理它们的出场方式来获利。它们的问题就是交易费用。如果你的智能交易系统下太多单，你有可能赚不了多少钱，因为每一笔单你都需要支付点差。

- "刮头皮"型智能交易系统。这类智能交易系统是最活跃的智能交易系统，它们会非常频繁地下单并监视交易。它们只要有小笔盈利就会兑现。我曾经尽可能多地创建并测试了这类智能交易系统。我一直都喜欢这种"刮头皮"类型。这可以追溯到我作为日内交易者的那个时期。我喜欢快速进场和出场，并且知道我承担的风险是什么。这种"刮头皮"型智能交易系统可以让你非常快地做很多笔交易。

有很多经纪商都允许外汇自动交易系统，并且这个数量每天都在增加。MT交易平台不是唯一的一个。你可以去网站www.jdfn.com上查看一份当前允许自动交易的外汇经纪商和软件的名单。

第26章 外汇交易机器人简介

自动交易问世已经多年了。那些大型银行和机构采用这类交易的时间远远早于个人客户开始进行这类交易的时间。

我们之前已经讨论过自动交易，现在让我讲讲我亲自测试今天很多被吹捧上天的智能交易系统"机器人"的情况。另外，我也创建了很多我自己的自动交易系统。有些智能交易系统是在广受欢迎的 MT 交易平台上使用，有些则是用我的内部专用软件。在这里我想讨论的两个机器人分别是 Fap Turbo 和 Megadroid。

Fap Turbo 简介

多年以前，在收到各种推销电子邮件并看了网络上关于 Fap Turbo 的所有宣传后，我决定试一试。

总体而言，我认为 Fap Turbo 是一个很好的交易机器人。我在运用这个交易机器人时非常成功，觉得它编写得非常好。

我花了几百个小时来回溯测试各种参数设置。我总是用模拟账户进行回溯测试。不过，回溯测试存在一些问题，我将在下一章节进行讨论。

我喜欢 Fap Turbo 的一个地方在于它允许我改变各种既有交易策略的参数和时间框架。有时候，我的模拟交易结果远远好于实盘交易结果。但是，我的实盘账户也获得了很好的回报。事实上，我运用 Fap Turbo 交易了很多个月，没有连续两个月都亏损。请记住，我在 Fap Turbo 上运用了很多我在手动交易时会采用的交易策略。

所以，这里就是我在运用 Fap Turbo，当然还有其他很多交易机器人时遇到的问题。如果你在你账户上运用 Fap Turbo 获得成功，赚了很多钱，那么除非你努力工作保住你的利润，否则你终将失败。因为经纪商也会同样努力工作，力求找出你的交易秘密，并且他们也会使用最先进的交易机器人来帮助他们决定如何打败你，拿走你的血汗钱。

这就是一定要找到还不为经纪商所知的参数设置的原因。这样，即使经纪商可以发现我在使用什么机器人，他们也无法轻易确定我的参数设置，因为我没有使用预设的参数设置。拥有自己的特殊参数设置至少可以在订单执行方面提供一些帮助。

Fap Turbo 提供了很多不同的版本和插件，我都一一试过了。在我看来，如果你交易小账户并且及时取出账户的利润，Fap Turbo 的效用就可以发挥到最大。只有这样做，你才可以躲过经纪商的"雷达"，免受经纪商干扰。

Fap Turbo 短期"刮头皮"策略

Fap Turbo 成为最热销的外汇交易机器人之一，主要原因之一就是它的短期"刮头皮"策略，这是我最常使用的交易策略。Fap Turbo 被视为高频交易机器人，是因为它使用快进快出的"刮头皮"交易方式，每次只赚很少几个点。当运用窄幅止损时，账户可以快速增长。不过在有些经纪商那里，你必须将交易成本考虑在内。

在多个货币对上"刮头皮"

Fap Turbo 可以追踪很多个货币对，具体多少要看你使用哪个版本。如果你愿意的话，Fap Turbo 可以使用"刮头皮"方法同时交易几个货币对。请记住，除非你有一个大账户，否则不要一次使用太多交易机器人。不然，你可能很快过度采用杠杆，这不是什么好事情。

用安全过滤器限制大亏损

你曾想过为什么很多智能交易系统和其他交易机器人都有很亮丽的资本增长曲线或者交易记录？我想你可以简单看一下它们的交易结果和测试

第 26 章　外汇交易机器人简介

中采用的止损。你会发现很多被大肆吹捧的交易机器人都是采用很大幅度的止损，有时是 300 点到 500 点。这样大的止损幅度足以让市场从最高点波动到最低点，而不会让交易者止损离场。

这样做的问题在于，即使你采用很好的资金管理，但是你的单次亏损幅度会大到令账户难以承受，从而导致账户被强行平仓。所以，如果你的交易机器人采用很大的止损幅度，就一定要选择很小的交易账户，并且将 300-500 点的单次亏损幅度纳入你的资金管理考虑范围。

Fap Turbo 可以自设止损，你可以手动设置你在任何一笔交易中愿意亏损的点数或者资金百分比。这个特点将允许你在自己的资金管理体系中运用这个交易机器人。不像其他有些交易机器人有内置的止损，Fap Turbo 让用户可以自主决定愿意承受的风险。

隐形模式操作

有些无耻的经纪商会对采用外汇交易机器人的账户采取增加点差和猎杀止损的手段。但是 Fap Turbo 采用的是隐形操作模式，它把止损和止盈都隐藏起来不让经纪商知道。这个交易机器人会将止损储存在用户的电脑上，当市场价格到达止损位时，交易机器人会像市价单一样将这个止损单递到经纪商服务器那里。

这就让经纪商不知道客户的止损设在那里。不过这样做也存在一个问题——当交易机器人像市价单一样将止损单自动递出时，经纪商会通过各种错误来"踢走"你的订单，导致亏损扩大。

通过限价单来止盈也会遇到相同的情况。我就遇到过太多次了。市场价格朝你交易的方向波动，触及你的目标价格，然后交易机器人递出订单。但经纪商会延迟执行你的订单，然后你可能会发现你原本的盈利单已经变为亏损单了。

软件许可

我不是很喜欢 Fap Turbo 销售软件的方式。它的费用是一次性的——这还是不错的，但是你必须定期到 Fap Turbo 的网站上获得新代码以进行身份验证。如果你忘了这样做，你的 Fap Turbo 就会罢工，你会发现你的账户不再做任何交易，这让人很不爽，特别是当你之前的交易做得风生水起的时候。然后，你的交易机器人会脱机，你就可能会错过一些盈利性很高的交易机会。当你让你的交易机器人再度工作时，就可能遭遇第一笔亏损交易。总而言之，不定期进行身份验证会影响你的交易结果。所以，你不能让你的系统"掉链子"。

我在 Fap Turbo 和其他交易机器人上发现，如果把你在实盘账户上交易绩效很好的交易参数设置用在这些交易机器人上，结果却相差很大，也不要感到太意外。很多交易机器人和特别的交易参数设置，只在特定的市场条件下才有效。不过这也没有关系。只管保存好你所有的交易参数设置——通过交易机器人中设置菜单里的保存功能就很容易做到。当你发现自己再度处于这样的市场状况时，就可以重启这个交易参数设置。

整体来说，我还是喜欢交易机器人。我最近使用交易机器人的方式有一点不同，我是通过自己编写的软件程序来运行的。自己编写的程序先执行指令，然后通过网络将订单递给其他经纪商完成。

Megadroid 简介

这是我测试的第一个外汇交易机器人。我在这个外汇交易机器人上花了大量时间来进行回溯测试和前向测试。我在我的实盘账户上运用也获得了极大的成功。请记得一定要在模拟账户上测试你的交易机器人。这样，你可以先了解一个交易机器人的特点。每个交易机器人都有一些"怪癖"，你需要在实盘交易之前就搞清楚。当你决定投钱实战时，我建议你刚开始时最好谨慎些，也就是说交易的头寸规模最好小点。这样，你可以先比较你的交易机器人在模拟交易和实盘交易中的订单执行情况有何区别。

Megadroid 交易机器人只交易欧元/美元货币对，它有一些交易设置可以用来控制交易的频率。它的交易频率不会太高。但是，它可以精确地确定入场时机，从而使其成为今天市场上最成功的交易机器人之一。

当你首次安装交易机器人时，它在首次交易之前会花一些时间。你需要保持耐心。它肯定会进场交易的，这时你会意识到为什么它会成为市场

第26章 外汇交易机器人简介

上最好的交易机器人之一。

我在交易时会使用多个交易机器人。我这样做是因为它允许我在交易中采用更为多样化的方法,而自动化是交易多样化的一个方式,所以选择使用多个交易机器人。把这个策略加到我的手动交易中,我可以构建一个充分多样化的交易系统。

好的交易机器人需要具备的一个关键特质,是一个避免你的账户被打爆的止损构成。你无法接受一次大幅亏损就失去你之前所有盈利单的利润,但这种情况我见过太多了。交易机器人可以连续20笔单盈利,然后一次大亏损就吞噬全部利润。外汇交易机器人 Megadroid 的默认设置是风险回报率为 3∶1。

参数选择和市况

大部分交易机器人遇到适当的市场状况都可以盈利。但是当市场状况或者趋势改变时,交易机器人就会开始亏损。这就是我要保存所有的交易设置并保留它们的归档日志的一大原因。我将所有交易设置和归档日志保存起来,就知道我在什么市场状况用的哪个交易机器人,以及哪个参数设置被最大化。我可以在不同趋势市场中采用同一个交易机器人,并且改变设置以使盈利潜力最大化。通过这样操作,我可以消除交易机器人无法判断市场状况并调整交易策略以最大限度利用当前市场趋势这一弊端。

Megadroid 有一个市况分析功能,这有助于这个交易机器人适应不同的变化的市场状况。然后 Megadroid 继续从新趋势中盈利。我不会一成不变地使用这个特性。我还是喜欢将不同市场状况的交易参数设置最大化。

内置隐身功能

正如我在本书中讨论过的一样,有些经纪商只为自己,不惜牺牲客户的利益。我的机器人交易让我第一次知道有些经纪商真的有问题。有些经纪商甚至不会允许你使用交易机器人,而有些经纪人据称会专门拒绝来自交易机器人的订单,尤其是当经纪商发现你在使用什么交易机器人的时候——特别是在你还盈利的情况下。

我之前提到过，我应对这种情况的方法是在模拟账户（或者小型实盘账户）上运行这种交易机器人，使用我们开发的可以看见交易的中间软件程序，同时在多个经纪商那里做交易。用专属交易机器人无法做到这一点，因为这违反了他们的用户协议。我们是在自己开发的内部专属交易机器人上采用的这个策略。

为了应对经纪商查探你正在使用哪个交易机器人的问题，Megadroid 使用两个独特的 ID 设置。Megadroid 建议你每周更改一次这两个设置，以防止经纪商查出你的交易机器人。

我曾经安装并测试了数百个智能交易系统。Megadroid 是最容易安装的一个。它只需要花 5 分钟就可以安装并运行。请记住，它在首次交易前，可能需要花一周或更长的时间。

整体而言，在我测试的所有智能交易系统中，Fap Turbo 和 Megadroid 是表现最好的两个。市面上有很多交易机器人，并且随着外汇市场的发展壮大，还会有越来越多的交易机器人面世。我有一个团队和一个测试实验室是专门负责测试交易机器人并开发新的交易机器人的。我相信这个技术。它已经问世很长一段时间了并且只会越来越好。但是经纪商都不是蠢蛋，他们也会努力地阻止你赚钱。所以，你需要一个真正的电子通讯网络型经纪商，这种经纪商可以直接将你的订单递给银行。

第 27 章　回溯测试

　　大部分人都知道回溯测试很重要，但是很少有人知道如何进行回溯测试。回溯测试是一个对你外汇交易获得成功非常重要的基本面工具，它就是收集一系列数据或事件，然后将它们运用于我们想要测试的交易策略或交易系统中，来检验策略或系统的有效性。关键问题是既然绝大部分熟知内幕的外汇交易者都知道回溯测试很关键，那些交易新手，甚至是经验丰富的交易老手为什么都不充分加以利用呢？

　　有两个答案。一个是很多人觉得这个过程很枯燥或无聊。他们不明白这一过程的重要性，或者只是无所谓，他们更喜欢直接带着他们的策略冲进市场——通过模拟账户甚至是真实账户。这是一个巨大的错误。最终，这些人都会持续亏损。毫无例外！为什么会这样呢？因为贪婪、急躁、喜欢走捷径以及他们对生活的态度让他们喜欢冒险，然后盲目地进入市场。在打爆他们的第一个账户之后，就陷入沮丧。

　　还有一类人会进行回溯测试，但是这些人不知道如何实现它的功能。这些人都很积极，但是良好的意愿并不能产生好的结果。他们中有些人也会以失败收场。

　　这两类交易者都亏损，因为这项工作是高度个性化的。没有人在旁边告诉你应该做什么，尤其是不应该做什么。所以没有分析或弄明白的错误就堆积起来。我敢肯定的是，如果在使用模拟账户以及随后的实盘账户中给予足够和适当的指导，就可以挽救成千上万的钱。请记住一点，模拟账户的交易与实盘交易有些许区别。我们已经在本书中用了一个章节来讨论这个话题。

这就是为什么即使在模拟账户中做了大量练习后获得良好的交易结果，也并不能自动保证你在实盘账户中不会犯错，因为你缺乏经验，也缺乏如何深入理解一个交易策略并跟进遭遇的错误的指导。

如果你没有正确地进行回溯测试，你就很有可能成为一个永恒的失败者。如果你试图在没有通过统计验证绩效的情况下，在真实市场实施一种交易方法，你就只会亏掉你自己的钱。

为什么回溯测试如此重要呢？

1. 因为它会给你一个关于你使用的工具及其有效性，以及在建仓和平仓时成功的概率在统计学上的确定性。

2. 因为它可以降低你对入场的恐惧。

3. 因为当你交易外汇时，你需要对你的策略保持高度的自信和信任，因为你知道市场上什么事情都有可能发生——并且很多时候，是在你最不经意的时候。

4. 因为它可以让你在实盘交易之前就识别并修正你系统中可能存在的缺陷，并找到你系统运用的最佳市场状况。

5. 因为外汇交易者不是预言家。不要试图在你的账户上玩赌博游戏，靠直觉或者预感交易。采用一个完全被证明有效的方法才是负责任的态度，而这恰恰是一个交易者必备的一项基本特质。

简而言之，回溯测试就是将一个交易策略运用到历史数据上的行为。通过测试它们在历史数据上的表现，你可以验证你交易方法的全部参数和规则。并且根据你的交易结果，改进条件提升你的系统性能。

参数必须包括时间框架，预期收益和最大允许亏损，盈利目标以及基于技术面或基本面指标的入场和出场条件。要对整体盈利能力，盈利单和亏损单的百分比，以及风险报酬比的结果进行分析。

回溯测试方法

手动回溯测试

这是3个方法中最慢的一个，涉及通过历史数据来提升，写下交易信号并记录计划的入场价和出场价。这个方法受制于一张走势图上可容纳的

第27章 回溯测试

数据数量。手动回溯测试会要求你进行精确的记录，这将有助于你积累很好的经验，将外汇交易当作事业来做。

说实在的，这不是今天市场的现实。大部分回溯测试方法都需要在分笔成交数据（tick data）上运行，才能测试出有效性或准确率。这意味着每当市场价格发生变化，你的电脑系统就要储存那个信息。你能想象试着手动储存这么多信息是什么样吗？我无法想象这种情况。即使是电脑进行回溯测试，也会遇到困难。事实上，回溯测试工作量太大，常常会让电脑崩溃。有太多的数据和时间点需要处理。

软件回溯测试

在我看来，这是回溯测试一个交易策略的最佳方法，因为这种软件可以自动处理数据，并且运算速度更快，也可以处理更长时间的数据。你可以经历和实盘交易相同的情况，就好像你在进行实盘交易一样，还能够以更高的速度来回测试并且为数据输出设置更适合的速度。

数据储存器是我在为交易者创建一个用于个人外汇交易的专属软件用户界面时，我所创建的最关键的一个部分。因为我在开发软件时，我必须创建后端软件，储存器和一周7天一天24小时的数据中心。因为我可以获得所有的技术，所以我能创建我自己的数据储存器。我可以在我们的测试实验室利用这些数据，这让我比那些小资金的个人客户拥有明显的优势。我过去与大众分享了我知道的一切，这本书也一样。

程序化回溯测试

用你策略的所有规则和参数创建一个程序化界面，是3种方法中最复杂的一个，但是如果你最终打算用交易机器人或者自动交易系统的方式来交易，这个方法就很有用。电脑根据你的系统规则进行交易。

这种回溯测试的速度是最快的，因为你不需要看着走势图展开。它的计算和交易都根据你设定的参数自动进行，而你只会看到最终结果。

它存在一些限制。首先它很难精确地编写系统，其次，在交易机器人决定交易时，它只考虑实时数据。你还需要手动查看它做的一些交易，以确定这个程序真的在按你的规则进行交易，并且你可能必须进行很多调

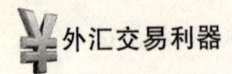

整,直到交易机器人完全准确地解读整个交易状况。

前向测试

很显然,它不是回溯测试,但它也是一种测试方式,所以我要放在本章节中讨论一下。你可以为你的交易做得最棒的事情之一就是前向测试你的策略。你可以用你的智能交易系统、其他交易机器人、手动系统等进行这个测试。

基本上你要做的就是拿着你的交易机器人或交易计划然后严格执行。但是这次不是采用过去的信息并回溯测试你的策略,而是采用实时数据并根据实时数据进行交易。你可以在实盘账户或者模拟账户中进行这种测试。但是当进行这种交易时,你需要盯着你的电脑屏幕。这样,你才能知道真正发生了什么,以及你的交易是如何建仓和平仓的。你将可以看到经纪商玩的一些花样。我喜欢连续前向测试我的交易机器人和系统达几个月,甚至几年。这样,当我在做自己的研究时,我可以看到随着市场买报价和卖报价变化,这个系统是怎么工作的,而不是根据收盘后的静态数据进行测试。

如何进行回溯测试

首先它需要做出一些努力,但是一旦你发展出一个完整的模板,它对评估任何策略都有帮助。

你的交易方法必须明确定义,并且拥有特定的、非主观性的入场和出场规则——基于指标或价格形态发出的信号。你不能采用太多指标,因为指标太多可能发生冲突,影响决策。然后,你需要根据你个人交易风格,选择评估的货币对以及特定的时间框架。例如,如果你只交易某一特定时段,那么这个时段就应该是进行回溯测试的时段。

有了这些数据,你就可以在 Excel 中设定一个模板,显示你交易的货币对及其入场和出场价格。你还需要列出最大的盈利和最大的亏损。这些信息对于你的分析都是至关重要的。你可以把所有最大的盈利当作一系列事件,可以从中获得平均值及其标准差。这将提供一些统计上的置信区间相关数据,以便你确定自己的盈利目标。

第 27 章　回溯测试

最大亏损方面也是一样，它必须按照如下方式思考：在平仓前或者选择不平仓，等待头寸由亏损变为盈利之前，我的方法能承受多少点的亏损（也就是说，找到更为精确的止损位）。

关键问题是我应该评估多少数据？我个人认为要获得有效的结果，200 到 400 笔交易（差不多历时 3 到 5 个月，具体多少取决于你的交易风格）是回溯测试的最低要求。这当然需要花费很多精力，但是这是一个很好的策略测试体系，它将有助于你找到持续盈利，而不仅仅盈利数周或数月的最好的交易系统。

永远记住，你的盈利水平必须大于你的止损。如果你的交易方法或风格是赚 35 点，亏 40 点，那么你的资本承受了相当高的风险。还有更糟糕的——赚 5 点然后亏损 20 点，这是非常不合理的，这种系统必须丢弃。

我测试了所有类型的策略，甚至包括那些宣称准确率达 99.9% 的策略，我发现某些时候确实如其所说，但是这些系统的问题在于当你真的开始实盘交易后，你无法得到相同的交易结果。你会注意到的第一件事就是，有些经纪商开始玩我在本书中提过的那些花招。所以，你的自动交易系统打算做的交易无法全部实现。

猜猜怎么回事？是测试结果被改了。现在你有了新的变量。你还有一些被过度吹捧的策略的止损幅度巨大，所以如果你愿意承受 300 到 400 点的亏损，那么你也可以获得一些成功。不过，你最好有一个大账户，这样，你就可以承受这个单次大幅亏损。

有些策略是采取负风险报酬比的交易方式。这种策略会冒 100 点的风险来博取 10 点的盈利，并且会连续 8 笔交易盈利，然后又连续 2 笔交易亏损。现在，你处于混乱之中。你不能悖逆良好的资金管理原则。那是至高无上的。所以在你回溯测试时，一定要在你的系统中对其进行测试。

总之，构建一个良好的回溯测试策略，有 4 个基本步骤：
1. 获得要测试的货币对的适当和最完整的历史市场数据。
2. 决定你将用作入场和出场信号的指标和指标系列。
3. 确立你的交易规则。
4. 通过适当改变交易规则的参数，比如总资本、保证金水平、最大单次亏损幅度、最大收益、连续亏损或盈利笔数，以及不同的杠杆和点差等，不断完善你的策略。

外汇交易模拟器

学习、发展并优化你的交易策略，需要大量练习和重复，并不断进行优化。外汇交易模拟器是专门用来再现实时市场状况的软件，让你可以模拟外汇交易。它是对训练并提升你的交易技能非常有用的工具。通过这个工具，你可以对你的交易方法树立信心，并且不需要拿真实资金冒险就能比较几个不同的交易策略。

有了这样一个工具，你就可以在任何时候加载并回顾历史数据，并且你想进行多少次就多少次。这允许你对某个货币对的行为的理解进行连续的训练，包括识别走势图形态、价格行为和信号等，不断地重复直到你对市场行为的解读以及你方法的绩效感到自信。

有些交易者认为带着模拟账户直接进入市场进行前向测试会更好。但是，使用外汇模拟器可以让你在短短几天内就跑完几个月的数据，还可以将你的工作限定在特定的市场时段并且在不同时间框架下进行测试。另外，如果你想在模拟账户中测试一个交易策略，你首先需要知道自己到底在做什么，那些你通过使用模拟器获得的交易自信和市场经验是非常宝贵的。

还有一些独立、特定的测试软件程序可以选用，当然还有具有策略测试功能的交易平台，你也可以找到允许在你选择的交易平台上进行测试的测试插件。它们中有些是免费使用的，其他则必须一次性购买或者订购。如果你的交易平台允许你回到过去同时将走势图向前移动一根蜡烛线，你就可以进行手动回溯测试，虽然这种方法要慢一些。外汇交易模拟器允许你设置更快的市场分笔成交数据序列速度，这样，你可以只运用你真正需要的时间并且测试更大的数据范围，甚至可以长达几年。

模拟器还可以用于自动回溯测试交易策略。你需要在自动化模块上完整设定你的交易规则，而交易结果将取决于历史数据以及你选择的时间段的参数，在测试期间你不会对结果有所干扰。如果你的交易方法适合被自

第27章 回溯测试

动化，那么这将是获得准确评估的最快方式。

回溯测试与前向测试的优势

·节约时间。好几年的数据只需要几天时间就可评估完毕，这让你可以随时修改任何参数然后重新进行测试。

·统计更准确。在模拟账户中，你犯的任何错误都会被记录下来，并扰乱你的策略统计结果，而模拟器允许你回去纠正错误并重新开始。另外，假设你的方法要求你每天在市场收盘时建仓，而你在模拟账户中恰好错过了1次或几次，那么你的统计结果就变样了。

·没有时间限制。即使市场收盘或者在周末期间，你也可以进行测试，并且想暂停就暂停，暂停之后可以继续。选择外汇模拟器，你就可以自如控制时间。

避免回溯测试错误

回溯测试交易策略最常犯的一个错误，就是在做决策时用估计的信息来替代还没有获得的信息。例如，有些软件程序会给你预估的收盘数据。如果你的方法要用到收盘价，那么你就必须等到你使用的时间框架上的蜡烛线真正收盘，才能进场建仓。

要避免这种错误，你需要确保只使用在特定时点可获得的准确信息，尤其是当你使用自动交易系统时（避免未来参数干扰）。为走势图价格演变选择自动更新功能，就可以做到这一点。在手动回溯测试中会更容易查看。

还有一个常犯的错误是在测试中使用太多变量，比如太多指标（过度优化）。这在过去一段时间可能表现良好，但是当这个策略运用于未来时，可能就会成为一个问题。让你的策略简单点好。

最后，你的交易策略应该能够有力地对抗任何意外事件——当市场对特定基本面事件做出反应并且表现异常时，你应该如何保护自己并获得良好的回溯测试结果呢？可以通过预估这类事件发生的可能性以及随后激烈的市场反应：

·提高回溯测试结果的亏损预期，并且查看这个交易策略在新的市场条件下是否仍能盈利。

·在你允许的最大风险水平的基础上，提高每笔交易的预期风险水平。在某一时刻，你可能遭遇意外事件，亏损会扩大。

·设定适当的你能接受的最大风险水平和最大单次亏损幅度。一定要根据你的方法在较长一段时间所经历的最大单次亏损幅度来计划你的最大单次亏损幅度。提高未来最大亏损幅度的预期比例。

越强大的交易策略，越能够面对各种各样的市场状况，盈利性也越强。也有一些策略很难进行回溯测试，特别是那些依赖趋势线和一些不能充分量化的技术形态的交易策略。最后，你必须接受在真实市场状况下，因为市场的非理性或者某些基本面事件的不可预见性，有时你的交易策略的表现会不如预期那样好。

MT 交易平台回溯测试

在前面章节讨论过，我曾用 MT 交易平台来测试智能交易系统和自动交易策略。在这里，我想讨论一些我在用这个软件平台进行回溯测试时遭遇的主要情况。

我注意到如果你用 MT 交易平台来进行大量的回溯测试，你的电脑最终会越来越慢。你要做的就是定期关闭 MT 交易平台，然后再重新开启。我曾遇到采用相同的参数进行多次回溯测试，却得到不同的结果的情况。我一个 IT 界的朋友告诉我 MT 交易平台存在某种内存泄露（Memory Leak）[12]。关闭和重启这个程序就可以解决这个问题，所以当你回溯测试很多策略时请记得这样做。

我在网上看过很多讨论这个 MT 策略测试器的帖子和留言。它的工作方式有很多优点，也有很多缺点，并且就像我提过的，还有一些固有的问题。但是如果你想运行智能交易系统的一些不同的参数，分开进行测试是一个较好的办法。

---

[12] 指由于错误或不完备的代码造成一些声明的对象实例长期占有内存空间，不能回收。Memory Leak 会造成系统性能下降，或造成系统错误。——译者注

第27章 回溯测试

有一个地方要注意,这个系统是有缺陷的,它有时候不会下单交易。这个策略测试器会测试你的智能交易系统,但是在实盘账户中,有些交易不会被采纳,因为经纪商向你发送了比如无效价格或者服务器忙的错误信息。所以这会在一定程度上扭曲测试结果。

MT交易平台历史数据中心

·当你使用MT交易平台的策略测试器时,一定要尽可能采用最好的数据。要获得最佳的结果,你需要将效率最大化。如果你打算利用每一个成交价格,那么你需要按照如下方式操作,以确保你得到了最完整和准确的数据。当你进行测试时如果发现存在数据误差。那么你需要调整你的历史数据。

想要调整你的历史数据,可以进入工具菜单,打开历史中心然后双击左栏中你想要回溯测试的货币对。接下来,你会看到一个不同时间框架的列表。你刚开始应该从1分钟的时间框架开始。1分钟时间框架就是分笔成交数据,所以这会为你的回溯测试提供最完整的数据。如果你在首次打开电脑后下载最新的数据,你会获得更好的建模数据。

想要获得最准确和最完整的数据来进行回溯测试,最好的办法就是打开你的MT交易软件,然后让它尽可能长时间地运行。这会带来真正的实时数据。如果哪个经纪商能给你开一个永不过期的模拟账户,那么你就赚大了。你可以让这个模拟账户一直运行。这样,你的模拟账户就可以收集数月的实时数据,让你的回溯测试结果更准确有效。

回溯测试记录

在我进行回溯测试时,我都会做一个记录。从另一方面来说,也不是保存记录,如果你使用MT交易平台或其他一些软件平台,他们有一个优化器可以帮助你为你的策略找到最佳的设置。我个人是很喜欢做记录的。

无论我采用什么策略,我都要回溯测试每一个变量。在回溯测试过程中,一定要把所有结果记录下来。从货币对开始,然后依次测试所有的变量。可以尝试所有不同的时间框架,然后是所有不同的市场状况。

资金管理参数是你需要测试的重要参数。要分别对每一个参数进行测试，比如止损和盈利目标等。

　　回溯测试是交易的重要组成部分。适当花些时间在交易的这一阶段，将有助你将盈利潜力最大化。

第 28 章　智能交易系统的模拟测试与实盘测试

对于曾测试过智能交易系统的人来说，我想告诉你有很多东西需要了解，并且还需要很好的耐心。我曾在前面章节讨论过智能交易系统。在这里，我只想讲讲在模拟交易和在实盘交易中使用智能交易系统背后的思考过程。

智能交易系统在实盘账户和模拟账户中的交易具有很大的区别，而这些区别正是我想讲的。经纪商不是都一样的。你在模拟账户或者实盘账户中开始使用智能交易系统之前，首先要做的就是问你的经纪商是谁向他提供的 MT 交易软件。

有些公司不像其他公司那样诚实守信。如果你想知道关于应该避开哪些经纪商的更多细节，可以用 Google 搜索。但是，如今大部分经纪商都声称他们使用的是某种直通式报价或相关处理程序。

经纪商会说他们是直接将客户订单递到他们的流动性提供者那里成交。这也有可能是事实，但是经纪商会在将订单送出之前对客户的订单动手脚。MT 交易平台的插件让经纪商可以快速滑动几点执行订单，这样就赚更多钱到自己的腰包。

即使是声誉良好的经纪商似乎也会对客户订单动手脚。例如，我在我认为不错的一个经纪商的 MT 平台上交易。我空了 4 手欧元/美元货币对，并且都已盈利。我想平仓出场，所以我手动了结每一个头寸。而我了结的每一个头寸都有 1 个点的滑点。这些订单最初都是智能交易系统下的，并且我是在波动很缓慢的市场上平仓。如果非要说是市场波动造成的，我只能说是市场波动还不够慢吧。

我想说的是，密切留意你的订单，你就会发现经纪商在耍些什么花样。即使是最好的经纪商也会耍花样。所以，当你在模拟账户上运用智能交易系统时，你会发现你获得的前向测试结果与在实盘交易中获得的结果并不一样。

前向测试就是在市场中实时运行智能交易系统。如果你运用模拟账户并开启智能交易系统，它在制定交易决策时会考虑到成交滑移价差和点差。如果你用历史数据进行回溯测试，智能交易系统就不会精确考虑每笔交易的成交滑移价差以及经纪商操纵的点差。

当你在实盘交易中使用智能交易系统，你会看到的一个现象是智能交易系统有时不做任何交易。如果你查看交易日志，你会发现当智能交易系统试图下单时，都会遭遇经纪商发送的错误信息。这些错误信息包括重新报价、服务器忙和点差太大等。

当你在模拟账户中测试你的智能交易系统时，你的智能交易系统相对会做更多笔交易并且不会遇到在实盘账户中运行时遇到的错误。模拟账户很可能没有中间软件运行这些插件。如果这些插件没有运行，那么也不会遇到这些可恶的招数了。

开通模拟账户

最好是开一个新的模拟账户并且起始资金为一个适当的整数，比如1万美元或10万美元——如果你可以选的话，这样，你可以使用一个接近你真正交易时实盘账户规模的账户。当你在模拟账户中运行智能交易系统时，就可以执行你的资金管理。你可以设定一个适当的最大单次亏损幅度。这是你需要留意的最关键要素之一。另外，你的智能交易系统一次会交易多少头寸？你也不想你的智能交易系统在激进地下一单后，再下一单，让你的头寸加倍，风险敞口也加倍吧？如果你还没有意识到双倍风险敞口对你的账户意味着什么，就兑现了亏损，那么情况会很快变得更糟糕。

第28章　智能交易系统的模拟测试与实盘测试

开通实盘账户

每当我从模拟账户转到实盘账户，我会降低我智能交易系统的交易量，先从几笔小单开始。这样，我可以在限定的最大单次亏损幅度和风险敞口条件下，反复进行测试。在之后几天时间里，我会观察我的智能交易系统的表现，并且拿来与模拟交易时的测试结果做比较。如果我做了大量交易并且两者的表现区别不大，我会提高我智能交易系统的交易量，放手让它做。

如果我开始发现一些严重不一致的地方，我会停止实盘交易，再回到模拟账户进行更多的前向测试。有一个完美的例子是一个我在模拟账户上测试了差不多3个月的智能交易系统。我要获得前向测试的结果，于是我让这个智能交易系统在模拟账户上进行实时交易。这样，我可以准确看到这个智能交易系统是如何下单并且如何管理风险的。

让我们进入下一步。就在不久前，我在实盘账户中启用这个智能交易系统，我注意到的第一件事是这个智能交易系统做了更多的交易，几乎是模拟账户中的两倍。我注意到的第二件事是我的账户被收取了头寸展期利率。这与我在模拟交易期间遇到的情况不一样。

这让我开始观察这同一个软件系统进行的每一笔交易。正如我之前提过的，当我将智能交易系统从模拟账户移到实盘账户后，我降低了系统的交易量，这样我可以限制风险。在本例中我就是这样做的，所以我的风险被限定了，这让我看到我的智能交易系统在投入真实资金的实盘账户中会怎么做。

我还是喜欢我获得的这一结果。事实上，我是非常开心的。但是，我必须对我的智能交易系统在模拟交易中的资金管理规则进行一些调整，因为我现在的交易量几乎是之前的两倍。我可不想建两倍的仓位，然后亏损，让我的单次亏损幅度达预期的两倍。

我还可以找我的经纪商解决隔夜利率的问题。MT平台提供者是如何将隔夜利率转移给我的经纪商的，这中间确实存在问题。不管怎样，我被错误地收取了费用。你能想象其他有多少人也这样被错误地收费吗？我只

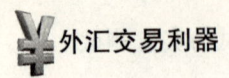

能说太多了!

你需要在交易上下些功夫。你一定要盯着你的所有交易,至少要全部回顾一下。当你的智能交易系统建仓和平仓时,你坐下来看一下也不会带来什么损失。如果你真的想确定你的经纪商没有给你安装什么插件,下次你的智能交易系统交易时,你选择手动平仓。在平仓时,一定要留意平仓的价位。如果可能的话,最好在市场波动缓慢的时候平仓,这样,经纪商就不能借口是市场波动太快导致的成交滑移价差。当你平仓时,请注意价格,并且在交易结束之后看看价格的变化。

你也可以留意当你点击"平仓"按键后,需要多长时间来平仓。如果时间超过几秒钟(5秒),就一定有问题,你需要做进一步的调查。MT平台插件的设置之一就是服务器延迟,或者说交易执行延迟,它可以设置为5秒、10秒或其他时长。所以,如果你在平仓时,遇到平仓时间这么长的情况,你的平台就有问题,你需要找你的经纪商谈一谈。

不要指望在你向你的经纪商提出这些问题时,他们会对你特别坦诚。你可能必须考虑换个经纪商。我会在www.jdfn.com上不断更新我使用的经纪商的名单。这个网站也一直在进行调查,你可以从中了解其他交易者推荐哪个经纪商以及他们在哪里从事交易。

我一直用真实资金测试经纪商并且更换了很多次,我知道在未来某一时刻我可能会再次更换,直到建立起我知道不会耍花招的自己的交易系统。但是现在,我还需要密切留意我的交易。

结　语

　　现在，你已经阅读完本书。我是花了十几年时间才探知我在本书中讲的那些外汇零售市场幕后的秘密的。在我刚开始调查时，我完全不知道那些零售外汇经纪商会对他们客户的账户做些什么。就像你们很多人一样，我也被那些不择手段的经纪商当作肥肉宰了。我曾在单笔交易中亏了很多钱，就因为我在这里谈的这些经纪商的幕后手段。但这并不能阻止我交易，每当我知道更多一点，就能更好一点地保护自己。不幸的是，我并不能保证这是最后一次因为经纪商的原因而亏钱。除非我自己开个经纪公司，否则就一定会遇到经纪商的这些问题。坦白地说，即使我开了自己的经纪公司，我的流动性提供者也会给我带来同样的问题。但是这就是交易，我自己选择了交易。

　　在我的账户刚出现奇怪现象——比如订单执行缓慢或者价格滑动等——的时候，我丝毫不知道怎么回事。我花了十几年时间来梳理。在过去12个月里，隐情才逐渐明朗。这让我开始亲自调查，想搞清楚到底是怎么回事。我试着将我的很多发现，以及我现在在这个市场使用的一些交易策略与你分享。

　　我喜欢外汇市场。它是唯一我真正积极参与交易的市场。它是目前世界上最大规模的金融市场，并且还会不断发展壮大。在过去几年，我们看到了这个市场大幅的增长。我记得我在2000年初初涉这个市场时，它的日成交量据报道才1.9万亿美元。如今，它的日成交量据报道已经约3.9万亿美元。这个增长是惊人的，然而更惊人的是美国外汇零售交易的增长。当我刚开始交易外汇时，我问有谁在交易外汇，屋子里没有一只手举起来。现在，你几乎走到哪里都可以听到有人在谈论外汇。这个话题当然也充斥了今天的电视财经新闻节目。为什么不呢？货币是世界经济发展背后的驱动力，现在世界经济的联系比以往任何时候都更紧密。

今天，美国大约有2500万股票交易者，只有约200万的外汇交易者。这个构成将会随着时间改变。有一个转变就已经开始了，现在，股票经纪商开始向他们的客户提供外汇交易，而外汇零售经纪商也开始向他们的客户提供股票交易。最后，在获取客户和开户数增长方面，外汇市场比股票市场拥有更多的优势。经纪商知道这一点，他们会力求从这个增长中获利。这个增长对我们大家都有好处，因为它会带来更多的管理和监督。我不确定如果所有情况发生改变是否是好事，但是至少它会为我们提供一个更公平的交易市场。

不要让你过去了解的东西关上了你成为一名外汇交易者的大门。现在你知道了很多你在阅读本书前不曾知道的东西，已经比过去好很多了。只要记住一点，有些经纪商会打你资金的坏主意，所以要采取相应的交易策略。市场仍然会给予那些采用正确工具并且训练得当的交易者丰厚的利润——那些拥有良好心态和良好资金管理的交易者将占优势。

交易的时候一定要保持机警，如果你发现自己成为经纪商不正当行为的受害者，一定要拿起电话质问你的经纪商。就是要让他们难堪！不拿回你的钱就别放弃。如果你发现你的交易以一种固定亏损模式被执行，那就换一个经纪商吧。

在你读完本书后，可以将其放在手边，这样当你在交易中遇到经纪商的这些招数时，你可以随时拿起来参考。也别忘了定期访问www.jdfn.com，去了解我在本书中讲到的各种话题的最新信息。另外，如果你发现了本书中未提及的新内幕或者欺诈伎俩，也请到这个网站上将你的发现公之于众。